FLAUBERT
la dimension du texte

FLAUBERT
la dimension du texte

COMMUNICATIONS DU CONGRÈS INTERNATIONAL
DU CENTENAIRE ORGANISÉ EN MAI 1980
PAR LA DÉLÉGATION CULTURELLE FRANÇAISE
ET LA SECTION D'ÉTUDES FRANÇAISES DE
L'UNIVERSITÉ DE MANCHESTER

Présentées par
P. M. WETHERILL

MANCHESTER
UNIVERSITY PRESS

© Manchester University Press 1982

Whilst copyright in the volume as a whole is vested in
Manchester University Press, copyright in the individual
chapters belongs to their respective authors and no
chapter may be reproduced whole or in part without
the express permission in writing of both author and publisher

Published by
Manchester University Press
Oxford Road, Manchester M13 9PL

British Library cataloguing in publication data

Flaubert
  1 Flaubert, Gustav Criticism and interpretation
  - Addresses, essays, Lectures
  I. Wetherill, P.M.
843'.8 PQ2249

ISBN 0-7190-0842-5

Printed in Great Britain
by Biddles Ltd., Martyr Road, Guildford, Surrey

P. M. WETHERILL (Manchester),

Présentation

Flaubert,en tant qu'être humain, en tant
qu'individu, n'est pas une personnalité très
intéressante. Son épilepsie, ses rapports
avec les femmes, son comportement en 1848 ou
en 1870, son attitude à l'égard de sa mère
ont dû exister au XIX° siècle à des milliers
d'exemplaires. On peut même supposer que
c'est la banalité de Flaubert, sa représentativité de classe et de race qui ont tant fasci-
né Sartre.

Ceci s'ajoute à l'impossibilité qu'il y a à
situer un auteur avec précision en face de
son oeuvre, à établir avec certitude la pertinence de sa biographie - on pense aux larmoyan-
tes hypothèses que continue d'inspirer la figure de Madame Schlesinger. De telles élucubra-
tions relèvent davantage du domaine du journa-
lisme que de la critique sérieuse, qui, sans
prétendre au scientisme, n'en aspire pas
moins à un maximum d'objectivité.

C'est pourquoi nous avons choisi comme thème de colloque le seul aspect de ce grand écrivain qui le distingue vraiment du commun des
mortels et qui soit susceptible d'une recherche relativement impartiale: les textes qu'il

produisit et leur organisation.

C'est dans ce champ précis que les critiques
voient de plus en plus leur domaime d'activité
naturelle. Les origines, belge, hollandaise,
française, anglo-saxonne des participants de
ce colloque démontrent que sur le plan international un tel biais est très largement accep-
table. La raison en est sans doute que cette
délimitation ne conduit nullement à une restriction stérile des études littéraires. Au contraire, si les communications que nous reproduisons
ici ont provoqué des discussions très fertiles,
et comme une progression cumulative, on ne peut
manquer d'être frappé par la grande variété des
approches.

Cette variété est notable même à l'intérieur
des zones de texte que les 'colloquants' ont
choisi d'explorer. Comparez la communication de
de Raymonde Debray-Genette et celle de Mieke
Bal. La description flaubertienne (et, en filigrane, le rapport de celle-ci à la narration)
est l'objet de l'une comme de l'autre. Cependant l'analyse de Mieke Bal (dont nous reproduisons ici une version développée) s'appuie sur la
la linguistique. Ce qu'on vise à travers l'image
et les phénomènes de contiguïté, c'est en somme
des caractéristiques universelles. Dans un texte
où l'importance des détails métonymiques s'avère
tout aussi grande, Raymonde Debray-Genette recherche quelque chose de bien plus spécifiquement flaubertien : c'est l'espace même, centripète, centrifuge, unifié, décomposé du texte
qui lui sert de point de départ et d'arrivée.

Des divergences d'un autre ordre se constatent
dans les communications présentées par les participants anglo-saxons. En effet, s'il est clair

que le domaine psychologique continue d'attirer
un grand nombre de spécialistes de langue anglaise,
les recherches qu'il suscite se centrent tantôt
sur l'isolement d'un personnage (Williams) tantôt
sur des phénomènes de groupe (Raitt) tantôt sur
des motifs qui, pour être 'humains', n'en contaminent pas moins les structures verbales,
métaphoriques du texte (Raitt, Daniels, Green).
Il ne s'agit nullement en tout cas du vieux
psychologisme d'autrefois (aussi peu pertinent
que les ingérences autobiographiques).

Dans un autre ordre d'idées, Claude Duchet
permet de renforcer ces conclusions: Sade dans
Flaubert, ce n'est pas du tout le jeu boiteux
des influences que d'aucuns voudraient nous
présenter comme une évidence nette et isolable.
C'est au contraire un 'investissement' où
l'intertextualité et la socialité se mêlent de
façon très complexe.

Il en est de même du contenu abstrait,
'intellectuel' du texte qu'une critique démodée
cherche encore à séparer de sa forme d'expression
- comme si une pensée philosophique (ou autre)
n'assumait pas à l'intérieur d'un texte littéraire des rôles (de structuration notamment)
que la philosophie ne connaît pas (à chaque
mode de pensée son domaine spécifique). C'est
ce que démontre Jacques Neefs: les croyances,
chez Flaubert, ne sont pas un simple amas de
connaissances et de dogmes. C'est spécifiquement un édifice que régissent des notions
d'espace (dedans/dehors; clos/ouvert; profondeur/
surface) et où des idées connexes (politique,
sexe, religion) prennent elles aussi un caractère
de réseau.

Voilà qui rapproche la pensée de Jacques Neefs
de celle de Bernard Masson: une fois de plus les

idées sont structurantes, ont une fonction de
signes. Cela fait qu'au delà d'un certain point
notions abstraites et phénomènes tangibles rejoignent la verbalité des romans pour créer un
système multiforme de balises et de vecteurs
orientés.

Claudine Gothot-Mersch, dans la séance
d'ouverture, parla de la temporalité flaubertienne.
Il s'agit d'un jeu d'allusions historiques et
de notations psychologiques que vient caractériser
et développer toute une gamme de références
tantôt précises tantôt vagues voire même con-
ventionnelles - une fois de plus le savoir
'objectif' est noyé dans une mouvance proprement
textuelle.

A cela s'ajoute la durée variable, 'incohérente',
des motifs narrationnels. Le texte, en somme,
refuse de se comporter normalement. Il nous
cache ce que nous avons besoin de savoir, alors
que, d'un autre côté, il nous inonde de détails
apparemment superflus. Incertitude du texte
qui est une dimension essentielle du texte.

L'initiative de ce colloque revient à la
Délégation Culturelle Française de Manchester.
Sa réussite est due presque exclusivement aux
efforts du Délégué Culturel, Bernard Jean.
C'est lui qui assura l'organisation matérielle
du colloque, et qui s'est occupé en grande
partie de l'édition de ces pages.

Sans l'aide financière des Ambassades de
Hollande, de Belgique et de France, il nous
aurait été impossible de donner à notre colloque
le caractère international qu'il a eu. Qu'elles
soient donc très sincèrement remerciées ici.
Je voudrais aussi exprimer ma gratitude envers
Monsieur Martin Spencer, Directeur des Presses
Universitaires de Manchester, dont l'aimable

concours permet à ces pages de paraître dans un contexte proprement 'mancunien'.

P. M. WETHERILL

1 CLAUDINE GOTHOT-MERSCH (Bruxelles),

Aspects de la temporalité dans les romans de Flaubert

Si le récit -et donc le roman- se définit
dans sa spécificité par la diachronie, les problèmes de temporalité apparaissent comme un
élément central de l'analyse du récit, un des
points stratégiques d'où l'on peut tenter de
saisir quelque chose de la méthode d'un romancier. Ce n'est pas un hasard si la théorie de
la temporalité est à ce jour une des parties
les plus élaborées de la théorie du récit.

Mettons à part des travaux comme ceux de
Georges Poulet [1], analyses de type philosophique et psychologique, qui tentent d'aller au
plus profond, attentives à la perception même
du temps chez l'écrivain, au mécanisme du souvenir dans la pensée et l'oeuvre de Flaubert,
à la façon dont le passé est progressivement
saisi par lui comme origine, en un mouvement
qui remonte l'échelle du temps. La plupart des
études consacrées à la temporalité chez Flaubert se fondent sur -et parfois se bornent à-
des recherches plus techniques, portant en
grande majorité sur la chronologie de ses
romans: Emile Bovet dès 1911 pour *Madame*

Bovary [2], Fay et Coleman pour *Salammbô* [3],
Stratton Buck pour *L'Education Sentimentale* [4],
René Descharmes pour *Bouvard et Pécuchet* [5] -
et, pour chacun des romans, René Dumesnil dans
les éditions des Belles-Lettres. C'est encore
à la chronologie que s'intéressent les études
les plus récentes : celle de Roger Bismut [6] et,
avec un glissement vers les problèmes de data-
tion, celle de Jacques Seebacher [7].

Si l'on met en parallèle la théorie de la
temporalité telle qu'elle s'est développée
(notamment dans les travaux de Gérard Genette
et de Jean Ricardou) et ce qui a été fait jusqu'à présent dans les études flaubertiennes,
il reste à la critique pas mal de terrain vierge. Quand on quitte le niveau des événements
racontés pour celui du récit racontant, on ne
trouve que fort peu de choses. Ainsi, la lenteur de l'écoulement du temps dans *Madame Bovary* a maintes fois été constatée (et elle
trouve une confirmation éclatante dans cette
phrase de *Qu'est-ce que la littérature ?* qui
prête innocemment à Charles Bovary 'vingt années' -au lieu de sept- 'de bonheur conjugal'
[8]); le développement de la scène par rapport
au récit l'a été tout autant. Mais -à ma con-
naissance- aucune étude d'ensemble n'a été
menée sur le rythme des romans de Flaubert.
Or, pour prendre un exemple élémentaire, il
n'est peut-être pas sans intérêt de noter que
le déplacement de l'attention du lecteur de
Charles vers Emma au début du récit, et le re-
déplacement en sens inverse à la fin, ne s'appuie pas seulement sur un glissement de point
de vue (du point de vue du *nous* sur Charles
à celui de Charles sur Emma, puis d'Emma sur

le monde; et, à l'inverse, à la fin du récit,
d'Emma à Charles et de Charles au narrateur)
mais aussi sur une variation de rythme importante: à peu près douze pages pour huit années
dans le premier chapitre, dix pages pour plusieurs années dans le dernier, mais trois cent
trente pages pour les huit ans qui vont de
l'entrée en scène d'Emma à sa mort; c'est ce
changement de rythme qui indique au lecteur
qu'il n'y a pas seulement une modification de
la perceptive, mais que le récit vient de se
centrer sur son véritable sujet.

Les anachronies -anticipations et rétrospec-
tions- pourraient, je crois, fournir nombre de
renseignements intéressants. Ainsi, une analyse comparée de la classique rétrospection en
début de récit dans les quatre romans[9] de Flaubert fait apparaître une différence dans le
traitement des personnages : le passé de
Charles et celui d'Emma, celui de Mâtho, celui
de Spendius, ceux de Frédéric et de Deslauriers,
de Bouvard et de Pécuchet, sont alors révélés
au lecteur. Mettons à part le cas de Rosanette,
qui n'apparaît qu'*in medias res*, et dont les
antécédents seront racontés plus tard encore,
et par elle-même. Restent Salammbô et Mme
Arnoux, les seuls protagonistes sans passé -
ce qui correspond sans doute à un statut particulier. Il est évident que Mme Arnoux est
et reste l''apparition', un objet de fascination pour Frédéric plutôt qu'un sujet, tandis
qu'Emma, qui joue d'abord ce même rôle pour
Charles, devient ensuite un véritable sujet ;
que Salammbô soit, elle aussi, un personnage
sans racines, nous inviterait à la considérer
comme une autre Mme Arnoux et non comme une
autre Bovary, à voir en elle, non pas l'hé-

roïne exaltée qui court à sa perte, mais l'apparition fatale qui détruira Mâtho.

Il ne serait pas non plus sans intérêt d'examiner la portée des anachronies. Dans *Bouvard et Pécuchet*, elle est, littéralement, maximale: depuis la création ('D'abord, une immense nappe d'eau, d'où émergeaient des promontoires, tachetés par des lichens; et pas un être vivant, pas un cri', p.142) jusqu'à la fin du monde (dans la discussion qui devait suivre la conférence, au chapitre X: Pécuchet prévoit la 'fin du monde par la cessation du calorique' tandis que Bouvard, plus optimiste, proclame: 'on ira dans les astres -et quand la terre sera usée l'humanité déménagera vers les étoiles', p.412). Que, par son système d'anachronies, *Bouvard et Pécuchet* parvienne à englober la totalité de l'histoire de la planète, cela correspond évidemment au dessein encyclopédique du livre.

Le rapport qu'entretient le temps des événements racontés avec celui de l'acte narratif, et qu'ils entretiennent tous deux avec le temps (réel) de la vie de l'auteur, constitue un autre champ d'études. Si *Salammbô* -selon les règles de l'*histoire* telle qu'elle est décrite par Benveniste- raconte un passé résolument coupé du présent du narrateur, *Madame Bovary*, on le sait, connaît certaines interférences entre le temps des événements et celui de l'acte narratif; je rappelle seulement la fameuse dernière phrase, qui les fait se rejoindre: 'Il vient de recevoir la croix d'honneur' -effet que Flaubert réutilisera pour le dernier chapitre de *L'Education sentimentale* : 'Vers le commencement de *cet* hiver, Frédéric et Deslauriers causaient au coin du feu' (p. 442). Présent fictif du narrateur, qu'il ne faut pas confondre avec celui de l'auteur écrivant la dernière page de son livre. Mais le temps que vit Flaubert n'est évidemment pas sans influence sur celui qu'il inscrit dans son oeuvre. Lorsqu'au printemps de 1869, il écrit dans le dernier chapitre de l'*Education*: 'Vers le commencement de cet hiver', alors qu'il a daté l'avant-dernier chapitre de mars 1867, comment ne pas croire qu'il s'identifie à son narrateur -même si le lecteur, lui, met plus d'un an et demi entre la visite de Mme Arnoux et la conversation finale ? Et lorsqu'à l'autre bout du livre, à la première page, il donne à Frédéric, en septembre 1840, l'âge exact qu'il avait lui-même à l'époque -dix-huit ans- comment ne pas penser qu'il pousse à l'extrême l'identification avec son héros que révèle le carnet 19 : 'Me Sch.- Mr Sch. moi' ? Tout cela est évident. Mais d'autres rapports, moins apparents, se révèlent peu à peu : J. Seebacher a noté, par exemple, que la date de naissance de Charles Bovary pourrait bien être la même que celle d'Achille Flaubert : 1813 [10]. La tentation est grande de vouloir trop prouver dans ce domaine, et le très sérieux Thibaudet s'y est lui-même laissé prendre en écrivant que Flaubert 'a donné à Bouvard et à Pécuchet, lorsqu'ils se retirent à la campagne pour étudier, exactement l'âge qu'il a lui-même quand il commence à rédiger leur histoire, cinquante -trois ans' [11]. En réalité, Bouvard et Pécuchet quittent Paris à cinquante ans; ils ont cinquante-deux ans lors de l'expérience de physiologie (p.123).

Par contre, on aurait sans doute intérêt à chercher du côté de Flaubert lui-même non seulement pour les âges et les époques, mais pour les saisons qui ponctuent la chronologie de

ses romans. Soit qu'une scène autobiographique
soit située à la saison même où l'auteur l'a
vécue; ainsi le bal à la Vaubyessard, que Flaubert placera au mois de septembre : les *Souvenirs, notes et pensées intimes* nous apprennent
que le bal chez le marquis de Pomereu avait eu
lieu 'à la Saint-Michel'[12]. Soit que -comme
l'ont remarqué J. Pommier et G. Leleu[13]- la
saison décrite corresponde à celle où Flaubert
travaille sa description : la visite à la fabrique ('un dimanche de février, une après-
midi qu'il neigeait', p. 203) doit avoir été
conçue par temps de neige, en février 1853; la
visite au curé ('On était au commencement d'
avril', p. 112) est écrite en avril de la même
année. Mais ici encore, il faut être prudent :
un scénario de cette scène, écrit en février
au plus tard (il reprend encore la visite à la
fabrique), y fait apparaître des hirondelles,
ce qui indique l'intention, déjà, de décrire
une atmosphère de printemps (ms gg9, f°22r). De
même, on pourrait être tenté de mettre en rapport la première phrase de *Bouvard et Pécuchet*
('Comme il faisait une chaleur de trente-trois
degrés, le boulevard Bourdon se trouvait abso-
lument désert') et la date où Flaubert trouve
cette première phrase : le 1er août 1874[14] ;
mais c'est dès le premier scénario de Rouen
que la rencontre est prévue 'sur un banc du
boulevard Bourdon' -par beau temps, donc-, dès
Rouen IV[15] (et même en addition dans *Rouen
III*) que Flaubert insiste sur la 'chaleur' de
ce 'dimanche d'été'. Ces réserves faites, il
reste, là encore, une étude à mener.

Mon exposé d'aujourd'hui n'apportera qu'une
contribution très limitée à l'analyse de la

temporalité chez Flaubert. Fidèle à mon champ
d'études favori, j'ai voulu examiner ce que
les scénarios et les brouillons de Flaubert
peuvent nous apprendre sur l'élaboration de la
chronologie de ses romans, sur les durées, les
âges, les dates.

Ils permettent, à coup sûr, d'éliminer quelques problèmes. Aux prises avec la chronologie
de *Madame Bovary*, R. Bismut s'interroge sur le
nombre d'années consacrées par Charles à ses
études de médecine. Ratant son examen final,
recommence-t-il ou non la dernière année ?
Oui, si l'on se fonde sur la phrase : 'Charles
se remit donc au travail, et prépara sans dis-
continuer les matières de son examen, dont il
apprit d'avance toutes les questions par coeur'
(p. 12). 'Ce *d'avance*', glose R. Bismut, 'ne
peut s'interpréter que par rapport aux cours
ultérieurs de ses professeurs' [16]; mais alors,
comment a-t-on pu cacher la vérité au père
Bovary ('Cinq ans plus tard seulement, M. Bovary connut la vérité', p. 11) ? Les brouillons répondent à cette question, et permettent
ainsi de faire tomber l'objection; la vérité
que l'on cache à M. Bovary, ce n'est pas
l'échec de son fils mais la raison de cet
échec : on lui raconte que Charles a été malade (ms g223, f°42r).

L'examen des scénarios et brouillons permet
aussi de rectifier certaines erreurs dans
l'interprétation des dates, et d'éclairer
ainsi les allusions historiques. Dans une
conversation chez les Dambreuse, il est question de 'l'attentat du 12 mai' (p. 188). Une
note de Dumesnil commente :'l'insurrection du
12 mai 1839' [17]. Une page de brouillons précise, au contraire : 'l'attentat du 12 mai (46)'

(ms 17603, f°164v).

J'examinerai d'abord la façon dont s'organi-
se, peu à peu, la chronologie des quatre grands
romans, auxquels je limite, je l'ai dit, mon
étude.

On a mis en lumière depuis longtemps des
flottements et des incohérences, dans ce domaine, pour chacun des romans. J'appelle flottement l'effacement du repérage chronologique,
l'impossibilité où l'on se trouve, pour certains passages, de mesurer l'écoulement du
temps. Dans *Madame Bovary*, la durée qui sépare
la mort de Charles de celle d'Emma reste indé-
terminée : Emma meurt au mois de mars, Charles
en plein été, mais est-ce la même année ? Cinq
mois paraissent bien peu pour la lente déchéan-
ce du veuf, et cependant rien n'indique
l'écoulement d'un automne, d'un hiver et d'un
nouveau printemps; rien ne le dément non plus.
Dans *Bouvard et Pécuchet*, la durée des expériences d'agriculture est impossible à appré-
cier, le rythme des saisons ne se dégageant
pas clairement, et aucune date ne nous étant
fournie; ce flottement sera cependant récupéré
au chapitre suivant (quels que soient les problèmes que pose, comme on le verra, cette ré-
cupération) car nous y apprendrons que
Pécuchet a cinquante-deux ans, ce qui limite
à moins de trois ans la période écoulée depuis
l'arrivée à Chavignolles。

Plus affirmée, l'incohérence. Il en est de
célèbres : c'est Frédéric retrouvant Mme Arnoux mère d'un enfant de trois ans qui n'était
pas né deux ans plus tôt, c'est la grossesse
de Rosanette qui dure deux ans, c'est Emma
apprenant à lire à sa fille, âgée de deux

ans et demi. Les incohérences ne sont évidemment pas aussi flagrantes les unes que les
autres. Un lecteur un peu attentif ne peut pas
ne pas remarquer que les ans ne s'accumulent
pas, comme ils le devraient, sur les têtes de
Bouvard et de Pécuchet, mais il faut avoir un
tempérament de policier pour calculer que si
Justin a six ans de moins que Félicité (ce qui
est dit à la p. 193 de *Madame Bovary*), il
avait donc neuf ans lorsque, cent pages plus
haut, on nous l'a présenté comme 'élève en
pharmacie' et chargé du soin des petits Homais.

   Le lecteur, donc, se laisse prendre au mouvement du livre. Mais l'auteur ? Ecartons
d'abord des inadvertances pratiquement inévitables, comme celle, souvent relevée depuis
J. Pommier [18], qui fait lire *L'Illustration*
à Emma Bovary un an ou deux avant la fondation
de cette revue. S'en étonner serait tout aussi
absurde que de tenir pour assuré que Flaubert
a bien vu le problème, et de décaler toute la
chronologie du roman pour cette seule raison.

   Mais à part ces cas où l'on peut invoquer
l'erreur invincible, comment s'expliquent les
troubles du système temporel de tous les romans de Flaubert ?

   La première leçon des dossiers, c'est qu'il
n'existe aucun plan d'ensemble axé sur la
temporalité (chronologie, durées, âges des
héros aux différentes périodes), pour aucun
des romans de Flaubert. Je me suis demandé un
moment si les *résumés-sommaires* qui existent
pour les trois derniers romans en tout cas
(je n'en connais pas de *Madame Bovary*) n'a-
vaient pu, à défaut d'une vue d'ensemble préalable et systématique, jouer un rôle d'aide-
mémoire, permettant à l'écrivain de savoir

clairement, à tout moment, où il en était.
Mais un coup d'oeil a suffi à me détromper :
d'une part, ces résumés ne contiennent pratiquement pas d'indications temporelles; d'autre
part, ils paraissent avoir été écrits, non pas
au fur et à mesure de la rédaction, mais d'un
jet, sans doute après celle-ci. Cento l'avait[19]
déjà dit pour le résumé de *Bouvard*, et l'examen du manuscrit (ms gg10, f°62 à 66) lui donne
raison: l'écriture reste identique d'un bout à
l'autre du texte, l'alignement est régulier;
il en est de même pour les résumés de *L'Educa-*
tion sentimentale (ms 17611, f°108; ms g226[8],
f°206). Ces résumés n'étaient donc pas des aide-
mémoire, et leur rôle reste, jusqu'à ce jour ,
inconnu.

Ce que j'ai pu trouver comme plans chronologiques se réduit à extrêmement peu de choses.
Pour *L'Education sentimentale*, un petit tableau
met en parallèle sur deux colonnes les années
48 à 43, et l'âge, de 17 à 12 ans, d'un personnage non nommé, mais qui est évidemment
Louise Roque (ms 17611, f°13). Pour l'année
43, le texte précise : 'septembre', et pour
46 : 'repart pour Paris en février'; il s'agit
donc du séjour de Frédéric à Nogent : Flaubert
a calculé l'âge qu'il faut donner alors à la
petite Roque pour qu'elle ait dix-sept ans
quand elle retrouve Frédéric à Paris en 1848.

Il existe également un petit plan chronologique, tout aussi limité, pour *Bouvard et*
Pécuchet. Il couvre les expériences des bonshommes entre l'arrivée à Chavignolles et les
événements de 1848 : 'agriculture 42-44 ;
science 45; littérature 46; politique 47' (ms
g225[1], f°35, en marge; plan identique dans le
ms gg10, f°70, à ceci près que la politique
est prévue pour 47 et 48). Ce plan doit être

assez ancien, puisque l'expérience de l'histoire n'y figure pas (ce qui correspond à l'époque
de la composition de *Rouen III*).

Pour *Salammbô*, une page des scénarios (ms
23662, f°230) dresse un tableau synoptique des
événements qui se passent en Egypte, en Syrie,
en Grèce et à Rome de 246 environ à 238 avant
notre ère. Mais, on le voit, il s'agit là pour
Flaubert de se représenter le fond historique
sur lequel vont se détacher l'histoire de Carthage, et la guerre des Mercenaires. Sur la
chronologie de celle-ci, pas un mot.

Rien non plus pour *Madame Bovary*. L'organisation systématique du cadre temporel de ses
romans ne semble donc avoir préoccupé Flaubert
que dans deux cas, dont l'un au moins est extrêmement limité.

Reste que ce cadre existe : on a pu dresser
un tableau chronologique de chacun des romans,
même si certaines zones en demeurent mal délimitées. Comment Flaubert a-t-il travaillé ?

Pour *Madame Bovary*, c'est assez clair à mes
yeux. Pour nourrir un schéma qui n'est d'abord
que celui d'une ligne de vie, d'une évolution
psychologique, il invente peu à peu des scènes qu'il voit souvent, d'emblée, dans un certain climat, c'est-à-dire dans une certaine
saison : un bal d'automne, une promenade en
groupe par un temps maussade (ce sera l'excursion à la fabrique), une visite à l'église
au printemps...

Nul doute que les saisons n'aient joué un
rôle important dans l'élaboration de *Madame
Bovary*, et qu'elles ne continuent d'en jouer
un dans la version définitive. Donnons-en un
indice; c'est l'existence d'un modèle de

phrase -modèle à la fois syntaxique et séman-
tique- dans lequel les familiers de Flaubert
reconnaissent immédiatement l''attaque' d'une
scène importante : 'On était aux premiers jours
d'octobre' pour la promenade à cheval (p. 162);
'on était au commencement d'avril' pour la
visite au curé (p. 112); 'on était aux premiers
jours d'avril' pour l'arrivée à Yonville (ms g
223^2, f°73r -passage supprimé, sans doute parce qu'il s'accordait mal avec la dernière
phrase de la première partie : 'Quand on partit
de Tostes au mois de mars ...'); ou, avec une
légère variante : 'ce fut un dimanche de février' pour la visite à la fabrique (p. 103).
Il n'est pas sans intérêt de noter que, dans
un des rares passages purement romanesques de
Bouvard et Pécuchet (par 'purement romanesques'
j'entends : qui ne se construisent pas sur un
rapport aux livres), le rebondissement de l'
histoire d'amour de Bouvard dans le chapitre
de l'éducation, Flaubert retombera sur ce modèle : 'On était aux premiers jours d'avril'
(p. 385).
   Le cadre temporel de *Madame Bovary* se crée
donc peu à peu par la mise en relation syntagmatique de scènes conçues d'abord isolément ;
Flaubert intercale, entre deux épisodes dont
l'époque est déjà fixée, d'autres scènes qui
respectent le rythme des saisons : il a fixé
la naissance de Berthe au mois de juin, la
visite à la nourrice aura donc lieu en plein
été (ms gg9, f°19r). Mais parfois, cela ne va
pas sans difficultés : il arrive qu'une scène
ait été conçue dans un climat qui ne s'accorde guère avec l'époque où, finalement, pour
respecter la succession des saisons, elle de-
vra se situer.
   Tel me paraît être le cas du retour de

Charles aux Bertaux, après la mort de sa première femme. Charles pénètre aux Bertaux pour
la première fois le 7 janvier, lendemain des
Rois. Il y retourne fréquemment, en tout cas
jusqu'à la fin de février. 'Au commencement du
printemps', c'est la ruine de sa femme, la visite des parents Bovary pour 'tirer la chose
au clair' et, huit jours après, Charles est
veuf. Quand le père Rouault vient le voir, il
l'invite en lui disant : 'voilà le printemps
bientôt'. Charles se laisse faire, retourne aux
Bertaux : 'il retrouva tout comme la veille,
comme il y avait cinq mois, c'est-à-dire. Les
poiriers déjà étaient en fleurs' (p. 22). Flaubert a voulu, d'une part, creuser un fossé entre le passé et le présent, tout en montrant
que ce fossé est franchi d'un bond par Charles,
qui se retrouvant aux Bertaux oublie tout ce
qui est arrivé depuis sa dernière visite; c'est
ce qu'exprime un de ces passages du manuscrit
autographe dont on peut regretter qu'il les
ait sacrifiés:

Il retrouva tout comme la veille, comme il y
avait cinq mois, c'est-à-dire. Le balancier
de la grande horloge dans la cuisine, battant
toujours à temps égaux en heurtant contre sa
boîte, et sur le cadran blanc peint de bouquets de roses les aiguilles marquant les
mêmes heures (sans dire le nombre de fois
qu'elles avaient tourné) ramenèrent un instant la pensée de Charles aux jours qu'il
avait passés à la ferme. Comme si depuis lors
rien dans sa vie n'avait eu lieu, il ne son-
gea plus à autre chose, et son impression
d'autre fois continuait ainsi, son souvenir
se trouvant être tout à coup la sensation
même qu'il éprouvait. Seulement, l'herbe é-
tait un peu plus haute dans les cours, les

poiriers déjà étaient en fleurs (ms g221, f°
44).

Dans cette perspective, il était important de
bien marquer qu'un certain laps de temps s'é-
tait écoulé : d'où les 'cinq mois', qui n'étaient
d'abord que quatre dans les brouillons (ms g
223[1], f°75v et 81v). Mais Flaubert voulait aussi, d'autre part, situer la scène au printemps:
'avril commençait, les poiriers étaient en
fleurs' écrit-il à plusieurs reprises (f°72r,
73r et 74r)- encore le topos du 'commencement
d'avril'! Cinq mois après la fin de février,
cela nous mène à la fin de juillet; à supposer
que le repère soit, non pas la dernière visite
que Charles avait faite à Emma, mais la date
de son entrée aux Bertaux, le 7 janvier, nous
serions encore au début de juin. Flaubert a
supprimé la mention du mois d'avril, en contradiction trop flagrante avec le contexte. Mais
contre toute vraisemblance, il a conservé dans
les poiriers en fleurs -*déjà* en fleurs- ce
printemps dans lequel il avait conçu la scène.

De même, dans l'épisode de la grossesse d'Emma. Ici -chose fort rare- l'époque de l'événement est calculée : l'enfant 'naît au mois de
juin - il avait été conçu au commencement d'octobre, un an après le bal de la Vaubyessard'
(ms gg9, f°19r). D'où, je l'ai dit, la visite
à la nourrice en plein été. Or il se fait que,
pour des raisons évidentes (un peu trop évidentes même) Flaubert choisit de lier l'annonce
de la grossesse d'Emma au départ pour Yonville:
'Quand on partit de Tostes, au mois de mars,
Madame Bovary était enceinte'. Entre cette
grossesse apparemment toute récente au mois de
mars, et un accouchement prévu pour juin, Flaubert se débrouillera, ici encore, en suppri-

mant une mention gênante (il ne sera plus question de l'époque de l'accouchement) - mais il
gardera la saison : la visite à la nourrice,
quelque six semaines plus tard, continue de se
dérouler dans la chaleur des jours d'été.

A côté de la succession des saisons, un autre
élément contribue à établir le cadre chronologique de *Madame Bovary* : la durée que Flaubert
inscrit peu à peu, au fil des scénarios et des
brouillons, entre deux événements du récit.
Parfois très tôt : le second scénario fixe à
deux ans la durée du premier mariage de Charles (ms gg9, f°3r), un scénario du début de
la seconde partie note que lorsque Léon quitte
Yonville, il y a un an qu'Emma y est venue (f°
19r); mais le plus souvent, au moment de la
rédaction. Les chiffres fournis paraissent, la
plupart du temps, conventionnels (six mois, un
an, deux ans...) et lancés peut-être sans grand
calcul.

Ainsi en va-t-il de la durée 'six mois', très
fréquente dans les trois romans modernes, et
plus encore dans leurs brouillons. *Madame Bovary* : au cours de sa période vertueuse, à la
fin de *Léon I*, Emma devient, 'au bout de six
mois$_2$', maigre et pâle, d'un charme glacial (ms
g223^2, f°238v); dans la période *Rodolphe*, le
hobereau, 'au bout de six mois', a mené l'adultère à un point de calme équilibre (p. 175).
L'Education sentimentale : la Vatnaz se plaint
d'attendre toujours 'depuis six mois que l'affaire est faite' (p. 71); Arnoux, 'depuis six
mois', s'est acheté une maison de campagne (ms
17601, f°219 pour la p. 112); Frédéric, 'au
bout de six mois', abandonne son Etude (ms
17601, f°177v) - dans la version publiée :'Les
six premiers mois, surtout, furent abominables'
(p. 124); 'depuis six mois', Arnoux promet à

Rosanette un cachemire (p. 175)... *Bouvard et Pécuchet*, chapitre premier : la femme de Bouvard s'est enfuie au bout de six mois de mariage (p. 59), le testament du père de Bouvard date de six mois (ms g 225[1], f°36r et 37r), il faut six mois à l'héritier pour entrer en possession de son héritage (p. 65), la maison est payée six mois avant la retraite de Pécuchet (p. 68) : la répétition mécanique révèle, sur ce seul détail, l'aspect caricatural de la narration dans le dernier roman de Flaubert.

Les durées qu'établit la version définitive sont parfois tout à fait exactes, même lorsqu'il s'agit d'événements assez éloignés l'un de l'autre. Quand Emma dit à Rodolphe : 'Voilà quatre ans que je patiente!' (p. 198), le décompte nous renvoie, en effet, au lendemain de son mariage; la dot écoulée en deux ans (p. 90), les deux ans qui se sont passés entre la maladie d'Emma et l'automne qui précède sa mort (p. 294), cela aussi tombe juste. Mais Léon, parti depuis deux ans, retrouve Emma 'après trois années d'absence' (p. 236); Emma reproche à Rodolphe de l'avoir 'pendant deux ans' traînée dans les rêves (p. 318), alors que leur liaison a duré onze mois...

Quand on examine les variantes des brouillons, on reste perplexe. Si Flaubert change 'Voilà trois ans que je patiente' en 'voilà quatre ans' (ms g223[4], f°143v), on peut croire qu'il a fait le calcul. Mais il remplace aussi par trois ans les quatre années d'études de Charles (ms g223[1], f°167r); par quatorze mois les deux ans que dure son premier mariage - sans résoudre pour autant, nous l'avons vu, les problèmes que pose la date de son veuvage; et lorsqu'Emma court chez Rodolphe, dans les premiers temps de leur liaison, après avoir

écrit que la petite Berthe est à cette époque
rentrée chez ses parents 'depuis six mois' (ms
g223[4], f°16v) - ce qui est à peu près juste:
-il y en a sept ou huit- il se ravise, et propose 'depuis un an' (f°6r, 17v, 61v) et même
'depuis plus d'un an' (f°6v); la version définitive dira : 'un an' (p. 170). Pourquoi donc
ces modifications,malencontreuses sur le plan
du réalisme ? Question que nous n'avons pas
fini de nous poser. Je passe à *Salammbô*.

D'après Polybe, la guerre des Mercenaires
contre Carthage dura 'trois ans et quatre mois
environ'[20]. Dans le roman de Flaubert, tout à
la fin du récit, quand le dernier Mercenaire
expire dans le défilé de la Hache, il y a trois
ans que la guerre a commencé (p. 341) : la donnée historique est donc, apparemment, respec-
tée.
Fay et Coleman, dans *Sources and Structure
of Flaubert's 'Salammbô'*, estiment cependant
que si l'on tient compte d'une part de la durée
de certains passages clairement jalonnés de
repères chronologiques, d'autre part de l'écoulement des mois et des saisons, on obtient un
total de près de cinq ans.
Le plus gros problème qu'ils rencontrent
concerne le siège de Carthage. La première attaque des Mercenaires a lieu le 13 du mois de
Schebat (février). Quelque temps auparavant,
pour rassurer les Carthaginois après la destruction de l'aqueduc, Hamilcar a déclaré qu'
il restait de l'eau dans les citernes pour
cent vingt-trois jours (p. 261). Après un temps
de siège indéterminé, Carthage commence à souffrir de la soif; on est 'à la fin de l'été' (p.
267) - c'est-à-dire en octobre (d'après l'*En-
cyclopedia Britannica*[21]) : huit mois donc

après le début du siège. Au mois de Nysan (a-vril), quand les Mercenaires attaquent à nouveau, Hamilcar possède encore une réserve d'eau suffisante pour noyer leur machine de guerre. Devant cette incohérence -une réserve d'eau pour quatre mois qui ne serait pas épuisée après plus d'un an- Fay et Coleman proposent de considérer comme une inadvertance l'affirmation selon laquelle, quand les Carthaginois se sont mis à souffrir de la soif, 'on était à la fin de l'été'; cette inadvertance serait due à 'une association psychologique de l'idée de soif avec l'idée de chaleur oppressante'[22]. Dès lors, tout irait bien : de février à avril de la même année, deux mois de siège - et la durée totale de la guerre serait raccourcie d'un an.

Elle retomberait alors à quarante-cinq mois (contre quarante d'après Polybe). Mais une note en marge d'un brouillon me fait croire que le décompte de l'auteur était assez différent de celui des deux critiques. En effet, en marge du passage où les Mercenaires, à la veille de la bataille du Macar, se rendent compte que l'affrontement est imminent, et s'en réjouissent (p. 164), Flaubert a écrit : 'deux ans' (ms 23659, f°281). Il faut comprendre, semble-t-il, que les démêlés avec Carthage durent depuis deux ans - il ne reste alors qu'un peu plus d'un an pour la partie du récit qui se situe après la bataille du Macar. Au lieu que Fay et Coleman comptent un an et demi, au plus, avant la bataille, deux ou trois ans après. Il se pourrait bien, à vrai dire, que le chiffre de deux ans soit, lui aussi, 'psychologique' - un peu forcé, parce que ce que Flaubert veut marquer, c'est la longueur de l'attente, l'ennui qui accable les hommes.[23]

Quant à l'association de la soif et de l'été, elle est évidente. Mais loin de penser que c'est là une notation accessoire, que l'on peut supprimer pour ne tenir compte que des dates, je croirais plutôt, à voir les scénarios et brouillons, que c'est au contraire la donnée essentielle, et la plus solide. En effet, il ressort de l'examen des manuscrits que Flaubert a dû écrire, ou du moins commencer son roman, sans avoir aucune idée de l'ordre de succession des mois dans le calendrier carthaginois, ni de leur correspondance avec les saisons. Quand on connaît son souci de documentation, sa fureur lorsque Froehner crut pouvoir le prendre en défaut, l'érudition qu'il étale dans sa polémique avec l'archéologue, on a peine à le croire. Mais qu'on en juge.

Six fois, dans *Salammbô*, un événement se voit situer par la mention d'un mois, et parfois d'un jour. D'abord, lorsque les Anciens annoncent perfidement à Hamilcar qu'on a vu le voleur du Zaïmph sortir de la chambre de sa fille, ils précisent : 'un matin du mois de Tammouz' (juillet; p. 135). Dans le premier brouillon, pas d'indication temporelle; dans le second, c'est d'abord 'un matin du mois de Tibby' (janvier), remplacé par 'd'Eloul' (septembre), puis par Tammouz (ms 23659, f°213r) : sept mois de plus ou de moins.

Le retour d'Hamilcar à Carthage se situe, dans la version définitive, 'au mois de Schebat, en plein hiver' (p. 140). Je rappelle que Schebat correspond à février. Mais les premières versions portaient ceci : 'on était au mois d'Eloul, en plein hiver' (Eloul : septembre, plein été; ms 23659, f°226r, 228v).

Pour la bataille du Macar, on trouve successivement : 'Un jour, c'était le /3e/ 2d du

mois d'Eloul' (ms 23659, f°337r), 'Un jour, c'é-
tait le 2d du mois d'Eloul dans l'après-midi
(f°360v), 'Un jour, c'était le 2d du mois de
Tibby' (f°366v), et enfin : 'Un jour, c'était
le 3e du mois de Tibby' (f°426v) - l'époque
voyageant ainsi de septembre à janvier.

Suivant le texte, nous trouvons ensuite, dans
le chapitre 'En campagne', que 'les chaleurs du
mois d'Eloul, excessives cette année-là, étaient
une autre calamité' (p. 197). Une première version du texte laissait le nom du mois en blanc:
'Les chaleurs du mois de X' (ms 23660, f°101r);
puis, sur la même page, 'X' est remplacé par
'Eloul', ensuite par 'Sivane'; à la page suivante, mouvement inverse : on revient de 'Sivane' à 'Eloul' (f°104v).

Pour la date de la première attaque des Mercenaires contre Carthage (p. 261), on a d'abord:
'Enfin, le 4e du mois de X au soleil levant'
(ms 23661, f°31r), 'Enfin, le 4e /13e/ du mois
de X au soleil levant' (f°33r), et c'est seulement sur le troisième brouillon que le mois
trouve son nom : 'Enfin le 13 du mois de Schebat, au soleil levant' (f°32r). Enfin, la date
de la seconde attaque, le 7 de Nysan, se trouve
être successivement : 'Enfin le X du mois de X'
(f° 123); 'Puis un matin (c'était le 7e du mois
de X et il y avait juste six lunes que le siège durait)' (f°122); et finalement '(C'était le
7e jour du mois de Nysan et il y avait cinq
lunes que le siège durait)' (f°135v).

Je rappelle que la méthode de travail de Flaubert nous empêche de penser que les modifications se sont entraînées l'une l'autre : la
rédaction d'un passage est achevée, le texte
définitif en est fixé, quand l'écrivain entame
le passage suivant. Le travail des indications
temporelles, tel que je viens de le relever,

est donc ponctuel.

Deux types de préoccupations me paraissent s'
en dégager. D'une part, le désir de marquer
solennellement, par une date, un événement important : la bataille du Macar, les deux atta-
ques contre Carthage; et peu importe quelle
sera cette date; dans les premiers brouillons,
elle peut rester une forme vide de contenu :
'Enfin, le 4e du mois de X₀..' D'autre part, la
justification, par la mention du mois, d'un certain climat : 'plein hiver' ou 'chaleurs'; ici
encore, le référent paraît sans importance : ce
qui compte, c'est la référence. Flaubert écrit
indifféremment : 'on était au mois d'Eloul, en
plein hiver' et 'on était au mois de Schebat,
en plein hiver'; 'au mois d'Eloul en plein hiver' et 'les chaleurs du mois d'Eloul'.

Certes, il a dû finir par se renseigner, il a
évité de situer les mois d'été en hiver. Mais
le travail du premier jet paraît bien être d'
essayer des noms selon un critère qui n'est ni
chronologique, ni climatique. J'y reviendrai.

Avant de passer à *L'Education sentimentale*,
une remarque encore. Si les saisons sont parfois invoquées dans *Salammbô*, le roman n'est
pas construit au rythme de leur écoulement; il
ne progresse pas non plus par larges tranches
de durée : il est fort rare que l'on y compte
en lunes. C'est l'alternance du jour et de la
nuit, et la succession des journées, qui marquent, le plus souvent, la progression du
temps : 'le lendemain', 'le jour suivant',
'dans la troisième journée'; ou bien : 'au
coucher du soleil', 'au milieu de la nuit', 'à
l'aube'. Ainsi, un scénario assez ancien, plan
d'ensemble sans conception temporelle, comporte
déjà, pour la première scène du livre, l'indication suivante : 'tout s'endort au soleil

levant' (ms 23662, f°180r). A dû jouer là, bien
sûr, le modèle homérique.

Les saisons n'ont qu'un fort petit rôle, on
s'en doutait, dans l'établissement du cadre
temporel de *L'Education sentimentale*. J'ai relevé dans les scénarios que le bal à l'Alhambra
doit se situer 'un dimanche d'été' (ms 17611,
f°3r), et le trajet en voiture de Frédéric avec
Mme Arnoux, le jour de sa fête, 'un soir d'été'
(f°7r). Dans un brouillon, Flaubert évoque longuement ce que nous appellerions la dépression
de Frédéric pendant sa retraite à Nogent : il
a abandonné son Etude, il vit dans l'inaction,
restant couché la moitié du temps... Cet épisode, qui rappelle de près certains passages de
Madame Bovary, l'écrivain l'a imaginé dans un
climat bien précis : c'est l'hiver (ms 17601,
f°177v). Mais ces retours à la conception du
premier roman me paraissent assez rares.
   Par contre, le cadre chronologique est très
nettement circonscrit dès les scénarios (sinon
dans les notes du *carnet 19*, où la seule date
est : 'depuis 1830')[24]. La première scène datée de septembre 1840 (ms 17611, f°1r); une
première partie '1842-1843' (c'est le titre du
f°78r, esquisse de cette première partie); un
séjour de Frédéric à Nogent, où il 'reste 3
ans' (f°7r); le retour à Paris à la fin de
janvier 1846, le bal chez Rosanette en 1847
(le f°115r, esquisse du bal, précise que 'l'année 1847 on s'amuse'), les courses en avril de
la même année (f°35r), la suite entre 1848 et
1851, puis un laps de dix ans entre la mort
de Dussardier et la dernière visite de Mme Arnoux (f°104r).
   Les scénarios montrent bien comment Flaubert
a travaillé. On y trouve plusieurs feuillets

qui comportent des listes de faits politiques
et d'événements datés, lesquels seront utilisés, en partie du moins, dans le récit. Ces
faits concernent trois périodes : 1842-1843,
1847, 1848 à 1851. Pour la première période,
deux pages de scénarios (f°130r et v) sont entièrement consacrées à ces listes d'événements.
Pour la seconde, 1847, c'est dans les brouillons que l'on trouve une documentation importante : sous le titre 'Eté de 1847', des notes
sur la vie politique, les événements, la mode
- et notamment la mode aux courses (ms 17604,
f°130v); sous le titre 'Caractère moral de la
fin de 1847' (ms 17606, f°9v et 18v), des faits
datés, politiques : '(30 septembre) on interdit le banquet des typographes', ou sociaux :
'*misère*. Hippolyte Raynal, un poète, demande
dans les journaux une place de portier (6 novembre)'; beaucoup de ces notes sont barrées,
ce qui semble indiquer qu'elles ont été utili-
sées - il y aurait là une recherche à faire.
Pour la troisième période enfin, ce que l'on
trouve est un peu différent : une série de
feuillets des scénarios (ms 17611, f°54, 56,
58, 60) présentent, en pleine page, l'esquisse
des événements romanesques, sans dates, sans
allusion à la vie politique; en regard, en co-
lonne dans la marge de gauche, les faits de la
vie politique et sociale, pour les années 48-
49 d'abord, 49-50-51 ensuite; la fusion des
deux séries se fera plus tard, lors de la rédaction - procédé que Flaubert retrouvera, *mu-
tatis mutandis*, dans le travail de *Bouvard et
Pécuchet*.
   Une première question se pose. Au 'trou' que
constitue dans la vie de Frédéric le séjour à
Nogent correspond, dans la documentation, une
lacune pour les années 44 à 46. Qu'est-ce qui

est premier ? les exigences du roman ou celles
de l'Histoire ? S'agit-il de séparer nettement
le prologue du récit principal, l'étudiant du
jeune homme qui vit de ses rentes ? ou de sauter les années les moins intéressantes d'un
point de vue historique ? Je n'ai ni la formation d'historien, ni la connaissance approfondie des manuscrits de *L'Education sentimentale*
qui me permettraient de hasarder une hypothèse.
Je me borne à constater que le roman se construit ainsi, temporellement, autour d'un vide,
comme il se construit, sur un autre plan, autour d'un anti-héros, et d'une femme qui se
dérobe.

On sait d'autre part que la chronologie de la
version définitive se révèle assez hésitante
sur les franges de cette période de retraite
de Frédéric [25]. Je rappelle les faits.

Une chronologie assez précise permet de situer en août 1843 le dernier examen de Frédéric. Cependant, à la page suivante, arrive une
allusion à des événements des mois d'août et
de septembre 1844 : 'le Citoyen /.../ accusait
la Camarilla de perdre des millions en Algérie'
(p. 119) [26]. Frédéric retourne alors à Nogent,
où il restera, ruiné. Après une période indé-
terminée, c'est la visite de l'oncle à héritage; à son départ, Frédéric et sa mère, ruminant
de sombres pensées, restent dans un tête-à-
tête silencieux 'comme il y avait cinq ans, au
retour de Montereau' (p. 128) : on est donc en
1845. Cependant, quand viendra l'annonce de
l'héritage, la date nous en sera fournie avec
le millésime, comme s'il fallait donner un
nouveau repère, les faits se situant beaucoup
plus tard : 'Un jour, le 12 décembre 1845...'
(p. 129). Frédéric repart immédiatement pour
Paris, et retrouve Mme Arnoux mère d'un 'petit

garçon de trois ans, à peu près' (p. 139); en
juin 43, l'enfant n'était pas né, et rien ne
laissait même supposer que Mme Arnoux fût enceinte. Quelques jours plus tard (on devrait
être le 19 ou le 20 décembre), c'est le bal
chez Rosanette. Frédéric se meuble, se loge,
et retourne chez Mme Arnoux; il constate que
Marthe est devenue 'bien grande depuis trois
ans', c'est-à-dire depuis la fête à Saint-
Cloud : on serait donc en été 46 - mais Mme
Arnoux interroge alors Frédéric sur le bal
chez Rosanette, 'l'autre jour' (p. 165) : on
est donc toujours en décembre 45, et Frédéric
a mis bien peu de temps pour trouver et équiper
son logement! Pourtant, le dimanche suivant,
quand il pend la crémaillère avec ses amis, la
conversation va rouler sur des événements de
la fin de 1846 et du début de 1847.

Le recours aux dossiers n'arrange pas les
choses, au contraire. Le petit plan chronolo-
que dont j'ai parlé donne pour date de l'arrivée à Nogent : 'septembre 43', et pour le
retour à Paris : 'février 46' - c'est 'janvier
46' dans un autre scénario (ms 17611, f°20r).
Il est cependant clairement affirmé que 'Frédéric reste trois ans à Nogent' (f°7r). Peut-
être Flaubert a-t-il compté par années : trois
ans de 1843 à 1846, sans se préoccuper du fait
qu'il part de la fin de 43 pour s'arrêter au
tout début de 46.

Mais un brouillon réduit à deux ans la période passée loin de Mme Arnoux (ms 17602, f°
14v); un autre précise, après avoir donné la
date de l'héritage - décembre 1845 : 'il y
avait un an qu'il était revenu' (f°42r); un
troisième donne deux ans au petit garçon le
jour où Frédéric en fait la connaissance (f°
50v), mais Flaubert se ravise dans la version

suivante : '/deux/ trois ans' (f°61v)。 Enfin,
je l'ai dit, un scénario date le bal de 1847.

Les deux *résumés-sommaires* s'en tiendront à
une durée totale de trois ans. On pourrait
croire que Flaubert s'est tout simplement
trompé en fixant le retour à Paris en décembre
45 au lieu de décembre 46. Mais les manuscrits
ne nous mènent pas vers cette explication ra-
tionalisante [27]。 Comme pour *Salammbô*, Flaubert
a donc travaillé de façon ponctuelle. Il est
extrêmement attentif à faire coïncider chacun
des événements romanesques avec la vie politique, économique et sociale de l'époque. J'ai
déjà cité, à propos du bal, l'indication :
'l'année 1847, on s'amuse'; en voici d'autres
exemples : à propos des affaires d'Arnoux avec
la compagnie de kaolin (p. 201), on peut trouver dans un scénario, sous le titre : 'A changer, vu que ça se passait en 1846', le texte
que Flaubert avait d'abord écrit sur les opérations réalisées par Arnoux, avec, en marge,
une proposition différente de la main de Du
Camp (ms 17611, f°162r); à propos de l'enterrement de M. Dambreuse, cherchant des sujets
de conversation, Flaubert écrit : 'Importance
politique d'un très petit événement contemporain (le 14 février 1851)' (ms 17609, f°31v).
On trouve aussi, dans les brouillons, des
repères chronologiques entre parenthèses - entre parenthèses parce qu'ils ne sont pas destinés à passer dans le texte : 'pendant tout
janvier et février (1848)' pour le passage qui
suit la 'lune de miel' de Frédéric et de Mme
Arnoux à Auteuil (p. 197; ms 17606, f°130r);
'un jour vers le milieu de décembre (1848)'
pour l'épisode où Rosanette apprend à Frédéric
qu'Arnoux vient d'offrir une boutique à la
Bordelaise (p. 195; ms 17608, f°72v).

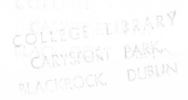

Mais les dates sont fixées indépendamment
les unes des autres, et le problème n'est pas
repensé dans son ensemble. Le calcul d'une série (l'âge de la petite Roque) n'a pas d'inci-
dence sur le reste.

C'est ainsi que doit s'expliquer aussi, je
pense, la question de la grossesse de Rosanette. Ses deux termes - l'annonce, l'accouchement
- ont été traités séparément. L'annonce est
dramatique : Rosanette vient d'arracher Frédéric à Mme Arnoux; Frédéric a eu un geste menaçant, et Rosanette, pour se protéger, proclame
qu'elle est enceinte (p. 380). Quant à l'accouchement, il a lieu le lendemain de la mort
de M. Dambreuse, quand Frédéric vient de décider d'épouser la veuve (p. 405). Entre les
deux, une durée dont Flaubert ne s'est manifestement pas préoccupé.

Enfin, les manuscrits de *L'Education sentimentale* nous apprennent que si Flaubert maintient obstinément le chiffre de trois années
pour une période qui n'en peut durer que deux
- et peut-être même qu'une seule -, à l'autre
bout du livre il ne cesse d'accentuer le second
'blanc' du récit, celui qui sépare la mort de
Dussardier et la dernière visite de Mme Arnoux:
dix ans dans un scénario (ms 17611, f°104r),
douze dans un brouillon (ms 17610, f°65); puis
une date : mars 1866 (f°66r) - ce qui fait un
peu plus de quatorze ans. Enfin, on le sait,
mars 1867. L'effet tant admiré de Proust est
atteint par étapes.

La chronologie de *Bouvard et Pécuchet*, comme
l'a montré René Descharmes, est la plus fantaisiste des quatre, et paraît témoigner d'un
complet mépris des impératifs réalistes. Pour
Descharmes - peut-être un peu trop désireux

d'accentuer les distortions -, on peut mesurer
près de quarante années entre la rencontre du
boulevard Bourdon et la fin du chapitre X ;
Bouvard et Pécuchet sont largement octogénaires
quand ils courent les champs derrière Victor
et Victorine.

Refaisons rapidement le calcul. La rencontre
a lieu en plein été, quand les deux bonshommes
ont quarante-sept ans : ce doit être en 1838.
Le départ pour Chavignolles est daté du 20 mars
1841. Les expériences d'agriculture, de sciences naturelles et d'archéologie couvrent une
première période, dont le terme est marqué par
l'été 1845, moment où l'intérêt de nos amis se
porte sur l'histoire : quatre ans donc, s'il
faut en croire les dates; mais si l'on fait le
compte des années en se fondant sur l'écoulement des saisons, l'apparition des fleurs, des
fruits, la reprise des greffes, les récoltes,
etc., on pourrait arriver jusqu'à un total de
quatorze ans. En revanche, de l'été 45 à février 48, puis au 3 décembre 51, c'est plutôt
l'inverse qui se passe : on se trouve à court
d'événements, le texte va sans transition de
décembre (1848) à Pâques (1850), puis à décembre 1851. De même, de décembre 51 à 'l'époque
de la guerre d'Italie' (c'est-à-dire à 1859),
une période de trois ans paraît s'évanouir en
fumée. Quant à la dernière partie du récit,
l'expérience d'éducation, elle ne semble durer
que deux années si l'on tient compte de l'é-
coulement des saisons, mais elle en demande
au moins quatre si l'on se fonde sur la croissance des enfants, qui ont douze et dix ans
lorsque Bouvard et Pécuchet les prennent en
charge, et qui sont pubères l'un et l'autre
avant la fin du récit : Victorine fait ses

premières expériences amoureuses dans les bras
du tailleur.

Pour la première période, je rappellerai d'a-
bord le petit plan chronologique qui accorde
les années 42 à 44 à l'agriculture, et 45 aux
sciences; l'archéologie, plus tard, s'ajoutera
sur le même laps de temps. Or l'expérience
d'agriculture, telle qu'elle est présentée,
demanderait au moins dix années, et les brouillons nous expliquent pourquoi. Flaubert a suivi des traités d'agriculture, qui indiquent ce
qui se passe d'année en année lorsqu'on se met
à cultiver du blé ou des arbres fruitiers; il
a pris des notes à ce sujet (voir par exemple
le ms g225[1], f°165v), et il les utilise; pour
le blé : '/l'année/ la saison suivante, ils
semèrent très dru et se réjouirent au printemps
de voir les blés verdoyer /₀.₀/ La seconde année, déception plus forte' (f°175v). Et ailleurs : 'En dépit des chaulages pernicieux, des
binages épargnés et des échardonnages trop
tardifs, Bouvard, la quatrième année, avait
devant lui une belle récolte de froment' (f°
140r); pour les arbres fruitiers : 'la première
année quelques poires, vieux arbres - mais les
enlèvent par principe - la deuxième rien - la
troisième année, cependant, ils eurent quelques
fruits - l'année suivante₀...' (f°151v). Ainsi,
l'agriculture et l'arboriculture demanderaient
au moins huit ans à elles seules. Flaubert
dissimulera ce problème sous le vague d'expressions comme 'alors' substitué à 'l'année suivante' (f°175v), ou 'l'année suivante' rempla-
çant 'la quatrième année' (f°141r, 142r); il
télescopera les expériences dans une sorte de
période a-temporelle, une saison éternellement
et indifféremment propice aux plantations, aux
fleurs, aux fruits, aux récoltes₀

Pour la période qui couvre les années 48 à
51, c'est-à-dire pour le chapitre VI, Flaubert
a travaillé comme dans *L'Education sentimentale*:
des notes sur les événements historiques jalonnent les marges du brouillon. Le problème qui
s'est posé, je pense, est qu'il a voulu enfer-
mer en un chapitre l'expérience dite de la politique, ce qui l'a conduit à sauter un peu
vite de 48 à 51.

Pour la fin du récit (après 1851), les brouillons sont particulièrement intéressants en ceci
qu'ils nous fournissent deux dates, qui seront
supprimées dans le texte destiné à la publication. Tout d'abord, le pèlerinage à Notre-Dame
de la Délivrande est daté de 1857. Or, si l'on
compte à partir de décembre 51, on devrait être
en 1855 seulement. Pourquoi donc 1857 ? Il faut
remarquer que cette date apparaît liée à la description de l'église : 'aspect de l'église de
la Délivrande, en 1857' (ms g225^3, f°164v); 'en
1857, on en construisait une autre' (f°172r);
'le lendemain, de bonne heure, ils vont voir
la statue de l'église (en 1857)^{28}, en attendant la messe' (f°191v). Or, à plusieurs reprises, Flaubert renvoie, pour la description
de l'église, à une *notice*. Faut-il croire qu'
il situe l'action en 1857 parce que sa documentation date de cette année-là ? Dans ce cas,
il aurait préféré la vérité historique de la
description au réalisme de la chronologie.

Mais il faut bien voir aussi qu'il étire, manifestement,toute la fin de son récit. L'allusion à la guerre d'Italie, même si l'on situe
le pèlerinage en 57, vient encore trop tôt. Et
la seconde date nouvelle fournie par les
brouillons accentue fortement le décalage : à
deux reprises, en effet, Flaubert situe en
1868 l'épisode où Victorine perd sa virginité

dans les bras du bossu (ms g225[3], f°388r et
390v). Il faudrait donc croire que le chapitre
de l'éducation s'étend sur huit ou neuf ans.
Victorine, qui est encore une 'petite fille'
lors de la visite à la ferme (p. 386) aurait
entre dix-huit et vingt ans, et Victor entre
vingt et vingt-deux, lui qui, il y a peu, chan-
tait encore dans son lit lorsqu'on l'y mettait
pour le punir (p. 392). L'invraisemblance est
totale; sa 'gorge enfantine' (p. 407), et l'ex-
clamation de Bouvard : 'Si jeune!', nous empêchent de voir en Victorine autre chose qu'une
adolescente, et les brouillons nous donnent
raison : 'à quatorze ans, Victorine est perdue'
(f°310r, 392v).

Un des scénarios de *Bouvard et Pécuchet* énu-
mère une série de '*crimes politiques*, exaltés
par l'opinion publique' (ms gg10, f°43v) :
  - Saint-Barthélemy
  - Révocation de l'Edit de Nantes
  - Terreur
  - 18 Brumaire
  - 2 Décembre
  - Commune de 1870.
Ainsi, 1870 avait sa place dans *Bouvard*... la
Commune, et aussi la guerre, forcément. Faut-
il croire que Flaubert a renoncé à cette idée,
dont on ne trouve -sauf erreur- aucune trace
dans les scénarios de la fin du chapitre X et
du second volume ? La date fournie par les
brouillons nous invite à réfléchir avant d'a-
dopter cette hypothèse : 1868 - les événements
ne sont pas loin. Et ce serait une expérience
importante - qu'il serait peut-être dommage de
faire manquer aux deux bonshommes, et au lecteur. Et puis, Flaubert a situé la fin de
L'Education sentimentale à l'époque même où il

en achevait la rédaction : n'aurait-il pas eu,
par hasard, l'idée d'agir de même avec *Bouvard
et Pécuchet* ? C'est ce que les deux dates dé-
couvertes dans les brouillons nous amènent à
nous demander.

Je m'intéresserai maintenant au problème des
âges, dont je n'ai parlé qu'occasionnellement
jusqu'ici.
   Sauf erreur, les héroïnes n'ont pas d'âge
précis dans la version définitive : Emma, Salammbô, Mme Arnoux, Rosanette, Mme Dambreuse,
ni même Mme Bordin, ni Mélie. Pour la plupart
des héros, au contraire, Flaubert fournit un
chiffre : pour Rodolphe et Léon, Frédéric et
Deslauriers, Bouvard et Pécuchet. Pas pour
Charles au moment de sa vie d'adulte. Pourquoi?
   Dans le premier scénario de *Madame Bovary*,
Charles a '33ans quand commence le livre', Rodolphe 37 puis 33 (ms gg9, f°1). L'âge de Rodolphe sera longuement fignolé : 35 ans (f°3),
34 (f°10), 38 (f°13), 36 (ms g223^2, f°296v ;
ms g223^3, f°60 et 62), 34 (version définitive).
Quant à Charles, il va subir un rajeunissement
progressif : 33 ans (f°1), 30 à son mariage
avec Emma (f°3), enfin 22 ou 23 à son premier
mariage (ms g223^1, f°42v et 73v) : on sait que
ce premier mariage ne précède que de deux bonnes années le mariage avec Emma. Rien dans la
version définitive, sans doute parce que l'
âge auquel on peut arriver par le calcul ne
correspond pas à l'idée que Flaubert s'est
faite du mari d'Emma, et d'après laquelle il
écrit -et maintient-, pour un passage où l'officier de santé devrait avoir 24 ou 25 ans :
'Il prenait, avec l'âge, des allures épaisses'
(p. 63).
   Quant à Emma, qui n'a pas d'âge dans le pre-

mier scénario, deux brouillons lui donnent 18
ans à l'époque de sa lune de miel (ms g223[1],
f°122r et 124r) : âge conventionnel, comme les
20 ans de Léon dans la version définitive (p.
98), comme les 18 ans de Salammbô dans un scénario (ms 23662, f°187r), seule notation d'âge
pour ce roman.

Quelques incohérences apparaissent quand on
s'avise de mettre en rapport les indications
fournies dans des passages du récit éloignés
l'un de l'autre. Si le père Bovary meurt à 58
ans, à une époque où Charles approche de la
trentaine (p. 256), le fils devait avoir 16
ans quand son père, ruiné, s'est retiré à la
campagne (p. 7); or il semble bien qu'il n'é-
tait pas encore né. Quant à la petite Roque,
dont l'âge a été soigneusement calculé : 12
ans en 1843 (ms 17611, f°13r et version définitive p. 122), sa date de naissance est en
désaccord total avec cet âge : c'est en 1834
que le père Roque amène à Nogent la 'belle
blonde' qui sera la mère de Louise (p. 126) -
ce qui donnerait à celle-ci 8 ou 9 ans seulement en 43. Ici encore, les brouillons tom-
baient plus juste que la version définitive :
la mère de Louise arrivait à Nogent en 1830
(ms 17601, f°284v; ms 17602, f°24r, 25r, 26r).

L'âge de Justin, dans *Madame Bovary*, pose un
problème un peu différent. S'il a six ans de
moins que Félicité (p. 193), il devrait avoir
9 ans, je l'ai dit, lors de l'arrivée d'Emma
à Yonville. Chose des plus improbables, et les
manuscrits confirment l'impression des lec -
teurs, lui donnant, à ce moment-là, 12 à 15
ans (ms gg9, f°12r), 14 ans (ms gg9, f°10, et ms
g223[2], f°91r) ou 13 ans (ms g223[2], f°90r).
Mais cinq ans plus tard, à la mort d'Emma, il

est toujours adolescent... Si Charles vieillit
trop vite, lui ne vieillit pas : c'est l'éter-
nel Chérubin, fixé à l'âge du rôle.

Comme Justin, Bouvard et Pécuchet changent
trop peu. Cependant, les quelques repères fournis dans la version définitive ou les brouillons sont à peu près corrects : les 52 ans de
Pécuchet lors de l'expérience de physiologie
(p. 123), les 60 ans que Flaubert accorde aux
bonshommes dans le chapitre de l'amour (ms g
225², f°352r) : on est au printemps de 1852;
si le chiffre est supprimé dans la version finale, c'est sans doute, comme les dates de 1857
et 1868, pour éviter de marquer que le récit
s'éternise, et qu'un moment arrive où les bonshommes sont, vraiment, trop vieux pour ce qu'
ils font.

J'en viens pour terminer au traitement des
dates. Si l'on commence par examiner les trois
romans modernes dans leur état définitif (dans
Salammbô, aucune date), quelques constatations
intéressantes se dégagent. Dans *Madame Bovary*,
deux dates : 'vers 1812', le mariage du père
de Charles (p. 6); aux environs de 1835, l'é-
tablissement d'une route conduisant à Yonville;
comme la première, cette date renvoie à un moment antérieur au récit principal. Dans *L'Education sentimentale*, quelques dates pour des
événements romanesques antérieurs au récit
(par exemple l'arrivée de la mère de Louise
chez M. Roque en 1834), et quatre dates proprement romanesques (je veux dire : qui arrivent
à leur heure dans le récit, et qui concernent
la vie des personnages) : le 15 septembre 1840,
rencontre de Frédéric et de Mme Arnoux; le 12
décembre 1845, l'héritage; mai 1850, mariage
de Martinon et de Cécile; fin de mars 1867,

dernière entrevue de Frédéric et de Mme Arnoux.[29]
Outre cela, quantité de dates historiques ,
mais toujours antérieures au moment où elles
sont citées; par exemple, la journée du 22 février est racontée sans être datée, mais elle
sera évoquée avec sa date lors de la scène du
club, quand Sénécal écarte la candidature de
Frédéric : 'De plus, le 22 février, bien que
suffisamment averti, il avait manqué au rendez-
vous, place du Panthéon' (p. 330). L'Histoire
n'entre en tant que telle dans le récit que
lorsqu'elle est devenue Histoire -c'est-à-dire
Passé- pour les personnages eux-mêmes, dont
Flaubert adopte le point de vue. Dans *Bouvard
et Pécuchet* au contraire, l'Histoire est convo-
quée directement dans le récit : 'Dans la mati-
née du 25 février 1848, on apprit à Chavignolles /.../ que Paris était couvert de barricades'
(p. 226); 'Mme Bordin entra. C'était le 3 décembre 1851. Elle apportait le journal. Ils
lurent bien vite et côte à côte, l'Appel au
peuple, la dissolution de la Chambre, l'empri-
sonnement des députés'(p. 257). Cette différence est liée, je pense, au fait que *L'Education
sentimentale* est d'abord un roman, et *Bouvard
et Pécuchet* ce que j'appellerai, faute de mieux,
un livre à thèse.

Je passe rapidement sur la suppression de
nombreuses dates entre les manuscrits et la
version finale des romans. Le phénomène est
connu[30]. Je note seulement que, dans *Madame
Bovary*, l'effacement de quelques dates me paraît correspondre à l'occultation systématique
de l'Histoire dans ce roman qui, comme l'a fait
remarquer Jacques Seebacher, évite à la fois
1830 et 1848, se situant soigneusement entre

les deux; supprimé le 'rédacteur de journal légitimiste 1832' (ms gg9, f°44r), supprimée cette note concernant le duc de Laverdière : 'en
1815 ce qu'il toucha du milliard lui servit à
se remeubler un peu' (ms g223^1, f°150v) - comme sont supprimés le repas bonapartiste (ms g
225$^3_2$, f°110v), une allusion à la reine (ms g
223^2, f°20r), le maire légitimiste (f°56r), le
cousin de Léon 'phalanstérien, St Simonien romantique' (f°90r), le mouchoir représentant
Guizot et la reine Pomaré.

Je m'arrêterai davantage au travail des dates,
pour remarquer d'abord que, dans ses scénarios
et ses brouillons, Flaubert ne cesse de modifier les dates, comme d'ailleurs les autres
chiffres. Quelques exemples, parmi des dizaines.
Dans *Madame Bovary*, la date de la mort d'un des
ancêtres du Marquis, inscrite au bas de son
portrait, dans la salle de billard de la Vaubyessard : c'est d'abord le 10 juillet 1569,
puis le 17 juillet 1587 (ms g 223^1, f°200r),
enfin le 20 octobre 1587 (p. 49); la date du
comice : 3 août, remplacé par 12 août (ms gg9,
f°26v; date supprimée dans la version définitive). Dans *Salammbô*, la première attaque contre Carthage passe du 4e jour du mois au 13e,
alors que, je le rappelle, le mois lui-même
n'est pas encore déterminé : 'le /4e/ 13e
du mois de X' (ms 23661, f°33r). Dans *L'Education sentimentale*, les trois dates de l'histoire de Frédéric ont fait l'objet de modifications; par exemple, si l'héritage tombe toujours en décembre 1845, le chiffre du jour
semble avoir été longuement médité : quatre ou
cinq surcharges dans un des brouillons (ms
17602, f°42r); à la mort de M. Dambreuse, l'hé-
moptysie se déclare 'le 13 février vers midi'
(ms 17609, f°19r), 'le 13 février vers quatre

heures (f°21r), et finalement 'le 12 février à
cinq heures' (p. 395). Pour *Bouvard et Pécuchet*,
je donnerai un seul exemple, de nouveau la date
de l'héritage : 23 avril 1839, puis 20 avril
1840 puis 20 janvier 1840 (ms g225^1, f°35r),
23 janvier 1840 puis 14 janvier 1839 (f°34r),
14 janvier 1839 puis 27 janvier 1839 (f°33r),
20 janvier 1839, enfin, dans le texte qu'on pu-
bliera (p. 62). Mêmes modifications quand il
s'agit du jour de la semaine : 'Madame Bovary
mère partit un mercredi, qui était jour de marché à Yonville' (p. 130) : c'était d'abord 'un
lundi' (ms g 223^3, f°31r), ou 'un mardi' (f°32
r).

Comme les dates, les durées -et les plus in-
signifiantes- sont constamment modifiées : le
père Rouault guérit au bout de 50 jours, puis
de 46 (ms g223^1, f°60r). Charles Bovary attend
17 minutes le signal lui annonçant qu'Emma
veut bien l'épouser (f°141v); cela devient 19
minutes dans la version définitive (p. 26). La
vieille servante a 50, 53, 43, 52, 54, 57 ans
de service dans la même ferme (ms g223^3, f°
179v, 180v, 186r, 188r, 194v)... Quand Rosanette appelle Deslauriers pour qu'il vienne la réconcilier avec Frédéric, il arrive 3 jours
après, puis 8 (ms 17610, f°36r), puis 5 (p.
430). Là encore, j'aurais des dizaines d'exemples à aligner.

Enfin je mentionnerai quelques cas plus trou-
blants encore : les variations dans les dates
historiques. Dans *Madame Bovary*, lors de la
visite de la cathédrale, une des statues que
vante le guide est celle de Diane de Poitiers;
pour les dates de sa naissance et de sa mort,
les brouillons offrent successivement : 1423-
1472 (ms g223^5, f°86v), 1521-1572 (f°129v),
1521-1573 (f°103v), et enfin les dates histo-

riques, qui figureront dans la version définitive : 1499-1566 (f°190v et p. 247). Faut-il croire que Flaubert avait eu d'abord l'intention malicieuse de mettre dans la bouche du guide des renseignements erronés ? Je n'en ai pas l'impression. Car d'une part, la description des statues elles-mêmes est complètement fantaisiste dans les brouillons : le texte confond fils et petit-fils, épouse et mère, invente des prénoms, présente deux statues du même personnage comme celles du père et du fils. Or, tout de même, *Madame Bovary* n'est pas *Zazie dans le métro*; et dans la version publiée, tout est remis en ordre. On dirait bien que cet écrivain si documenté n'a pas hésité, ici, à se lancer dans une description de la cathédrale de Rouen sur de vagues souvenirs de visites, et en inventant purement et simplement des dates historiques.

Autre exemple : le mariage de François II et de Marie Stuart, dont il est question dans *Bouvard et Pécuchet*, à propos des *Deux Diane* d'Alexandre Dumas, quand Pécuchet en relève les erreurs. Le texte de la version publiée dit ceci : 'le mariage du Dauphin François eut lieu le 14 octobre 1548, et non le 20 mars 1549' (p. 202). Dans un brouillon, 'octobre' est barré, et remplacé par 'avril' (ms g225^2, f°118r). Mais dans les dossiers, sous le titre *Histoire*, on trouve ceci : 'Alexandre Dumas. Les Deux Diane. Le mariage de François II et de Marie est représenté comme ayant eu lieu le 20 mai 1557 /.../ Il eut lieu le 24 avril 1558' (ms g226^4, f°3). Vérifications faites^{31}, les dates sont correctes dans le dossier; dans le texte du roman, Flaubert invente, et la date trouvée dans *Les Deux Diane*, et la date historique.

Cela fait-il partie des 'truquages' prévus
pour *Bouvard et Pécuchet* ? Des dates historiques fausses, ce n'est pas sans ressemblance
avec ces 'indications bibliographiques fausses'
dont Flaubert méditait d'accompagner la copie
des bonshommes (ms gg10, f°5r). D'ailleurs,
lorsqu'il s'agit de faits moins illustres, la
comparaison des sources et des différents
brouillons semble indiquer que l'écrivain n'
hésite pas à forger de toutes pièces ses références historiques, qu'il s'agisse de la décou-
verte de l'alligator en novembre 1825 sous
la falaise des Hachettes (p. 144) ou du déjeû-
ner à Mesnil-Villement du très réel M. Galeron
à une date qui varie de 1813 à 1816, en passant
par 1820 et 1823 (ms g225, f°17r, 23v, 32v,
139v, et p. 168).

Dans leur étude sur la chronologie de *Madame
Bovary*, Roger Bismut et Jacques Seebacher
fixent à 1843 le projet de fuite d'Emma et de
Rodolphe, parce que la date prévue est le lundi 4 septembre, et que 1843 est la seule année
possible où le 4 septembre soit un lundi. Par
conséquent, le suicide d'Emma se situe en 1846
- et quatre jours après la Mi-Carême, ce qui
fait le 23 mars. On nous fait remarquer alors :
1° que Flaubert fait coïncider la fuite manquée d'Emma avec la noyade de Léopoldine Hugo,
2° que la date de l'empoisonnement d'Emma correspond à la mort de Caroline Flaubert, et qu'
elle est inscrite prophétiquement,pour qui
sait la lire, dans les comptes de Lheureux :
'Voyons...voyons...le 3 août, 200 francs... au
17 juin, 150... *23 mars, 46*... en avril...'
(p. 292) [32]. Ce qui serait évidemment fort im-
pressionnant, et révélerait chez Flaubert un
travail de la date jusqu'ici insoupçonné, et

des préoccupations littéraires complètement
différentes de celles qu'on lui connaissait.
Cela vaut la peine d'y regarder de près.

Signalons d'abord que Caroline Flaubert est
morte le 22 mars et non le 23 : Flaubert se se-
rait-il trompé de date[33] ? Ensuite, que la date
pivot du lundi 4 septembre se trouve être dans
les brouillons tantôt le 'lundi 12 septembre'
(ms g223[4], f°162r et 239v), tantôt le 'lundi
23 septembre' (f°161r) : faut-il croire que
Flaubert a hésité entre 1842 et 1844, pour se
décider enfin -à cause de Léopoldine Hugo ?-
pour 1843 ? En réalité, il est possible d'aligner une série de dates tirées de ses romans,
parfaitement localisables, et où l'indication
du jour de la semaine est fausse. Quelques
exemples. La fête de Mme Arnoux -la Sainte-
Angèle- a lieu un 'samedi 24'; la chronologie
nous indique qu'on est en 1843, et les brouillons précisent qu'il s'agit du 24 mai (ms 17601,
f°178v) : le 24 mai 1843 n'était pas un samedi,
mais un mercredi[34]. La lettre annonçant que
Bouvard hérite de son 'parrain' arrive le 20
janvier 1839, et Bouvard la reçoit à son bureau, au milieu de ses collègues : le 20 janvier 1839 était un dimanche. Quant au déménag-
gement vers Chavignolles, il a lieu le dimanche 20 mars, et en 1841 (six mois après le
paiement du domaine, qui a lieu à la fin de
1840) : le 20 mars 1841 n'était pas un dimanche, mais un samedi -j'ajoute que dans les
brouillons, il est aussi question du dimanche
23 mars (ms g225[1], f°59r), ce qui ne va non
plus. Il me paraît donc clair que Flaubert,
pour les événements romanesques, ne cherche
pas des dates vraies -et qu'il est donc vain
de vouloir trouver, dans le lundi 4 septembre,
une indication de l'année 1843[35].

Par contre, et ceci n'est peut-être pas sans intérêt, les dates historiques sont justes, dans les brouillons où elles s'étalent en entier : mardi 22 février 1848 (ms 17606, f°139r), jeudi 4 décembre 1851 (ms 17610, f°52r, 60r). On voit ainsi se manifester une nouvelle opposition, dans le traitement de la date, entre le fictif et l'historique.

Venons-en à la seconde proposition de Bismut et de Seebacher : la date de la mort d'Emma serait préfigurée dans le discours de Lheureux. Une première remarque : la date de 1846 n'est pas sûre, puisqu'elle se fonde sur un 1843 douteux. Deuxièmement, il est improbable que Flaubert ait songé à se renseigner sur le jour de la Mi-Carême, en quelque année que ce soit : tout ce que nous venons de voir indique qu'il ne travaillait pas sur un calendrier. Enfin, les brouillons offrent pour les comptes de Lheureux, comme on pouvait s'y attendre, une série de variantes : 'au 3 juillet dernier, 200 francs, au 17 juin, 150, 23 mai 50 francs' -'50 francs' étant barré et remplacé par '56' (ms g223⁶, f°58r); puis : 'le 3 août 200 francs; au 17 juin 150, 23 mai 46, en avril...' (f°59r, 86v). C'est seulement sur le manuscrit autographe que mai est remplacé par mars, bien après que le chiffre de 50 francs ait commencé à bouger, à cesser - bizarrement je le reconnais - d'être un chiffre rond.

Je pense donc que rien ne peut laisser croire, dans l'état actuel de nos connaissances, que Flaubert ait travaillé ses dates à la manière d'un Nerval, par allusions, surimpressions, etc. Un détail, toutefois, paraît troublant; à deux reprises, dans des scénarios de la mort d'Emma, il écrit ceci : 'agonie - détails médicaux et précis - "le 23 au matin

elle fut prise de vomissements"' (ms gg9, f°11
r, 37r). Le 23... la coïncidence avec la chronologie de Roger Bismut est frappante. Mais
d'une part, il s'agit de deux scénarios anciens, et la notation disparaît ensuite complètement. De plus, dans la chronologie de Bismut,
le 23 est la date de l'empoisonnement d'Emma,
non celle de sa mort. Enfin, je crois avoir remarqué que certains chiffres, parmi lesquels
celui de 23, reviennent souvent sous la plume
de Flaubert. Un relevé systématique serait é-
videmment nécessaire. Mais je note : un 23 septembre, qui devient ensuite un 23 janvier, pour
la notice d'un portrait à la Vaubyessard (ms g
223^1, f°200r), un 23 septembre (encore) pour
le projet de fuite (ms g223^4, f°161r), un 23
avril, puis un 23 janvier 1840 pour l'arrivée
de la lettre annonçant l'héritage, dans *Bouvard
et Pécuchet* (ms g225^1, f°35r), un 23 mars pour
le départ des bonshommes (f°58r, 59r)... Le
14 est également un chiffre favori : la lettre
annonçant l'héritage de Bouvard est datée du
14 septembre (p. 63), la facture du cachemire
de Rosanette d'un samedi 14 (p. 194), Félicité
a 14 ans (p. 61), la servante de Lheureux aussi (ms g223^6, f°56r), et Victorine également
dans un brouillon (ms g225^3, f°392v); ironie
du sort, quand le juge, dans *Bouvard et Pécuchet*, illustre la superstition des chiffres,
c'est encore un 14 qui vient sous la plume de
Flaubert : 'Nous étions quatorze enfants, re-
prit le juge. Je suis né un 14, mon mariage
eut lieu un 14 - et le jour de ma fête tombe
un 14! Expliquez-moi ça!' (p. 288-289).

Que retenir de tout ceci ? La première chose,
me semble-t-il, c'est l'absence de conception
d'ensemble. Ni avant, ni pendant, ni après la

rédaction, Flaubert ne se préoccupe de doter
ses romans d'un cadre temporel cohérent. Il
doit avoir très vite, sinon dès le départ, l'
idée de la période dans laquelle se situera
son prochain livre (l'idée de s'arrêter avant
1848 dans *Madame Bovary*, ou de prendre au contraire 1848 comme événement central dans *L'Education sentimentale*), mais les canevas de ses
romans se développent, d'abord, sans aucun souci ni de date, ni de durée. C'est de façon tout
à fait ponctuelle que se fera le travail d'inscription des divers événements dans le temps,
et du temps dans le récit : telle scène se situera dans telle saison, ou à tel moment de
l'Histoire, tel personnage aura tel âge à telle
époque, tel événement se placera à telle distance de tel autre.

Le cas doit être assez fréquent, et l'on aurait plutôt tendance à se méfier des écrivains
qui s'enferment dès le départ dans un cadre
chronologique trop strict, qui remplacent l'in-
tuition par le calcul, qui soutiennent artifi-
ciellement l'imagination et l'élaboration de
l'oeuvre. Mais il peut sembler étonnant que ce
qui nous paraît être, comme je le rappelais en
commençant, un des éléments essentiels du récit,
ne soit à aucun moment traité de façon réflé-
chie. Que Flaubert mette son réalisme à ne pas
se tromper sur la hauteur des plafonds dans les
appartements où travaillent les canuts [36], mais
non à faire grandir au fil des années le petit
Justin。

Une partie du problème est probablement qu'il
est foncièrement incapable de compter. On peut
en prendre pour preuve les nombreuses opérations simples qui figurent dans les marges de
ses manuscrits, et qui sont fautives plus souvent que de raison。 Ou les terribles calculs

sur le nombre des soldats dans les brouillons
de *Salammbô* (ms 23659, f°294r, 309r, 325r, etc).
Ou encore la façon dont il s'embrouille dans
les quatre premiers jours de décembre 1851, et
finit - comme l'a bien vu Dumesnil - par faire
mourir Dussardier,[37] sur les marches de Tortoni,
un jour trop tard . Il n'est pas jusqu'au
séjour à Fontainebleau, avec son extraordinaire
distorsion chronologique, qui ne doive sans
doute quelque chose à une confusion qui me paraît s'être établie entre deux projets différents : celui de faire repartir Frédéric et
Rosanette en promenade 'le 3e jour' malgré les
nouvelles alarmantes (ms 17607, f°85v, 102v,
368v) et celui de faire repartir Frédéric pour
Paris 'le 3e jour' quand il apprend la blessure de Dussardier (ms 17611, f°44r, 47r); à partir de là, l'incohérence s'installe - Flaubert
renonce à compter, l'épisode entre dans l'a-
temporel : *felix culpa*!

Une autre série de difficultés provient de la
survivance de versions anciennes pour certains
passages, quand le texte, ailleurs, a été modifié[38] : Louise Roque peut avoir douze ans en
1843 si elle est née en 1831; si on la fait
naître en 1834 ou 1835, cela ne va plus. Charles peut difficilement prendre 'avec l'âge, des
allures épaisses' quand il a vingt-cinq ans;
mais si Flaubert avait suivi sa première idée,
il aurait eu au moins dix à douze ans de plus -
et qui croira qu'il ne les a pas ? c'est la
chronologie qui ment quand elle prétend les lui
ôter : aucun lecteur ne voit, dans celui qu'é-
pouse Emma, un jeune homme, parce que l'auteur
lui-même, fidèle à sa première vision du personnage, continue de lui donner plus de trente
ans.

Mais pourquoi changer les dates et les durées,

si cela pose des problèmes ? A quoi rime ce
travail inlassable sur les chiffres ? Il est
certes paradoxal de voir Flaubert éliminer tant
de dates, accorder si peu d'importance à la cohérence temporelle - et multiplier, dans ses
brouillons, les modifications infinitésimales.
Que cherche-t-il, quand il remplace 'le 4e du
mois de X' par 'le 13e du mois de X' ?

Il y a d'abord chez lui, incontestablement, une
méthode de travail qui consiste à noircir du
papier; il creuse son sillon à force de repas-
ser dessus : la phrase, d'abord informe parfois,
se polit par approximations successives. Peut-
être le changement perpétuel de petits détails
-souvent on voit Flaubert revenir au mot abandonné, puis hésiter à nouveau- est-il, partiellement, une justification qu'il se donne, lorsqu'il recopie sans fin la même page.

Mais ce ne peut être là qu'un mobile assez
lointain, et sûrement informulé. Qu'est-ce qui
remplit la distance entre le besoin -psycholo-
gique- d'un travail visible et concret, et les
modifications ponctuelles que nous observons
dans les brouillons ? Flaubert ne cherche pas
l'exactitude chronologique, c'est évident.
Cherche-t-il la rondeur ou le coulé de la phrase ? C'est ce qu'ont suggéré Silvio Yeschua à
Cerisy, Michaël Wetherill dans sa communication
du C.A.M., et c'est la première hypothèse aussi qui me soit venue. Mais ce qui me gêne d'a-
bord, c'est son côté invérifiable - sauf dans
certains cas bien précis où la cacophonie était
évidente; à quoi répondent les lois de l'euphonie, et particulièrement les lois de l'euphonie
chez Flaubert ? 19 minutes, est-ce plus harmonieux que 17 ? 'le 13e du mois de X', est-ce
plus harmonieux, et en quoi, que 'le 4e du
mois de X' ?

Dans ces essais de chiffres et de noms de
mois, j'ai l'impression qu'il n'y a pas seulement chez Flaubert le travail des sonorités,
mais bien plus fondamentalement la recherche
confuse, et presque superstitieuse, de la 'bonne' date : la date qui est destinée depuis toujours à cet événement qu'il vient d'inventer,
la seule qui puisse lui convenir -par quelque
convenance indicible- comme le mot, dans sa
philosophie du langage, convient à l'idée, en
un rapport bi-univoque[39]: l'expression 'juste'
est aussi 'la seule' .

Certes, l'euphonie joue un rôle non négligea-
ble dans cette recherche : il existe, pour Flaubert, 'un rapport nécessaire entre le mot juste
et le mot musical'[40] ; plus la date sera juste,
mieux la phrase se mettra - et si la phrase
tombe bien, la date en sera validée. D'autres
facteurs jouent aussi; la vraisemblance de la
date semble dépendre en partie de sa banalité :
pas de chiffre rond, il faut choisir le chiffre
le moins repérable, le plus anodin qui soit -
23, par exemple. Mais au-delà du travail véri-
fiable, il y aura toujours un reste. Et je pense que le reste, c'est cette croyance mystique
en une inspiration qui tombera Dieu sait d'où,
'à force de chercher', comme l'écrit Flaubert
dans une lettre émouvante[41] - croyance sans
laquelle il n'y a peut-être pas de grand écrivain.

Nous citons *Madame Bovary* et *Salammbô* d'après l'édition des classiques Garnier, *L'Education sentimentale* d'après Garnier-Flammarion, et *Bouvard et Pécuchet* d'après l'édition Folio. La *Correspondance* dans l'édition Conard.

Les manuscrits de *Madame Bovary* et ceux de *Bouvard et Pécuchet* sont conservés à la Bibliothèque Municipale de Rouen, sous les cotes:

Madame Bovary : gg 9, scénarios
g 221, manuscrit autographe
g 222, manuscrit du copiste
g 223 1-6, brouillons.

Bouvard et Pécuchet : gg 10, scénarios
g 224, manuscrit autographe
g 225 1-3, brouillons
g 226 1-8, recueils de documents divers.

Pour *Salammbô* et *L'Education sentimentale*, nous avons consulté les manuscrits suivants, conservés à la Bibliothèque Nationale de Paris:

Salammbô : N.A.F. 23656, manuscrit autographe
N.A.F. 23657, manuscrit du copiste
N.A.F. 23658 à 23662, brouillons et scénarios.

L'Education sentimentale :
N.A.F. 17599 à 17610, brouillons
N.A.F. 17611, scénarios

En outre, pour *L'Education sentimentale*, le carnet de lectures n° 19, publié par M.-J. Durry

dans *Flaubert et ses projets inédits*, Paris,
Nizet, 1950.

1. *Etudes sur le temps humain*, t. I.
2. 'Le réalisme de Flaubert', RHLF, 1911, pp. 1-36.
3. *Sources and Structures of Flaubert's 'Salammbô'*, Elliott Monographs 2, 1914.
4. 'The chronology of the *Education sentimentale*', *MLN*, février 1952, pp. 86-92.
5. *Autour de 'Bouvard et Pécuchet'*, Paris, Librairie de France, 1921, ch. III.
6. 'Sur une chronologie de *Madame Bovary*', *Les Amis de Flaubert*, mai 1973, 6 pp.
7. 'Chiffres, dates, écritures, inscriptions dans *Madame Bovary*', dans *La production du sens chez Flaubert*, colloque de Cerisy, 10/18, pp. 286-296.
8. *Qu'est-ce que la littérature ?*, Paris, N.R.F., 'Idées', 1965, p. 256.
9. Nous limitons notre recherche aux quatre grands romans, sans nous dissimuler la part d'arbitraire que comporte ce choix.
10. Article cité, p. 287.
11. *Gustave Flaubert*, Paris, Gallimard, 1973, p. 208.
12. G. Flaubert, *Souvenirs, notes et pensées intimes*, Paris, Buchet/Chastel, 1965, p. 83-84. Le texte dit 'le marquis de Pommelle', mais c'est manifestement une erreur de lecture.
13. G. Flaubert, *Madame Bovary*, Nouvelle Version, textes établis par J. Pommier et G. Leleu, Paris, Corti, 1949, p. 65 et p. 71.
14. *Correspondance*, suppl. III, p. 140.
15. Classement d'Alberto Canto, dans G. Flaubert, *Bouvard et Pécuchet*, éd. critique, Paris, Nizet, 1964.

54 *Claudine Gothot-Mersch*

16. Article cité, p. 2.
17. G. Flaubert, *L'Education sentimentale*, Paris, Les Belles Lettres, coll. 'Les textes français', 1958, t. II, p. 324.
18. J. Pommier, 'La Muse du Département et le thème de la femme mal mariée chez Balzac, Mérimée et Flaubert', *L'année balzacienne*, 1961, p. 199, note 3.
19. Son édition, p. XLVIII.
20. Polybe, *Histoire générale*, Livre I, ch. 18, cité dans G. Flaubert, *Salammbô*, éd. du Club de l'Honnête Homme, Paris, 1971, p. 485.
21. Voir Fay et Coleman, *op. cit.*, p. 6.
22. *Ibid.*, p. 8.
23. Mentionnons, toutefois, une autre possibilité. Un scénario du ch. I (ms 23662, f° 199r) indique que les Mercenaires sont à Carthage 'depuis six mois': faut-il croire que les 'deux ans' comprennent ces six mois-là?
24. M.-J. Durry, *Flaubert et ses projets inédits*, p. 187.
25. Voir Stratton Buck, art. cité, et J. Bem, dans *La production du sens chez Flaubert*, pp. 320-321.
26. Voir Dumesnil dans Gustave Flaubert, *L'Education sentimentale*, éd. des Belles-Lettres, t. II, p. 304, et Stratton Buck, article cité.
27. De toutes façons, il resterait encore les millions perdus par la Camarilla en Algérie en 1843 au lieu de 1844.
28. '(En 1857)' est ajouté dans l'interligne.
29. Exemples : 1830 (p. 262), 91 (p. 265), 1815 (p. 287), 93 (p. 319), 89 (p. 328)...
30. Voir par exemple R. Debray-Genette, 'Re-présentations d'*Hérodias*', dans *La production*

du sens chez Flaubert, p. 335.

31. Voir Antonia Fraser, *Marie Stuart, reine de France et d'Ecosse*, Paris, Laffont, 1973, p. 83, et Alexandre Dumas, *Les Deux Diane*, Paris, Calmann-Lévy, 1954, t. I, pp. 31 et 38.

32. Voir J. Seebacher, article cité, pp. 289 et 292; R. Bismut, art. cité, pp. 5-6.

33. R. Bismut le suggère.

34. P.-M. Wetherill, dans une communication au C.A.M. (19 avril 1980), a cité un brouillon qui place la fête de Mme Arnoux un mardi.

35. Emile Bovet (article cité, p. 8) suggère que Flaubert a pu prendre l'indication du lundi 4 septembre dans le calendrier de l'année 1854, pendant laquelle il rédige ce passage de son roman.

36. *Correspondance*, t.V, p. 403.

37. *L'Education sentimentale*, éd. des Belles-Lettres, t. II, p. 386.

38. Voir E. Bovet, article cité, p. 23.

39. *Correspondance*, t. VII, p. 290.

40. *Ibid.*, p. 294.

41. *Ibid.*, p. 290.

2 GRAHAM DANIELS (Manchester),

Réflexions sur le thème du voyage dans *Madame Bovary*

Je ne propose pas dans cette communication de m'aventurer loin de la version finale de ce roman (1), malgré le rôle très important joué par les voyages dans la vie de Flaubert au cours des dix années précédant la composition de *Madame Bovary* - période de sa vie où il a le plus voyagé, et où de tels voyages ont dû s'associer très étroitement dans son esprit à ses malheurs personnels: crise de Pont-L'Evêque, perte de son père et de sa soeur, amertumes laissées par le grand tour de l'Orient. C'est néanmoins dans ses écrits fictifs, par opposition aux descriptions biographiques de ces voyages, que le thème que nous proposons d'examiner s'imprègne le plus de scepticisme et de pessimisme, et nulle part de façon plus frappante et plus consistante que dans *Madame Bovary*.

Pour fournir un moyen de dissiper les illusions, cependant, il faut d'abord que les descriptions de voyages s'intègrent pleinement dans le cadre de l'illusion romanesque. On n'a guère besoin d'insister sur la puissance d'illusion possédée par cette grande étude de *Moeurs de Province*, ni sur le fait que très souvent les illusions de réalité se doublent dans la trame narrative et descriptive de l'oeuvre d'un rôle allusif. De telles allusions ne détruisent pas la

vraisemblance que beaucoup de lecteurs prisent
avant tout dans ces pages (la'réalité'de l'histoire
d'Emma a fait couler beaucoup d'encre!) et
n'excluent pas la crédulité comme attitude valable
dans la lecture de ce texte; mais elles empêchent
la crédulité de dégénérer en cette rêverie naïve
qui a absorbé Emma Bovary, lectrice de romans,
et elles sous-tendent les descriptions vraisembla
bles de références tacites, d'une sous-conversa-
tion interrogatrice. Si nous abordions le thème
du voyage en historiens ou en sociologues, il est
très probable que nous sortirions enrichis de
notre lecture du roman; mais les objets et les
institutions tels que Flaubert les dépeint exigent
une interprétation plus profonde que celle de la
simple énumération documentaire. A un autre
colloque Flaubert d'il y a une dizaine d'années,
par exemple, Claude Duchet a présenté une étude
pénétrante du statut sociologique des objets qui
foisonnent dans ce texte, pour les situer, en
dernière analyse, dans la catégorie plutôt
ontologique d'objets qui se transforment en choses
(2). Les objets associés au thème du voyage ont
aussi d'autres manières de signifier en dehors
de leur rôle descriptif, et il nous importe
d'examiner la façon dont quelques uns de ceux-ci,
relatifs au thème du voyage - lieux, voitures,
routes, etc. - tout en s'intégrant dans la
peinture de la réalité quotidienne s'organisent,
comme sournoisement, en un système de référence
d'une autre sorte.
   La description de l'arrivée à une auberge sur
laquelle s'ouvrent les étapes Yonville et Rouen
de l'aventure d'Emma est bien vraisemblable,
évocatrice de la célèbre couleur normande;
Paul Bourget a pu évoquer aussi 'la saillie tout
hollandaise des figures' du roman (3) et, en
effet, on dirait parfois que Flaubert s'était
mis en tête de refaire du Breughel dans certaines

descriptions, comme celles des deux auberges.
Mais compte tenu de ce réalisme graphique, et
des différents styles de présentation (décor
interne d'un lieu de rencontre dans le cas du
Lion d'Or, tableau vu de l'extérieur dans celui
de la *Croix Rouge*), il n'en reste pas moins vrai
qu'une des fonctions les plus importantes de ces
deux descriptions est allusive et préfigurante.
Pour traditionnels que soient les clichés armor-
iaux de la route qui désignent ces deux auberges,
leurs noms n'en évoquent pas moins un aspect
important du passé d'Emma - ses rêves d'un très
vague moyen-âge, et ceux de '*messieurs* braves
comme des lions' (p.38) - et par là ouvrent la
voie à d'autres interpétations. Car Emma aura
une rencontre très marquante dans chacune de ces
auberges avec son jeune admirateur romanesque,
mais timide et respectueux à tel point que
Flaubert le dote ironiquement d'un nom qui évoque
le roi des animaux. Primitivement appelé *Léopold*,
devenu *Léon* tout court ensuite, ce jeune homme
si peu léonin trouve son prénom définitif au
moment même où Flaubert tombe aussi sur le nom
de *Lion d'Or* pour désigner l'auberge d'Yonville
(*scénario* iii). L'enseigne de celle-ci portera,
dans la version finale du roman, la peinture d'un
lion déteint '(à)frisure de caniche' (p.75),
dégradation graphique du léonin qui fait ressortir davantage celle que fait subir à son nom
Léon (lui aussi a la 'chevelure frisée', p.269)
- d'autant plus qu'il ajoutera à ses attributs
faussement léonins celui d'être le chien fidèle
de la jeune femme rencontrée à l'auberge, en
remplacement de la levrette perdue. Ce n'est
pas par hasard non plus, ni par pure anglomanie,
si Flaubert a décidé d'appeler aussi à cette
époque *Hôtel d'Angleterre* le lieu de rendez-vous
à Rouen des deux amants. Cette anglomanie

apparente prendra, elle aussi, une allure
emblématique avec la substitution du nom de *Croix
Rouge* au titre primitif, car il possède l'avantage
d'évoquer le pays de Saint Georges et d'être en
même temps le blason des croisés, ayant été porté
par un des plus célèbres de ceux-ci, Richard-
Coeur-de-Lion dont les armoiries étaient précise-
ment, deux *lions d'or*. Les deux enseignes
d'auberge emblématiques se réunissent, donc, en
la personne de ce roi d'Angleterre et duc de
Normandie dont la pierre tombale sera le dernier
monument visité par les amoureux dans la cathédrale
de Rouen, avant de s'embarquer sur leur pèlerinage
à eux, en fiacre. Ainsi, les deux noms d'auberge
prolongent ironiquement dans un présent peu
chevaleresque, ce passé mal assimilé dont Emma
était éprise. Elle ne s'en aperçoit pas; c'est
au lecteur que s'adresse cette allusion aux
extravangances romanesques de l'héroïne et à la
puissance dégénératrice du cliché.

La Croix Rouge relie d'une autre manière aussi
les étapes diverses de l'aventure d'Emma. Lieu
d'arrivée de voyageurs venus de la campagne à
Rouen, ce relais s'inscrit tout de suite dans la
catégorie d'auberge de 'faubourg de province',
double restriction qui souligne le mélange du
rural et de l'urbain caractéristique de cet
endroit pour en faire, dans tous les sens du
terme, un lieu de transition. Cette auberge,
avec son café sur la rue et son jardin de légumes
derrière, avec sa basse cour et son aspect de
'valet(s) de ferme habillé(s) en bourgeois'
(p.226) prolonge dans la première description
d'une visite à Rouen les associations campagnardes
du passé d'Emma, y compris celles de ses noces
aux Berthaux. L'évocation d'une auberge de
province dépasse alors les soucis de la pure
vraisemblance et contribue de plusieurs
manières à l'élaboration d'un autre système

narratif qui, dès l'arrivée à Rouen, fait sentir
au lecteur tout le poids du passé de l'héroïne
et rend peu probable la possibilité qu'elle puisse
faire un nouveau commencement. On peut en dire
autant de la chambre qu'elle y habitera et où
elle reçoit la visite de Léon; là aussi il y a
des objets fétichistes qui font allusion à la
vie d'Emma: les quatre gravures de la *Tour de
Nesle* qui résument le côté romanesque de son
éducation et de son passé avec Léon, suggérant
en même temps, peut-être, par homonymie, le tour
de Binet, et les tournoiement de toutes les
sortes, y compris les retours, car Emma reviendra
chercher quelques instants de repos dans cette
même chambre vers la fin de sa liaison avec Léon.
Enfin, la mention d'autres hôtels de Rouen remplit
une fonction ironisante similaire: *Hôtel de
Provence*, étape éponyme d'une évasion en Italie
qui n'aura jamais lieu, et cet *Hôtel de Boulogne*,
situé sur un port *fluvial*, et dont la chambre
occupée par les amants possède à son tour des
objets négativement symboliques: les deux coquilles
dans lesquelles on entend, mais en imagination
seulement, la mer.
   Les routes décrites dans le roman évoquent bien
celles de l'époque, poussiéreuses, en train
d'être améliorées, vraisemblables au point de
vue toponymique (4), mais ayant, elles aussi,
une fonction qui est esthétique autant que
documentaire. Dans la première partie du roman,
par exemple, la route que Charles doit suivre
pour aller aux Berthaux sert à situer Tostes par
rapport à un nombre de points de repère qui
deviennent ainsi des points d'appui de l'illusion
topographique. Charles doit faire 'six bonnes
lieues ... en passant par Longueville et Saint
Victor' (p. 13); on viendra à sa rencontre à
Vassonville (p. 14) qui sera aussi l'endroit
jusqu'où le père Rouault accompagnera les

nouveaux mariés sur la route du retour à Tostes
(p.32). Le rayonnement d'Yvetot se fait sentir
dans toute la région; Charles est censé être
l'égal des médecins d'Yvetot, de cet endroit
vient le fameux gâteau de noces, et aussi,
ironiquement, le médecin qui humiliera Charles
au lit d'un malade (pp.18, 29, 63). Bref, Tostes
est entouré d'un espace à dimensions géographiques
et sociales. A partir du moment où Emma Bovary
y arrive, cependant, ces indices diminuent en
faveur de l'évocation d'un espace plus clairement subjectif. Sur la route qu'elle prend avec
Charles, par exemple, pour revenir de la
Vaubyessard, trajet qui dure quelques heures
(pp.47, 48), un seul point de repère est
mentionné: celui, précisément, qui pour des
raisons psychologiques sera susceptible de rester
dans la mémoire de la jeune femme: les *hauteurs*
de Thibourville, où les cavaliers les dépassent
(p.56). A part cet épisode, la seule route à
figurer dans la vie de l'héroïne sera celle qui
passe devant la maison de Tostes, route monotone,
poussiéreuse, dont la platitude fournit une
comparaison très apte pour caractériser la
conversation de Charles. Afin de souligner la
monotonie de la vie d'Emma, Flaubert a même
éliminé dans la version finale du roman une
diversion déjà très modeste: l'arrivée de la
diligence de Dieppe, cette 'plus grande distrac-
tion de la journée' (5). Après cette omission,
la grande route de Tostes ne mène plus que très
vaguement vers la mer, et, en sens opposé,
encore plus vaguement vers Paris - deux destinations éventuelles qui se rejoignent dans une
comparaison métaphorique ('Paris, plus vague que
l'océan...') pour exprimer l'imprécision fondamentale des rêves de la jeune femme, en même
temps que la profondeur de son

ennui et de son besoin d'évasion. Il y a, donc,
une correspondance entre l'inertie forcée de
l'héroïne et l'évolution que Flaubert a fait
subir à son milieu physique; on dirait qu'après
l'arrivée d'Emma à Tostes, la région s'est vidée
de son réseau routier pour ne laisser subsister
qu'une maison claustrophobique, que le ruban
poussiéreux qui passe devant sa porte, et de
vastes étendues de campagne monotone.

Yonville, par contre, se situe de façon assez
précise par rapport à un réseau de routes; mais
il est déjà significatif qu'on doive faire un
détour pour y arriver. Emma, à son tour, restera,
au début, à l'écart des grandes routes, ses
déplacements étant confinés aux chemins du village,
et à des pistes qui mènent à travers champs.
Mais, ici encore, routes et chemins s'adaptent
aux besoins de l'intrigue dans un enlacement
progressif qui reflète les péripéties de la vie
sentimentale de l'héroïne pour aboutir à la
célèbre excursion labyrinthique en fiacre, et à
ses voyages à la grande ville. Toutefois, Emma
restera prisonnière de l'espace qui l'entoure
même quand le rayon de ses mouvements s'étend;
les routes escarpées qu'elle avait prises dans
ses rêves avaient mené bien au-delà des cités
splendides, celle qu'elle prend hebdomadairement
pour aller à Rouen donne l'impression, au contraire, de s'engloutir dans la ville, de se
perdre dans le dédale de rues et de ruelles où
la jeune femme doit s'enfoncer pour rejoindre
son amant. Si la notion de *route* est susceptible
de suggérer celle d'une *direction vers,* et ainsi
de symboliser de manière très naturelle les
rêves et les aspirations, les *rues* d'une ville
sembleraient s'affirmer plutôt comme *destinations,*
comme endroits différenciés par leurs appellations particulières: endroits spécifiques,
habités, et dominés par le rythme et les con-

ventions de la vie quotidienne. C'est pour cette
raison qu'Emma, à Rouen, est plus que jamais
entourée par ce qui va l'écraser. A la différence
des cités stéréotypées qu'elle imagine, cette
ville-ci se caractérise par sa spécificité, par
sa réalité extra-diégétique dont la texture
s'oppose aux distorsions subjectives que la
vision de l'héroïne lui fait subir. Il importe,
certes, que nous sentions l'ironie du sort qui
oblige une héroïne qui avait rêvé de Paris à se
contenter de Rouen (6). Plus frappant encore
est le fait que les aventures d'Emma dans cette
ville ne laissent en rien supposer que son
histoire aurait été différente ailleurs, et les
descriptions de Rouen surtout évoquent les
limites imposées aux rêves par la réalité.

D'autre part, si comme l'affirme Mieke Bal,
certains lieux décrits dans le roman 'sont
identiques ... parce que le signifié 'ennui' les
sous-tend tous' (7) on pourrait ajouter aussi
que, de Tostes à Rouen, le même opportunisme
sous-tend les conventions réglant les rapports
humains. La présence de ces conventions s'affirme
avec une intensité croissante à mesure que le
développement de l'intrigue permet de comparer
les diverses fausses promesses de l'amour, de
l'administration, de la religion, de la science,
du commerce et de l'usure; et c'est alors le
thème non pas tellement de l'*ennui* mais de
l'*exploitation* qui relie en outre la ville à la
campagne - surtout par l'intermédiaire de
Lheureux, qui, se déplaçant régulièrement entre
les deux, représente ce que chacun a de pire.
Dans cette perspective, les ruelles que suit
Emma une fois arrivée à Rouen, et qui la mènent
dans le quartier où amour et illusions se
vendent (quartier des filles, où l'on voit les
décors tremblants de théâtre), sont en même
temps symboliques et réelles, limites physiques

imposées au rêve, incarnation d'un réel objectif,
c'est-à-dire hostile.

Dans ces rues et sur ces routes, on voit très
rarement les voitures dont rêve une héroïne éprise
de luxe; les tilbury ne se matérialisent que pour
traverser très rapidement son champ de vision,
en emportant Rodolphe ou le Vicomte. Les autres
voitures dépeintes dans le roman sont en général
médiocres, tilbury postiche de Charles, voitures
de fermiers aux Berthaux, landau de louage du
conseiller, elles semblent parfois vivre d'une
vie autonome, culs par terre, brancards en l'air,
ou emportées au grand galop sur des routes noc-
turnes, conduites par des ivrognes. Bref, il
est difficile de réconcilier les voitures dont
Emma rêve avec celles que l'on voit. En effet,
la voiture que la jeune femme rêveuse est contrainte le plus souvent à utiliser résume à elle
seule toute la laideur et la lourdeur des autres.
Cette 'Hirondelle cauchoise' (comme Flaubert
l'appelle, entre guillemets, pour la première
fois dans le troisième *scénario*) se modèle sans
doute sur un service de voitures du même nom
opérant ailleurs:- celui qui assurait le trajet
rue Mouffetard - rue de Rochechouart dans le
Paris de Louis Philippe, peut-être (8). Mais
une fois de plus le détail véridique s'avère
moins important que le commentaire implicite
qu'il transmet, et qui renvoie le lecteur à
tout un système d'appellations ironiques dans
le roman. Cette vieille guimbarde cahotante
dont le nom évoque un oiseau migrateur au vol
rapide n'a pas plus de chances de dépasser les
limites de son trajet quotidien que n'en possède
son desservant du *Lion d'Or* de sortir du cadre
étroit de sa vie à lui - cet Hippolyte, double-
ment victime d'une nomenclature ironique, par
son prénom et par le genre de pied bot (un
équin) qui l'estropie.

L'*Hirondelle,* voiture close, comparée à un
coffre jaune se relie également, par l'intermédiaire du fiacre 'plus clos(e) qu'un tombeau
et ballotté(e) comme un navire' (p.250), à la
description de la bière d'Emma. Dans cette
vieille diligence aussi, la seule voiture dont
on voit l'intérieur dans tout le roman, les gens
voyagent serrés ensemble, et Emma, au désespoir,
se trouve une fois au milieu de compagnons de
voyage grotesquement endormis, éclairés de
l'extérieur par la seule lanterne de la voiture
(p.273) - scène lourde de souvenirs de l'incident
de Pont l'Evêque (9) et préfiguration de la
chambre mortuaire, et de la scène de la veillée.
Cet épisode nous offre en plus, puisque les
Yonvillais se déplacent eux aussi de plus en
plus vers Rouen, un exemple du côté collectif du
voyage, et de cette proximité forcée avec autrui
qui intensifie le sentiment de l'isolement moral,
thème central de l'oeuvre. Dès le premier
scénario Flaubert semble avoir prévu ce décalage
entre le prosaïsme des voyages de province en
général et l'émotion suscitée chez son héroïne
par toutes sortes de déplacements. Car c'est,
sans doute, de cette façon-là qu'il faut interpréter son intention de faire paraître la
diligence sous la fenêtre de la morte, comme
pour suggérer que tant qu'il y aura des gens
pour voyager, les voyages continueront, et qu'en
fin de compte, peut-être, tous les déplacements
se valent.

Il y a pourtant une exception: les voyages par
le train, qui à part une seule référence à la
gare de Rouen au moment même où Emma est montée
dans le fiacre avec Léon (p.249) n'ont
pas de place dans *Madame Bovary.* Emma aurait
pu, sans anachronisme, désirer aller à Paris
avec Léon par le train; et à cette époque, déjà,
monter dans le train était bien une des choses

qui se faisaient à Paris. (10) Homais aurait pu
parler du chemin de fer comme symbole du progrès;
il se borne à des sujets plus propres à faire
étalage de ses connaissances chimiques. Emma,
aussi peu au courant de la technologie moderne
que de l'histoire de son temps (p.39), n'y pense
même pas. Elle ne pense pas non plus aux voyages
en mer, bien qu'elle aime la mer pour les idées
d'infini qu'elle donne (p.84) et que des images
marines servent parfois à traduire son état d'esprit
pendant certaines crises; de sorte qu'il semble
bien probable que l'omission dans le roman de
références à ces deux modes de transport représente
de nouveau un choix délibéré: l'exclusion
d'éléments trop divergents en faveur d'une
certaine homogénéité de modalités du voyage, qu'il
s'agisse des rêves ou de la vie réelle de l'héroïne.
Et cela pour des raisons diverses: polysémie des
notions de route et de chemin, peinture d'une
imagination romanesque, provinciale et anachronique,
désir de contraster le même genre de situations,
rêvées et vécues (on pense à l'effet sur elle des
tournoiements, des galopades etc.), et ainsi de
prolonger jusque dans les descriptions de la
sensibilité d'Emma des allusions à ses rêves.
Bref, le thème du voyage, dans certaines de ses
infrastructures, combine documentation et orien-
tation esthétique; nous pouvons maintenant
aborder de façon plus consécutive les descriptions
des voyages eux-mêmes, et examiner la fonction
coordonnante et structurante qu'ils remplissent.

On voyage assez souvent dans ce grand roman de
l'immobilité. Déjà, l'histoire de la vie sentimentale d'Emma est encadrée par la description
de deux voyages de secours: celui de Charles,
appelé d'urgence aux Berthaux et celui du docteur
Larivière, *deus ex machina* inefficace qui n'arrive
à toute vitesse à Yonville que pour confirmer
qu'Emma est perdue. Visite du mauvais médecin

qui parvient à guérir son malade, et du médecin
expert qui est incapable d'apporter aucune aide!
Etant donné que la première de ces visites commence
par un présage (p.15), on pourrait même voir dans
ce renversement ironique comme la négation en
raccourci des espérances naïves d'Emma à l'égard
des voyages. Entre ces deux événements interviennent d'autres voyages moins dramatiques, mais
tous significatifs, et dont deux, au moins, ont
aussi un aspect préfiguratif. Celui du père d'Emma
qui, voyant partir sa fille avec Charles, se
souvient de sa femme à lui, morte depuis des
années, et de leur voyage de noces - tout comme
il se ressouviendra de ce jour même en rentrant
aux Berthaux après l'enterrement d'Emma (pp.32,
346). Espacés dans le roman, il y a aussi les
voyages de Madame Bovary mère, qui ne voyage guère
que pour fuir une vie conjugale malheureuse (pp.44,
221) et ne manque pas de trouver la déception au
bout de sa route. Elle offre l'image même de ce
qu'aurait été Emma, mariée à un homme comme
Rodolphe et ayant eu un fils de lui (pp.6,7); son
exemple témoigne ainsi d'avance de l'impossibilité
des rêves de la jeune femme. Mais Flaubert passe
rapidement sur ces parallèles implicites pour
concentrer notre attention sur les excursions de
son héroïne, car ce n'est que chez elle que
s'associent, consciemment et constamment, espace
et aspiration ('Tout ce qui l'entourait immédiatement ... lui semblait une exception dans le monde
... tandis qu'au delà s'étendait à perte de vue
l'immense pays des félicités et des passions'
p.60). Elle possède ce que Baudelaire aurait appelé
'l'imagination voyageuse' (11), elle regrette
d'être une femme parce que la femme est un être
inerte (p.91) et elle envie aux hommes une liberté
qu'elle spatialise en liberté de '*parcourir* les
passions et les pays' (p.91). Madame Homais,
qui n'a aucun des attributs féminins d'Emma se

distingue en outre de celle-ci par la lenteur de
ses mouvements (p.98). Mais c'est, évidemment,
Charles Bovary que Flaubert associe le plus
étroitement à l'immobilisme contre lequel la jeune
femme s'acharne. L'auteur n'a nul besoin d'analyser les réactions de celle-ci quand, au retour de
la Vaubyessard, Charles déclare que 'cela fait
plaisir de se retrouver chez soi!' (12).

La façon dont Flaubert souligne cet immobilisme
de Charles qui pourtant, en tant que médecin de
campagne est toujours sur les routes, offre un
exemple frappant de cette *focalisation externe*,
que Raymonde Debray-Genette a définie: 'une
restriction du champ même du narrateur ...
restriction comme asséchée de toute compréhension'
(13). Sauf de très rares exceptions, Flaubert
restreint la description des mouvements de Charles
à ceux qui sont nécessités par l'exercice de son
métier. Il exclut, notamment, de son texte toute
description de voyages et d'excursions que le
couple Bovary aurait faits ensemble. Par exemple,
nous savons qu'à Tostes ils se promenaient de
temps en temps sur la grande route (p.34). Nous
ne les voyons pas faire, bien que le lieu même de
la promenade soit déjà significatif. Et en effet,
sur la vingtaine de promenades, d'excursions etc.,
faites par Emma au cours de son histoire il n'y
en a que quatre ou cinq où elle sera accompagnée
par son mari, et celles-ci seront très brièvement
décrites (procession de noces, promenade de
convalescence au jardin d'Yonville, arrivée au
théâtre) sauf quand l'auteur a clairement en vue
un effet de contraste entre Charles et quelqu'un
d'autre (les cavaliers qui les dépassent au retour
de la Vaubyessard, ou Léon à Yonville). Quant
aux autres promenades, on dirait que Flaubert
avait tout de suite compris que dépeindre ce
couple en train de se promener ensemble aurait
atténué cette différence essentielle entre eux,

qui s'exprime par le besoin de déplacement; la
motilité d'esprit. Si Charles a le plus étroit
des horizons sentimentaux, pour Emma, au contraire,
se mouvoir c'est littéralement s'émouvoir.

Pour elle le mariage devient très vite synonyme
de solitude et d'immobilité. L'impression de sa
stagnation morale à Tostes est renforcée par la
description de sa stagnation physique; elle rêve
de voyages, mais sauf une exception, n'en fait
pas. Nous apprenons certainement qu'elle est
allée un jour à Rouen (p.62), mais comme en
passant - ni voyage ni séjour ne sont décrits.
De plus, les déplacements qu'elle fait, à Tostes
et ailleurs, s'accompagnent toujours de quelque
modification dans sa vie sentimentale - depuis
la première constatation de son malheur conjugal,
qu'elle fait au cours de sa première promenade
à Tostes, jusqu'à sa sortie ultime à Yonville
quand, rejetée une dernière fois par Rodolphe,
elle prend la décision de se suicider. Ces
déplacements et voyages d'Emma, décrits très peu
au début, se multiplient au fur et à mesure que
l'intrigue du roman se développe. Elle n'en est
pas plus heureuse, et si on pouvait les représenter en forme de graphique la courbe ascendante
de ces voyages correspondrait de très près avec
la courbe descendante de ses illusions et de ses
espoirs.

La description de ces voyages (sauf indication
contraire, ce mot sera utilisé dans son sens le
plus large) comporte des éléments très contrastés,
depuis l'incarnation d'effets satiriques dignes
de la série d'objets ridicules qui jalonnent les
pages du roman jusqu'à des références très
nuancées du genre de ces images aquatiques fine-
ment analysées par certains critiques (14).
Isoler de tels éléments, à facettes multiples,
risque sans doute de les déformer; mais à défaut
d'une analyse chronologique à la manière de

Léon Bopp - ce qui est clairement impraticable
dans le cadre de nos discussions présentes - un
essai de classement et d'analyse me paraît le
seul moyen valable d'examiner un aspect du roman
assez souvent commenté (15) mais dont, à mon avis,
on n'a pas assez fait ressortir le caractère
systématique et la continuité.

Quelque valable que soit la notion générale de
thème en ce qu'elle renvoie à la fonction organique
et dynamique des thèmes musicaux et à leur
expressivité polyvalente, le désir d'approfondir
les parallèles entre musique et littérature semble
toujours buter contre le problème de la terminologie
critique. Il serait donc plus utile dans ce contexte d'emprunter et d'adapter une terminologie
d'origine musicale, sans doute, mais déjà appropriée
par la critique littéraire: celle utilisée par
Tomachevski dans son essai *Thématiques* (16). On
se souviendra que pour le critique russe, le *thème*
d'une oeuvre littéraire signifie la 'pensée générale'
qui lui donne sa cohésion en unifiant des éléments
séparés qu'il appelle des *motifs*. Nous proposons
d'adopter ce dernier mot pour caractériser les
voyages et excursions de toutes les sortes qui,
réunis, constituent *le thème du voyage* dans
Madame Bovary. Le problème qui se pose immédiatement, celui de la dichotomie entre voyages rêvés
et voyages réellement faits, pourrait être résolu
en utilisant quelques subdivisions du *motif*
proposées par Tomachevski lui-même: *motif dynamique*
et *motif statique,* le premier contribuant aux
changements de situations dans un roman, à
l'élaboration de l'intrigue (ce que semblent faire
les voyages d'Emma) et le *motif statique* ayant pour
but, entre autres, de contribuer à notre connaissance des personnages (ce que font les rêves d'Emma,
son désir d'être *ailleurs*). Il faudrait aussi
prendre en considération une autre catégorie de
phénomènes commune aux situations vécues et

imaginées, c'est à dire mises en évidence très
souvent par l'auteur comme indices d'une
explication psychologico-physiologique de
l'héroïne; ceux-ci (vertiges, brumes, lieux
élevés, etc.) qui pour Tomachevki auraient été
sans doute des *motifs* tout court nous les
appellerons des *sous-motifs*.

Dans un tel roman, naturellement, voyages et
promenades (le *motif dynamique*) font partie de
la réalité quotidienne de la vie de province qui
y est dépeinte. Par exemple, Emma à Tostes
s'ennuie de rester seule, et ne trouve pas mieux
à faire qu'à se promener en pleine campagne; ou
bien à Yonville elle doit sortir pour faire
visite chez la nourrice, ou pour accompagner un
client de son mari aux Comices. Inutile
d'insister sur l'élément picaresque que de telles
descriptions comportent, tantôt introduisant les
grands tableaux du roman, tantôt alternant avec
eux. Seulement, dans la mesure où les excursions
d'Emma ont toutes pour conséquence de la séparer
davantage de son mari, elles servent aussi de
points de repère d'une intrigue qui trace la
corruption progressive de l'héroïne; celle-ci
vit de plus en plus en marge de la vie de province,
et ses déplacements et ses voyages reflètent la
dissimulation croissante dont elle fait preuve.
L'avocat impérial n'aurait pas eu tort de
proposer de changer le sous-titre du roman si
celui de Flaubert n'avait pas déjà été, en grande
partie, ironique comportant la suggestion de cette
monotonie sans fin que l'héroïne veut fuir à tout
prix. Le *motif dynamique* du voyage communique
invariablement ce besoin d'évasion et remplit
diverses fonctions de première importance: création
d'éléments de l'illusion réaliste, développement
de l'intrigue, évocation du point de vue subjectif
du personnage principal, et correctif apporté aux
excès de cette vision subjective. Examinons, en

ordre chronologique des épisodes, quelques exemples
de ce rôle multiple.

La première fois que nous voyons Emma se promener
elle est accompagnée, très exceptionnellement, par
Charles, qui marche avec elle en tête du cortège
de noces. La description du couple est assez brève,
et fait partie d'un tableau de genre; elle sert
néanmoins à faire associer, même si c'est ironiquement, les deux notions d'amour et de déplacement.
C'est la première fois que nous voyons Emma et
Charles affirmer leur identité comme couple, et
déjà l'auteur attire notre attention sur un élément
de désaccord futur, la gaucherie de Charles.
Cette gaucherie se manifestera de nouveau la
prochaine fois que nous verrons Emma se déplacer;
elle visite sa nouvelle maison à Tostes et trouve
le bouquet de mariage de la première femme de
Charles. Ensuite, elle fait sa première promenade
solitaire pour découvrir, effectivement, sa
solitude fondamentale. Désabusée par son mari,
elle commence à envier la vie luxueuse de ses
camarades d'autrefois. L'enchaînement des idées
de luxe et d'évasion ne tarde pas à se poursuivre;
l'invitation d'aller à la Vaubyessard arrive tout
de suite après. Le voyage au château n'est pas
décrit, comme pour renforcer le sentiment de
solitude qu'Emma vient de découvrir et qui persis-
tera pendant tout le séjour. On perd de vue le
mari au bal, où Emma se meut et s'émeut en compagnie
d'un autre; *motif dynamique* sous sa forme la plus
concentrée et la plus artificielle, le souvenir de
la valse l'accompagnera toute sa vie, contribuant
autant que les lectures de jeunesse aux erreurs de
la jeune femme. Il apporte en même temps un certain
nombre de correctifs: la présence des paysans
autour de la salle, la valse elle-même (vertige
provoqué à volonté, mouvement qui ne mène qu'à son
point de départ), le voyage du retour, et les
cavaliers qui s'éloignent rapidement du couple.

A Tostes, les rêves d'évasion d'Emma se concentrent
sur Paris; à de tels rêves s'opposent les voyages
très prosaïques entrepris par d'autres (mareyeurs,
joueur d'orgues).

Vers le début et vers la fin de la deuxième
partie du roman se situent les descriptions
d'arrivées aux deux auberges sur lesquelles nous
avons déjà attiré l'attention. Faisons remarquer,
une fois de plus, qu'il s'agit bien d'arrivées et
que les descriptions des voyages ont été supprimées
de nouveau. En effet, le vrai voyage contestataire
de cette partie du roman se situe au début où,
accompagné du seul narrateur, le lecteur fait la
visite d'Yonville - visite qui 'ne laisse subsister
aucun doute sur l'intérêt qu'aura un tel endroit
pour l'héroïne, et qui répond d'avance à la conversation sur les voyages que tient Emma avec Léon
à l'auberge, ainsi qu'à l'évocation de paysages
romantiques qui en fait partie. L'élément
préfiguratif du début du chapitre, qu'on peut
maintenant ajouter à celui des descriptions des
auberges, se trouve renforcé aussi par deux
observations relatives au thème du voyage et
adressées aux Bovary par leurs deux interlocuteurs.
Léon répond à une question d'Emma sur les
promenades des environs en décrivant l'endroit
où, par la suite, il ira seul lamenter son
insuccès auprès de la jeune femme vertueuse, et
où Rodolphe amènera celle-ci pour la séduire.
Parallèlement, Homais fait valoir la possibilité
d'allées et de venues clandestines qu'offre la
nouvelle maison; ce sera Emma, plutôt que son
mari le médecin, qui en tirera profit.

Le rapport entre vie sentimentale et déambulation
se réaffirme quand au cours de deux sorties
successives, les liens entre Emma et Léon se
consolident. Elle le rencontre seule pour la
première fois pendant sa promenade chez la mère

Rolet (promenade qui fournit certains parallèles
avec le bal et introduit pour la première fois
les associations sentimentales de la Rieule),
tandis que la promenade suivante sera dominée par
une comparaison entre Charles et Léon. Les berges
de la Rieule, évoquées par Emma pour exprimer ses
regrets après le départ de Léon, servent aussi de
décor pour un nouveau venu, qui y poursuit ses
rêveries de promeneur solitaire, s'en allant de
l'autre côté de la rivière, se ralentissant de
temps à autre comme quelqu'un qui réfléchit
(p. 133). Flaubert laisse deviner les pensées de
la jeune femme, en train de contempler cet homme
à l'air si poétique, et ne nous apprend que celles
de Rodolphe, séducteur expérimenté. La narration
passe ensuite aux deux phases de la mise en
pratique du projet de celui-là: il s'agit de
nouveau de promenades, celle qu'il fait aux
Comices en compagnie d'Emma, et la promenade à
cheval. Cette dernière sera suivie de la description du retour triomphal chez elle de la
femme adultère, étape importante du développement
du thème du retour qui évolue à partir des retours
mélancoliques à la maison de Tostes pour aboutir
aux descriptions des retours désespérés de la
fin du roman. Quelle que soit la tonalité de ces
épisodes, pris séparément, ils s'accumulent pour
affirmer l'inévitabilité, pour Emma Bovary, du
retour au foyer, et pour souligner la circularité
inhérente à ces situations adultères qui alternent
avec le mariage et finissent par lui ressembler
tout à fait. Les retours aussi se ressemblent.
Nous avons déjà donné l'exemple des deux séjours
que fait l'héroïne dans la chambre aux gravures
de la *Croix Rouge*. Le même parallélisme marque
le début et la fin de sa liaison avec Rodolphe,
qui décide de séduire, et puis d'abandonner,
Emma Bovary au cours de deux promenades qu'il

fait au bord de la Rieule, en rentrant chez lui.
Emma le regarde s'en aller chaque fois, il hésite
du même air rêveur, et la mise en pratique de sa
décision sera, dans les deux cas, un voyage - la
deuxième fois, en tilbury bleu, voiture des rêves
de celle qu'il abandonne.

Il n'est pas nécessaire d'étendre cette démonstration à la troisième partie du roman où le rôle
joué par les voyages se laisse clairement tracer
depuis la promenade en fiacre jusqu'aux derniers
retours de Rouen et de la Huchette, et à l'arrivée
de l'Aveugle au moment de la mort d'Emma. Cette
intervention rappelle cruellement les associations
sentimentales et sexuelles que le thème du voyage
avait acquis et fournit un dernier exemple de la
réalité qui s'interpose entre l'héroïne et ses
rêves.

Ces rêves d'évasion d'Emma (le *motif statique*
du voyage) passent par plusieurs étapes;
caractérisés par une puissance de régénération qui
leur permet de survivre à des déceptions successives, ils manifestent le même genre de continuité
que les descriptions de voyages que nous venons
d'examiner, étant étroitement liés à celles-ci
dans un rapport plus complexe que celui de la
simple antithèse. Parmi les exemples de mauvaise
littérature qui ont influencé l'adolescence d'Emma
ont figuré des éléments kinesthésiques, et des
dessins de pays exotiques ridiculement hétéroclytes,
qui contaminent toute référence ultérieure dans
le texte à l'exotisme.

La première fois qu'on voit Emma ressusciter
de telles visions, c'est à Tostes pour s'expliquer
l'insuccès de son mariage. La notion d'évasion
se présente alors comme un alibi moral; elle se
persuade qu'elle aurait pu trouver le bonheur
avec Charles si elle était allée avec lui 'vers
des pays à noms sonores'. Faisons remarquer
aussi que le *moyen* d'évasion se présente de

façon plus précise que la destination éventuelle,
qui oscille entre plusieurs possibilités; le
trajet lui-même paraît aussi important que l'arrivée
et le séjour. Le *motif statique* du voyage entre
donc en scène dans la vie d'adulte de l'héroîne
comme constatation d'une crise, et comme réponse
automatique à un problème d'ordre sentimental -
deux fonctions qu'il continuera de remplir. Cette
première phase du désir d'évasion d'Emma révèle
aussi l'importance chez elle des éléments kinesthésiques et spatialisants (elle veut 's'en aller
vers' certains endroits).

Il suffira ensuite d'une seule promenade pour
que l'héroîne comprenne qu'elle ne trouvera le
bonheur qu'ailleurs et sans son mari. Ses visions
de luxe cosmopolites sont intensifiées par la
réalité de son séjour à la Vaubyessard (notons,
toutefois, que pour elle c'est 'son *voyage* à La
Vaubyessard' qui 'fait un trou dans sa vie'),
après quoi elle oublie un temps les pays exotiques
pour concentrer son attention sur Paris. Le
manque de précision de ces rêves se double d'un
manque de sens critique à l'égard de la réalité
environnante sur laquelle, parfois, elle les
projette; aurait-elle oublié, en enviant les
mareyeurs, la vulgarité du mareyeur à ses noces
à elle? Comment peut-elle manquer de voir l'aspect
parodique des poupées dansantes du joueur
d'orgues?

Si Emma renouvelle ensuite, auprès de Léon,
sa provision de clichés romanesques, elle ne fait
guère de rêves d'évasion avec lui. Au cours de
leur deuxième promenade, le contraste entre ce
jeune homme et son mari s'affirme pour elle, il
est vrai, en termes d'une comparaison spatialisante
(reprise comme l'a vu Jacques Neefs d'une partie
de la conversation à l'auberge (17). Mais ses
désirs à cette étape de sa vie sont tous en
frustrations et sacrifices, et elle ne conçoit pas
clairement que ce serait l'infidélité: 'Des

tentations la prenaient de s'enfuir avec Léon ...
mais il s'ouvrait dans son âme un gouffre plein
d'obscurité' (p.112).

C'est l'amant qui la possède physiquement qui
redouble ses désirs d'évasion et fait revivre les
rêves de pays exotiques - mais dans un contexte
qui reflète aussi ses expériences vécues. Tout
comme la scène de la séduction sur les hauteurs
au-dessus d'Yonville donne lieu à un rêve de
bonheur où figurent des 'sommets de sentiment'
(p.167), le voyage réel que le couple projette
de faire en Italie trouve aussi dans l'imagination
d'Emma son équivalent quasi-onirique, se trans-
formant en voyage aérien (p.199) et ensuite en un
voyage d'évasion imaginaire du même genre que
celui de Tostes - avec l'addition d'un partenaire
réel et adoré, et d'une galopade où se mêlent,
ajoutés à l'évocation de la surexcitation physique,
les souvenirs des cavaliers de la Vaubyessard et
de l'excursion à cheval avec Rodolphe. Quelque
persistent que soit l'apport contestataire de la
réalité (cette galopade imaginée devient une toux
d'enfant, le trot du tilbury bleu de Rodolphe, le
ronflement du tour de Binet), Emma n'en continue
pas moins à modifier ses rêves selon les besoins
du moment: rêves d'un voyage céleste de la femme
abandonnée, visions d'une vie cosmopolite de la
convalescente qui s'imagine voyageant de capitale
en capitale avec Lagardy, rêves parisiens ou
lamartiniens avec Léon II, se terminant en un rêve
faustien où l'infinité du désir se dissimule mal
sous les visions pathétiques d'un amant anonyme
qui l'attend quelque part ailleurs, dans une
contrée bleuâtre (p.297).

Dans le contexte de nos analyses présentes,
les *sous-motifs* - situations ou sensations
réitérées, telles que brume, hauteurs, vertiges
etc. - servent à relier dans la conscience de
l'héroïne des éléments du réel et de l'imaginaire.

Etroitement liés à sa perception du mouvement et
de l'espace, ils se partagent entre les *motifs
dynamiques* (Rodolphe a 'réellement' amené Emma,
pour la séduire, dans un endroit où pourra s'exercer
pleinement sa sensibilité spatialisante) et les
motifs statiques (nous venons de voir à quel point
Emma Bovary incorpore à ses rêves des éléments de
son expérience vécue). Les *sous-motifs* offrent
alors la possibilité d'interpréter le comportement
de ce personnage à la lumière d'un enchaînement
causal qui est à l'abri des intentions satiriques
de l'auteur - d'où cette dichotomie qui a très
souvent divisé les partisans du roman dans les
camps opposés de ceux qui sympathisent avec Emma
et ceux qui ont plutôt tendance à la ridiculiser.
Car s'il est permis de se moquer des idées reçues,
il n'est guère possible d'en faire autant pour
les sensations physiques, même celles qui se ré-
pètent. A certains égards, alors, le comportement
de l'héroïne du roman invite une interprétation
psychologico-physiologique ou même existentielle.
Pour prendre l'exemple le plus connu, l'épisode
qui aboutit au suicide de l'héroïne, cet épisode
qui, en raison des sensations physiques évoquées,
renvoie à la scène de la séduction, ne constitue
pas pourtant une simple reprise ironique de celle-
ci à la manière de certaines situations parallèles
dont nous avons donné quelques exemples. Il
s'agit d'une synthèse nouvelle d'expériences déjà
vécues, et dont le sentiment de bonheur qui les
avait accompagnées trouve ici, point par point,
sa contrepartie négative et destructrice. Un
tel rapprochement des deux passages révèle, une
fois de plus, la modernité de Flaubert, par une
utilisation de la psychologie somatique digne
de Dostoievski ou de certaines scènes de Malraux
(on pense surtout à cette autre ruée vers l'auto-
destruction, l'avance de Perken sur les Moïs)
(18). De cette manière, alors, la présence de

sous-motifs dans la description des déplacements
d'Emma sert à équilibrer la création de son caractère, en éliminant, par instants, la distanciation satirique.

En examinant séparément ces trois éléments, on
risque, cependant, de mal représenter leur
interdépendance et leur puissance d'interaction
Il convient donc, pour terminer, de les considérer
ensemble dans un contexte qui fera mieux ressortir
leur coexistence et leurs effets cumulatifs。
L'arrivée d'Emma à Rouen, passage capital à tous
les égards, a souvent attiré l'attention des
critiques; Mieke Bal y a consacré notamment un
article important pour affirmer, en face de
certaines propositions de Barthes et de Genette,
le rôle dramatique et dynamique des passages
descriptifs dans les romans (19)。 L'examen de
cet épisode du point de vue de nos recherches
présentes permettra, avec certaines nuances, de
complémenter la thèse principale de ce critique
qui poursuit son analyse à partir des descriptions de Rouen et de La Vaubyessard, tandis que
nous proposons de considérer l'arrivée à Rouen
comme étape dans l'élaboration du thème du
voyage et comme synthèse。
Le *motif dynamique* du voyage contribue à la
continuité et au développement de l'intrigue du
roman. Ici, nous nous trouvons d'emblée en
présence d'un épisode itératif, la description
d'une excursion hebdomadaire et mensongère. Ces
visites à Rouen codifient le rôle de la dissimulation dans la vie de la jeune femme; le voyage,
associé aux passions et à l'évasion dans ses
rêves, se voit désormais représenter les deux
notions, apparemment exclusives, d'amour illicite
et de routine. De plus, dans la mesure où le
trajet d'Yonville à Rouen est le plus étendu que

nous voyons faire à l'héroïne, cela nous invite
à réfléchir sur le contraste entre la réalité
présente et les projets d'évasion faits au passé,
surtout le grand rêve d'évasion avec Rodolphe.
Loin de prendre l'*Hirondelle* pour descendre à
l'*Hôtel de Provence* et ne jamais revenir (le
voyage rêvé avait ce caractère définitif), Emma
se munit de l'équivalent contemporain d'un aller
et retour pour aller passer une journée dans un
hôtel différent, à associations topographiques
opposées, et avec un autre homme. Dans le voyage
de ses rêves, elle était accompagnée; ici, elle
part et revient seule - ou plutôt, utilisant un
transport public, elle partage avec autrui ce
voyage qui, de voyage/passion qu'il allait être,
se trouve tout de suite dégradé, aux yeux du
lecteur du moins, en trajet routinier, comme
celui des autres voyageurs dont le but est
essentiellement utilitaire. Le rythme départ/
séjour/retour, déjà esquissé dans d'autres
épisodes, revient donc ici de façon à la fois
plus insistante et plus pathétique, parce que
la nature de ce voyage souligne la coexistence
dans les moments les plus émouvants des points
de vue contrastés de l'objectivité et de la
subjectivité; le lecteur peut alors envisager
ce trajet comme simple moyen d'assurer la
communication entre la campagne et une grande
ville, et s'identifier avec l'attitude 'tranquille' d'Hivert (p.267), ou en faire une
question de vie ou de mort comme Emma. Mais
les réactions impatientes ou désespérées de
celle-ci dissimulent mal une mauvaise foi
accentuée, étant basées sur sa capacité de
mentir, de faire des compromis, de se cacher,
enfin, l'écart qui sépare rêves et réalité.
La jeune femme qui 'battait la semelle' ou
qui 'afin de se faire des surprises se fermait
les yeux' a beau faire, elle ne peut plus être

la rêveuse innocente d'autrefois; c'est une femme
assez astucieuse, par exemple, pour rattraper en
cabriolet la diligence qu'elle avait manquée après
la première faute commise avec Léon (20). Néanmoins, ce qui révèle surtout la persistance chez
elle de l'illusion voulue, c'est la description
de la vue qu'elle a de Rouen en y arrivant chaque
semaine, qui non seulement transmet l'idée d'une
surexcitation fréquemment renouvelée, mais reprend
certaines impressions qui reviennent dans le roman
à partir des jours de Tostes, et en particulier
le grand rêve d'évasion dans lequel elle s'imagine
voir, d'une route escarpée, 'quelque cité splendide'.
Cette effusion lyrique, étant donné un tel contexte,
ne peut manquer de produire chez le lecteur l'effet
d'une distanciation critique, très caractéristique
du *motif dynamique* du voyage.

La dramatisation de cet événement hebdomadaire,
présenté à la fois comme typique et comme unique,
souligne donc la persistance chez Emma de sa
capacité d'illusion et son aptitude au désespoir.
La description de son arrivée à Rouen manifeste
aussi, comme l'a noté Mieke Bal, un curieux mélange
d'immobilité et de mouvement, où l'on peut voir une
allusion à cette immobilité par laquelle aboutissent
toujours les rêves d'Emma (p.201) ou même une
allusion à l'origine picturale de ces rêves dans
les représentations graphiques qui, au couvent,
l'avaient influencée autant que ses lectures
(pp.37, 40). La 'vraie' mer de ses rêves (pp.42,
201) ne se révèle ici que par une référence figurée
('flots aériens ... falaise'); celle-ci se situe,
cependant, à la fin de cette partie de la description de Rouen, à la même place par rapport aux
autres éléments descriptifs qu'occupe la mention
de la mer dans la description des rêves. Cela
accentue davantage la similitude entre les deux
sortes d'expérience. Faisons remarquer, cependant,
que dans le contexte présent la référence figurée
à la mer subit ensuite un rétrécissement progressif,

pour réapparaître, comme en gigogne, dans le nom
de l'hôtel où Emma descend et dans les coquilles
qui ornent la cheminée de la chambre.

C'est que la description de la ville de Rouen
continue après cette première référence à la mer,
dépassant le cadre de l'évocation des 'cités
splendides'; et alors, à l'immobilité relative
de la première partie de la description, succèdent
des éléments kinesthésiques qui expriment de
manière plus explicite la projection des désirs
de la jeune femme sur la ville. Cette vision,
toujours panoramique, loin d'ignorer comme semble
le suggérer Mieke Bal 'l'entassement des hommes
dans la ville', incorpore 'ces existences
amassées' (p. 268) dans une transformation qui
spatialise la cité pour en faire *une capitale
démesurée* et une *Babylone moderne*. Ce qui
n'empêche pas la descente vers la ville d'être
une descente vers la réalité, qui s'affirme,
nous l'avons déjà vu, dans les détails spécifiques
du quartier par où elle passe. Celui-ci, avec
sa fontaine, ses décors de théâtre, ses filles,
ne représente pas seulement l'envers de la vision
romanesque de Rouen, mais celui aussi d'un autre
rêve, inspiré par l'opéra romantique avec lequel
avait commencé la phase rouennaise de la vie
d'Emma.

Une telle contestation des rêves d'Emma par
l'énumération de détails réalistes rappelle la
distinction faite par Jakobson entre métaphore
et métonymie, et son attribution de ces deux
procédés contrastés aux écoles romantiques et
réalistes, respectivement (21). Sans vouloir
ériger en système une distinction qui peut
paraître, à certains égards, trop absolue, il
est néanmoins possible de voir à l'oeuvre
dans *Madame Bovary* des exemples d'une telle
méthode de contraste et de réfutation, et
d'ajouter d'autres exemples à ceux que nous

avons déjà donnés: aux rêves du bal s'opposent
les danseurs parodiques du joueur d'orgue, au
grand rêve d'évasion, la toux de Berthe, à la
vision lamartinienne de la promenade en bateau,
le ruban retrouvé, etc. Dans la description de
Rouen, on aura remarqué surtout le grand nombre
de comparaisons métaphoriques qui caractérisent
les deux paragraphes principaux qui évoquent la
vision panoramique de la cité ('Descendant tout
en amphithéâtre ...' et 'Quelque chose de
vertigineux ...' (p.268). Avec de telles comparaisons contraste le recours aux détails
réalistes qui leur fait suite, et surtout la
description du retour, avec l'évocation métonymique des yeux de l'Aveugle (p.272). Celle-ci est
suivie, il est vrai, de quelques comparaisons
encore, mais maintenant ces comparaisons suggèrent
la négation de toute possibilité d'analogie
métaphorique, comportant la notion réitérée
d'indistinction ('*indistincte* lamentation, *vague*
détresse ... *quelque chose* de *lointain* ...
tourbillon dans un *abîme* ... espace d'une
mélancolie *sans bornes*') et elles sont, en outre,
le prélude à la scène des dormeurs que nous avons
déjà commentée.

En même temps que cet élément de contestation,
faisons remarquer la présence dans le passage de
nombreux *sous-motifs* (brouillard, ronflement,
brume, nuages, vertiges, galopades, tourbillons)
d'importance psychologique, à valeur rétrospective
et prospective, qui ajoutent leur effet à
l'impression cumulative des autres détails, et
atténuent par l'évocation de la sensibilité
d'Emma les effets satiriques de cette description.
De cette manière, la présence des *sous motifs*
assure l'équilibre thématique de l'épisode.

Que Proust, discutant la pauvreté de la
métaphore flaubertienne, n'ait pas, que je sache,
signalé dans le roman une telle contestation de

l'image par l'image même n'est pas trop surprenant.
Plus étonnante chez le grand architecte du roman
français, qui à son tour a raconté en épisodes
équilibrés les déceptions des rêves de voyages et
d'amour, est l'absence de commentaire sur le
système de signes et de situations qui jalonnent
Madame Bovary, renvoyant les uns aux autres dans
une métaphorisation implicite, et dont le thème
du voyage fournit un exemple si frappant.
Solidaire des autres rêves d'Emma Bovary, celui
de voyager se joint à eux et à d'autres situations,
y compris les grands groupements binaires de
tableaux contrastés, pour constituer un agence-
ment syntagmatique différent de l'intrigue
chronologique et pour établir cette complicité
avec l'auteur qui, lui aussi, nous fait subir
nos moments de mémoire involontaire, nos reculs
du présent narratif.

On évoque beaucoup les structures circulaires
en parlant de *Madame Bovary*. Qu'il me soit permis,
en terminant, de me conformer à cet usage.
Vertiges et tourbillonnement d'Emma, mouvements
des valseurs, forme convolutée des nuages
s'accumulant du côté de Rouen, chaîne Pulvermacher
portée par Homais, tous reproduisent sur le plan
du détail narratif cette forme spirale qui était
pour Flaubert adolescent la forme même de l'infini
et pour l'homme mûr un objet si digne de
spéculation qu'il s'est proposé d'écrire un roman
métaphysique intitulé *La Spirale* (22). Aurait-
il compris enfin que ce roman, il l'avait déjà
écrit, et que celui-ci s'appelait *Madame Bovary?*
Car c'est cette même configuration qui revient
à l'esprit quand on considère dans son ensemble
le thème du voyage; ces situations parallèles,
avec l'impression du déjà-vu qui s'en dégage,
évoquent bien les convolutions d'un ressort,
revenant sur un de ses axes au point de départ,
et sur l'autre se mouvant inexorablement en

avant.   Même si, dans cette perspective, la spirale
implique fatalité autant qu'infinité, cela ne fait
que confirmer l'unité fondamentale de ce thème du
voyage, qui prévoit à tel point la célèbre définition de Sartre que non seulement il renvoie à une
métaphysique, mais parvient aussi à évoquer la
forme géometrique qui la symbolise.

NOTES

1. Les notes renvoient à l'edition de Claudine
   Gothot-Mersch, Garnier, Paris, 1974.

2. Cl. Duchet, 'Romans et Objets. L'Exemple
   de *Madame Bovary*', *Europe*, 1969, pp. 172-199.

3. Paul Bourget, *Portraits d'Ecrivains et Notes
   d'Esthétique*, Paris, 1903, p.192.

4. Voir par exemple les cartes reproduites aux
   pp. 332-335 de l'édition de *Madame Bovary* de
   M. Overstall, Harrap, London 1979.

5. *'Madame Bovary', nouvelle version, etc.* par
   J. Pommier et G. Leleu, Paris, 1949, p. 232.

6. Ironie à double tranchant, car Emma y réalise
   en partie les rêves plus modestes, mais
   apparemment destinés à être frustrés eux
   aussi, de ce perruquier de Tostes dont la
   grande ambition était de s'établir à Rouen,
   sur le port, près du théâtre. (*Madame Bovary*
   p. 66).

7. Mieke Bal: 'Fonction de la description
   romanesque: la description de Rouen dans
   Madame Bovary', *Revue des langues vivantes*,
   XL, 1974, 2, 132-149.

8. Henri d'Almeras. *La Vie parisienne sous
   Louis-Philippe*, Paris, s.d., p. 4.

9.   Voir la lettre à Louise Colet du 2 septembre,
     1853, *Correspondance 1850-59,* Club de l'Honnête
     Homme, p.403. La même association de voyage
     nocturne, de lumière de lanternes, et de malheur
     a déjà caractérisé le départ de Rodolphe
     (Madame Bovary p.212). Rappelons aussi que la
     scène des dormeurs dans l'*Hirondelle* se relie,
     à travers la description de la veillée d'Emma,
     à cet autre souvenir traumatique de Flaubert,
     la veillée de sa soeur Caroline au cours de
     laquelle son mari Hamard et le prêtre (comme
     plus tard *Homais* et le prêtre) se sont endor-
     mis. *(Correspondance,* Pléiade I, p.431)

10. Henri d'Almeras, op.cit.,pp.6-11.

11. *Salon de 1846,* Oeuvres complètes, ed. M. A.
     Ruff, Seuil, Paris, p.234, col.2

12. *Madame Bovary* p.57. Cf. 'Les personnages de
     Flaubert sont coupés du monde et d'autrui;
     leurs préoccupations les rendent sourds et
     aveugles', P.M. Wetherill, 'Les thèmes chez
     Flaubert' *A.F1.* n°.26, 1965, p.12. Voir aussi
     du même critique 'Madame Bovary's Blind Man'
     Romanic Review, Feb. 1971, et les observa-
     tions très pertinentes d'Alison Fairlie dans
     son article 'Flaubert et la connaissance du
     Réel', *Essays in French Literature* (Perth),
     N°.4, 1967.

13. R. Debray-Genette: 'Du Mode narratif dans
     les *Trois Contes,*' *Littérature,* mai, 1971.

14. Voir Cl. Gothot-Mersch, op.cit.p.xlix et
     l'article de D. A. Williams 'Water imagery
     in Madame Bovary', *Forum for Modern Language
     Studies,* 1977, XIII, n°.1.

15.   Par exemple, Victor Brombert, qui discute les
       départs et les voyages comme des *motifs
       réapparaissants* (*The Novels of Flaubert,*
       1966, pp. 59 seq.), J. C. Lapp, qui examine
       l'expérience hallucinatoire d'Emma par
       rapport à sa conception de l'espace et du
       mouvement (in *Madame Bovary and the Critics,*
       1966, p. 177), Stirling Haig, qui relie couleur
       et espace ('The Madame Bovary Blues', *Romanic
       Review,* LXI, I, 1970), et Marie-Claire Banquart,
       (L'Espace dans Madame Bovary', L'*Information
       littéraire,* 25, 1973). Inutile d'insister sur
       l'importance, à cet égard, du chapître sur
       Flaubert de Jean Rousset dans *Forme et Signi-
       fication,* 1962.

16.   In *Russian Formalist Criticism. Four Essays,
       translated with an Introduction,* de Lee Lemon
       et Marion J. Reis, Nebraska, 1965, pp.61-95.

17.   Jacques Neefs, 'La Configuration réaliste',
       Poétique, 1973.

18.   André Malraux, *La Voie royale,* Ch.III,
       Deuxième partie.

19.   Voir la note 7. Pour une excellente mise au
       point générale du rôle de la description
       flaubertienne, voir P. M. Wetherill, 'Flaubert
       et les distorsions de la critique moderne,'
       Symposium, Fall 1971.

20.   *Madame Bovary,* p.251. En ce qui concerne
       Quincampoix, où Emma rattrape la diligence,
       je suis redevable à Bernard Masson d'avoir
       soulevé, dans une intervention, le problème
       de la réapparition dans le roman de ce nom

qui y revient cinq fois (M. Overstall) et
probablement parce qu'il a possédé pour
Flaubert une certaine fascination phonique
(R. Debray-Genette). Fascination, toutefois, que Flaubert met en valeur! Car chaque
fois que le nom réapparaît, c'est pour marquer
une étape importante de l'intrigue: transition
Tostes/Yonville, p.90; mentionné juste après
que Rodolphe a pris la main d'Emma, aux Comices,
p.153; celle-ci y rattrape l'*Hirondelle* après
avoir commis sa première faute avec Léon,
p.251; le père Tellier, ruiné par Lheureux s'y
est retiré, p.311; enfin, c'est là que le père
Rouault s'arrête en route pour Yonville, où
il est appelé d'urgence, et y voit trois cafés
p.342 (par habitude, ou sous l'impulsion des
trois syllabes du nom de la ville?).

21. *Essais de Linguistique générale*, Paris, 1963,
pp.61-67.

22. *Mémoires d'un Fou*, Oeuvres complètes, ed.
Bernard Masson, Seuil, Paris, tome I, p.241,
col.1.
Correspondance, 1850-1859, Club de l'Honnête
Homme, p.192, note 2. Voir aussi, dans le
même volume, la lettre du 2 septembre, 1850,
p.73.

3 DAVID WILLIAMS (Hull),

Le rôle de Binet dans
Madame Bovary

Madame Bovary est un roman inépuisable. Au
moment où l'on commence à croire qu'il ne reste
plus rien à dire à son sujet, on s'étonne de
découvrir des aspects nouveaux, des parties
insondées. Pour ce qui est des personnages
secondaires, il est vrai que certains - l'Aveugle
par exemple - ont été étudiés à fond; (1) par
contre, Binet, l'homme au tour, n'a guère retenu
l'attention de la critique. Si l'on parle de
lui, (2) ce n'est que pour le dénigrer rapidement comme l'incarnation même de la médiocrité
bourgeoise, ce qui s'explique en partie par le
fait que Binet est un personnage rebutant qui,
à force d'être éclipsé par son tour, semble
manquer de profondeur psychologique et ne guère
mériter sa place dans le roman. Pourtant,
comme j'espère le démontrer, loin d'être un
simple et terne représentant de la bourgeoisie
provinciale, Binet est une figure vraiment
significative qui permet à Flaubert d'aborder
d'une façon discrète des questions fondamentales
relatives à la vie et à l'art. S'il arrive à
surmonter l'aversion initiale que Binet provoque,
le lecteur jouit du privilège de partager avec
Flaubert les doutes et les convictions qu'il est
obligé de taire à cause de son esthétique.

Flaubert a dit que *Madame Bovary* était une
'biographie plutôt qu'une péripétie développée'
(3). Pour lui l'élément le plus important du roman
est l'évolution psychologique de l'héroïne.
Cependant, le sous-titre, *Moeurs de Province,*
suggère que le romancier, tout en suivant
'l'enchaînement des sentiments' d'Emma (4), le
grand axe syntagmatique qui constitue l'élément
dynamique du texte, compte aussi, en brossant un
portrait d'une société figée, donner au roman un
élément plutôt statique. Mais comment concilier
ces éléments distincts? Avant tout, bien entendu,
en attribuant à des personnages comme Homais et
Lheureux, qui représentent la bourgeoisie
provinciale, une influence sur l'évolution de
l'héroïne. Mais aussi, puisque la personnalité
égocentrique d'Emma et le caractère furtif de
l'adultère limitent ses rapports avec la communauté d'Yonville en accordant à des personnages
comme l'Aveugle une valeur symbolique. Dans le
cas de Binet la tâche de Flaubert est particulièrement difficile. A la différence de presque
tous les autres personnages, Binet ne figure
pas dans les scénarios d'ensemble, omission qui
indique qu'il a peu d'influence sur l'évolution
d'Emma. Aussi, quand Binet se présente au stade
des scénarios partiels, en tout premier lieu
comme membre indispensable de la bourgeoisie
provinciale, Flaubert s'ingénie-t-il à décider
'quoi faire de Binet' et à le 'faire servir à
quelque chose '(5). Comme tous les autres
personnages, pour voyager dans le roman, il lui
faut gagner son passage.

Dans les scénarios partiels, Flaubert envisage
de faire servir Binet de deux façons. Sur le
plan syntagmatique, il lui fera remplir plusieurs
fonctions. Emma, dès le sixième scénario
d'ensemble, a 'peur d'être gobée'; au lieu du
'garde qui la voit' auquel il a pensé d'abord,

ce sera le percepteur, à l'affût des canards
sauvages, qui fera peur à Emma et ce sera à Binet
qu'elle aura recours à la fin du roman quand elle
aura besoin d'argent. (6) Binet prêtera l'oreille-
de mauvaise grâce, il est vrai - aux confidences
de Léon et se donnera en spectacle avec tous les
Yonvillais lors des comices agricoles. (7) Mais
le procédé employé le plus fréquemment pour
développer le rôle de Binet est l'antithèse qui
fait travailler le personnage sur le plan
paradigmatique. On pourrait dire que dans
Madame Bovary 'il n'y a que des différences'
(Saussure), différences que Flaubert souligne dans
les scénarios et qui continueront à se multiplier.
Ainsi, tandis que Binet croit qu'il faut être
exact, Homais se moque un peu de l'exactitude;
l'arrivée de Binet au *Lion d'Or* est prévue, celle
du curé inattendue; à la fin du roman il y aura
trois visites bien distinctes; en face d'Emma,
Lheureux sera brutal, Guillaumin poli, Binet
scandalisé. (8) Mais en s'intéressant à l'homme
à l'exclusion de son tour, Flaubert fait fausse
route. Toute la valeur symbolique de Binet
réside dans cet instrument et ce n'est qu'en
s'occupant des accessoires que Flaubert trouve
la bonne voie et fait servir Binet d'une façon
vraiment intéressante.

Comment Binet s'insère-t-il donc dans le roman?
Dans la version finale de *Madame Bovary* le nom
de Binet paraît trente-sept fois, comme celui
de Justin. (9) Quelquefois ce sont les personnages qui parlent de Binet ou qui pensent à lui,
faisant allusion à des caractéristiques bien
définies. Mais, assez fréquemment, c'est le
narrateur qui en parle directement, afin d'indiquer sa participation dans ce qu'il est permis
d'appeler l'action. Normalement le narrateur
voit Binet du dehors, décrivant ses gestes et
ses actions et parfois rapportant ses paroles,

sans tenter de pénétrer dans son for intérieur.
Cependant, le narrateur se sert de temps en temps
de la prérogative de l'omniscience pour examiner
les réactions intérieures de Binet, analysant par
exemple l'impression produite par les plaintes de
Léon, son inquiétude quand il est à l'affût des
canards sauvages, le plaisir qu'il éprouve quand
il est sur le point de terminer son modèle.
Flaubert varie donc le mode narratif qu'il emploie,
(10) de sorte que Binet, tout en restant un
personnage d'arrière plan, montre de temps en
temps des signes de vie.

Il fait alterner aussi des passages où Binet
reste en vue pendant quelque temps (les 'scènes')
et des allusions brèves qui ne font que rappeler
son existence. Dans la première scène (pp. 77-8
(11)) Binet n'ouvre pas la bouche, obligeant
Flaubert à le présenter d'abord à travers les
commentaires des autres personnages, puis
directement par le narrateur. Au centre de cette
scène se trouve un portrait détaillé des
caractéristiques physiques et morales du percepteur. Immédiatement avant et après Binet 'agit',
entrant à l'heure exacte comme Madame Lefrançois
l'avait prévu et refusant de parler pendant
qu'on met son couvert. Pour clore la scène d'une
façon symétrique Flaubert rapporte encore une
fois les propos de Madame Lefrançois et d'Homais,
préparant ainsi la transition à un passage où
Binet n'est plus en cause.

La distinction entre Léon et Binet ébauchée
dans la première scène est renforcée par le
contraste établi ensuite entre leurs diverses
activités (p. 102); pendant que Léon, en face
d'Emma, cultive son jardin suspendu, Binet se
livre à un travail beaucoup plus sérieux,
enfermé dans sa mansarde avec son tour. Cela
permet à Flaubert de décrire le ronflement
monotone qui est destiné à jouer un rôle

important dans le roman.

Deux scènes assez brèves révèlent à Léon l'insuffisance de Binet comme confident (p.102, p.120). Ou bien il prétend qu'Emma le laisse indifférent ('Que m'importe à moi, puisque je ne suis pas de sa société!') ou il l'assaille de conseils tout à fait inappropriés ('Moi, à votre place, j'aurais un tour'). Enfin Binet a desserré les dents mais ironiquement ce n'est que pour nier tout intérêt envers l'héroïne.

Aux comices agricoles, Binet fait preuve d'une 'raideur de mécanique' qui le rend encore plus comique: 'sanglé dans sa tunique, il avait le buste si roide et immobile, que toute la partie vitale de sa personne semblait être descendue dans ses deux jambes, qui se levaient en cadence, à pas marqués, d'un seul mouvement' (p.135). En outre, à cause de la visière de son casque qui lui descend sur le nez, le percepteur perçoit bien peu et toutes les activités qu'il surveille - la parade des pompiers et la mise à feu des pièces pyrotechniques - échouent d'une façon spectaculaire.

Ce n'est qu'après la séduction d'Emma par Rodolphe que Binet est mis en contact direct avec l'héroïne dans une longue scène (pp.169-70) où, caché avec sa carabine dans un tonneau, il prend, du moins aux yeux d'Emma, un aspect effrayant. Binet lui-même, pourtant, a été pris en flagrant délit puisqu'il est interdit de chasser 'autrement qu'en bateau'. L'inquiétude délie la langue de Binet et fait mentir Emma mais d'une manière peu convaincante, ce qui la rend encore plus anxieuse le soir chez Homais (pp.171-2) quand elle est obligée d'écouter les sinistres requêtes de Binet qui achète divers articles dont quelques-uns sont dangereux pour maintenir son équipement de chasseur en parfait état.

Quoique la peur d'Emma puisse paraître mal fondée -
Binet ne songeant pas à la dénoncer (12) - le
percepteur cette fois a bien perçu quelque chose
d'important et influe d'une façon directe sur
l'évolution de l'héroïne.

Mais c'est son tour qui produit l'effet le plus
puissant quand, trahie par Rodolphe, Emma pense
au suicide (pp.210-11). Le ronflement du tour,
qui semble maintenant émettre des 'modulations
stridentes' est 'comme une voix furieuse qui
l'appelait', l'attirant vers l'abîme. Vu à travers
la lentille grossissante de la conscience d'Emma
Binet devient une figure effrayante. (13)

Dans la scène suivante (pp.222-3) Binet paraît
sous un jour moins mélodramatique, d'abord pêchant
les écrevisses au fond du jardin des Bovary, puis
ouvrant avec une précaution inutile des bouteilles
de cidre, enfin parlant d'une pièce de théâtre
qu'il a vue à Rouen. (14) La présence de Binet
semble un peu gratuite (il aurait bien pu pêcher
ailleurs!), d'autant plus que l'emploi de l'imparfait présente comme itératives des tentatives qui
auraient dû - vu leur insuccès - rester singulatives.
Mais Binet a été remis à sa place - du moins pour
le moment - parmi les autres personnages qui
représentent la bourgeoisie provinciale.

Ce n'est que bien plus tard qu'il sort de
l'obscurité quand Emma va le voir pour lui
demander une aide financière (pp.311-3). Choix
bizarre, dirait-on, puisque, contrairement à
Guillaumin, Binet ne court pas les femmes. En
effet, la réaction du brave soldat à l'abomination
proposée par Emma est violente: il se recule comme
à la vue d'un serpent. La dernière rencontre
entre Binet et Emma n'est pas motivée d'une
façon particulièrement convaincante, ce qui fait
soupçonner au lecteur que la question d'argent
n'est qu'un prétexte et qu'il s'agit dans cette
scène de quelque chose d'un ordre tout différent.

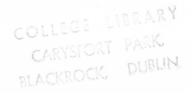

Il y a, bien entendu, une opposition très marquée
entre le désespoir extrême d'une femme exception-
nelle et le bonheur complet d'un homme médiocre
mais la visite d'Emma est importante parce qu'elle
fournit à Flaubert l'occasion de décrire l'apothéose
de Binet comme tourneur maniaque. Juste avant
l'entrée d'Emma, Binet est sur le point de terminer
un modèle très compliqué, composé de sphères et de
croissants. En entamant la dernière pièce - pièce
de résistance du roman - Binet s'en donne à coeur
joie et les roues du tour ronflent et tournent
d'une façon frénétique. Tout dans cette description semble poussé à outrance parce que Flaubert,
comme l'on verra, a décidé d'employer un personnage insignifiant qu'on avait presque oublié dans
une étonnante mise en abyme qui lui permet de
dénoncer la cruauté inévitable qui existe au sein
de la création littéraire. A partir de ce moment
unique Binet devient de plus en plus détaché. Il
n'assiste pas à l'enterrement d'Emma (p.329) et
semble tout à fait indifférent aux souffrances de
Charles (p.354).

La dernière scène exceptéee, l'apport de Binet
semble modeste. Quoiqu'il ne joue pas un rôle très
important dans la vie d'Emma, Binet se détache
avec un certain relief dans le roman. Dans la
hiérarchie sociale d'Yonville, il occupe une
position inférieure d'après Homais qui le met au-
dessous de Léon: 'C'est qu'il y a bien de la
différence ... entre quelqu'un qui a reçu de
l'éducation et un ancien carabinier qui est
percepteur' (p.77). Binet lui-même ne se laisse
pas intimider par le pharmacien faisant parade
de ses connaissances; malgré son manque d'éducation, Binet est parvenu à une assez belle
situation. Ses devoirs professionnels ne sont
pas lourds; comme on a dit, c'est 'un fonction-
naire qui, en dépit d'une certaine ponctualité,
fonctionne très peu.' (15)   On ne le voit

jamais au travail; ou bien il prend ses repas au
Lion d'Or ou il s'amuse, soit à la chasse, soit
avec son tour. Le fait qu'il 'n'a rien de ce qui
constitue l'homme de société' (p.78) n'est pas
non plus un désavantage; les poursuites solitaires
de Binet font qu'il peut se passer de la fréquen-
tation du monde. Non qu'il évite tout contact
avec autrui, cependant, ou se retire tout à fait
de la société. Ce n'est qu'en se comparant avec
Léon que Binet sent sa supériorité et les vertus
militaires qu'il incarne exigent l'approbation
collective des habitants d'Yonville. Antisocial,
prêt, à la rigueur, comme Homais, à enfreindre
les lois, Binet est en fin de compte conformiste;
s'il se séquestre, c'est au sein d'une communauté
dont il accepte les normes et les valeurs.

Du point de vue psychologique Binet n'est pas
très complexe. En effet sa personnalité est
tellement transparente que Flaubert écrit bizarrement dans une version antérieure qu'avant de 'voir
l'extérieur de cet homme, il semblait que l'on en
vît le dedans'. (16) Commes les organes d'une
méduse, les mouvements internes de Binet se
voient sans difficulté, sans qu'il soit nécessaire
d'écarter au scalpel des tissus qui les masquent.
De même, l'atelier, l'intérieur où il travaille,
est exposé aux regards inquisiteurs ou peureux
des Yonvillais. Tout en se laissant percevoir,
Binet lui-même perçoit très peu, soit au sens
propre à cause de la visière qui lui descend sur
le nez, soit, au figuré, à cause de l'indifférence
qu'il éprouve à l'égard d'autrui. Le dénuement
psychologique de Binet s'explique en partie par
son manque de perception; dans le monde flaubertien,
esse est percipere; il faut voir pour exister
réellement parce qu'en voyant on absorbe et en
absorbant on enrichit le moi. Le manque d'intérêt
de Binet à l'égard d'autrui, correspond à un type
de personnalité introverti, dominé par les

réflexes de défense et criblé d'inhibitions, qui
se manifeste de plusieurs façons. L'extrême
propreté, l'exactitude mécanique, les habitudes
rangées indiquent que Binet se contraint, tandis
que sa pingrerie et sa manie d'accumuler les ronds
de serviette laissent deviner un désir compulsif
de retenir sur lequel Freud aurait eu beaucoup
à dire. (17) Adroit de ses mains, Binet s'engage
dans des activités où il faut maîtriser et dominer,
soit les morceaux de bois qu'il transforme en ronds
de serviette, soit les animaux qu'il chasse, soit
le cidre qui menace de jaillir de la bouteille.
Binet évite soigneusement tout ce qui pourrait
troubler sa paix intérieure; 'célibataire sans
passions', (18) il ne se consacre qu'à son tour
dont les roues tournent toujours d'une façon
mécanique mais qui pour lui possède une qualité
presque humaine. Quand Binet rentre à la maison
c'est pour 'revoir son tour' (p.157).

Comme chez les autres personnages il y a une
étroite correspondance entre l'élément psychologique et l'élément physique. Les manifestations
extérieures du caractère renfermé de Binet sont
les vêtements étriqués, le collier dont pas un
poil n'est déplacé et qui lui encadre étroitement
le visage, et, encore plus comique, le casque qui
lui déprime le crâne. Dans le système des
visages de *Madame Bovary,* dont Madame Gothot-Mersch
a fait l'analyse, (19) la longue figure terne
connote la médiocrité et l'opiniâtreté, les yeux
petits, comme ceux de Lheureux, la mesquinerie,
le front déprimé le manque d'intelligence, le
corps et le profil maigres le caractère asexué.
Finalement l'habitude qu'a contractée Binet de
se caresser la barbe indique la satisfaction de
soi et l'incapacité de se mettre à la place
d'autrui.

Le monde de *Madame Bovary* est un monde restreint;
la psychologie des personnages est déterminée dans

une large mesure par la façon dont ils réagissent
dans les limites étroites où ils sont enfermés.
Binet ne regimbe pas contre l'étroitesse de sa
vie; dans une version antérieure il est sanglé
dans son uniforme 'plus étroitement ... qu'un
baudet dans son harnais', (20) ce qui
l'apparente à Charles qui 'accomplissait sa
petite tâche à la manière du cheval de manège,
qui tourne en place les yeux bandés, ignorant
de la besogne qu'il broie' (p.10) mais le distingue
d'Emma qui, au couvent, 'fit comme les chevaux
que l'on tire par la bride: elle s'arrêta court
et le mors lui sortit des dents.' (p.41) Binet
et Charles se soumettent volontiers aux restrictions de la vie provinciale; Emma, au contraire,
se sent emprisonnée dans les confins resserrés de
sa vie avec Charles et s'en échappe avec une force
explosive. L'opposition entre la soumission
passive et la lutte active se réfléchit dans des
comparaisons associées; Binet reste 'comme une
alose, sans dire un mot' (p.78), tandis qu'Emma
'bâille après l'amour, comme une carpe après
l'eau sur une table de cuisine' (p.134). Quoique
Binet ne cherche pas à se libérer, on le voit une
fois sortir de son tonneau 'comme ces diables
à boudin qui se dressent du fond des boîtes'
(p.170); il ne s'agit pas, cependant, d'une
véritable évasion; ayant fait peur à Emma, Binet,
de son plein gré, 'rentra dans son tonneau',
tout comme se plongera métaphoriquement Emma
dans un tonneau de Malvoisie (p.197). Si Emma
gravite, comme l'a montré Hasumi, (21) vers les
espaces fermés, c'est pour y mourir après une
tentative désespérée de vivre; Binet, au
contraire, survit dans une orbite étroite, mais
d'une vie qui ressemble à la mort.

   Quoique Binet serve utilement de repoussoir,
il est permis de douter si son vrai sens réside
dans le domaine psychologique. Effectivement,

il n'a de portée que si l'on cesse de voir en lui
un personnage comme les autres afin d'explorer sa
possibilité de représenter non un aspect de la
'réalité' mais l'artiste lui-même. Certains
jugeront une telle tentative déplacée; Flaubert
lui-même n'a-t-il pas fulminé contre 'l'éternelle
figure insipide du poète' (22) et Victor Brombert
n'a-t-il pas raison d'affirmer que 'dans la
perspective flaubertienne l'artiste-héros s'avère
impossible ... le seul acte héroïque possible est
une abdication.' (23) On pourrait soutenir,
cependant, que l'abdication de Flaubert n'est que
partielle et qu'il continue à s'intéresser à la
figure de l'artiste, mais sous le couvert de
l'ironie et de la parodie. En réalité, l'artiste
s'avère possible dans la mesure où l'on se moque
de lui. En effet, il est presque inconcevable
qu'un écrivain comme Flaubert, si tourmenté par
les difficultés inhérentes à la création littéraire, élimine de son oeuvre toute trace de la
longue et douloureuse réflexion que sa production
a suscitée en lui. *Madame Bovary* est bien, comme
l'a vu Bonnefis, 'une oeuvre expérimentale où le
sujet même de la fiction choisi permet à Flaubert
de s'interroger sur son propre rôle d'auteur, et
de remettre incessamment en question, dans et
par l'acte d'écriture, le problème du fonctionnement et de l'arbitraire de toute narration'. (24)
Cette affirmation, qui date de 1968, a ouvert un
chemin que la critique a hésité à suivre. Quoique tout le monde s'accorde à voir en Binet 'la
caricature de l'artiste' (25), on n'est pas allé
plus loin pour examiner toute l'étendue de la
comparaison si peu flatteuse établie par Flaubert.

Le mode de vie adopté par Binet ressemble
étroitement à celui de l'hermite de Croisset.
'Fais comme moi', écrit Flaubert, (26) 'romps
avec l'extérieur, vis comme un ours, un ours
blanc', proposition saugrenue que le romancier

semble formuler sérieusement dans la correspondance
mais qui est durement critiquée à travers le
personnage de Binet. Misanthropie, absence de
liens affectifs, habitudes rangées, tout concorde,
ce qui permet à Flaubert de promener un regard
impitoyable sur ce qu'il préconise ailleurs. Mais
ce qui importe, c'est que Flaubert propose une
image tout à fait nouvelle de l'artiste. Au
visionnaire, à la figure olympienne des Romantiques,
qui se retire dans sa tour d'ivoire pour sonder les
mystères de l'univers, se substitue l'artisan, un
homme comme les autres, dont les efforts dans sa
mansarde provinciale ne se dirigent vers rien de
plus exalté que le fignolage de ronds de serviette,
objets bassement matériels d'une valeur douteuse.
Cette nouvelle image est lourde de sens puisque
l'accent tombe non sur l'artiste en tant qu'homme
mais en tant que producteur. Flaubert s'accorde-
t-il donc avec 'toute une classe d'écrivains', qui,
selon Barthes, 'va substituer à la valeur-usage
de l'écriture, une valeur-travail'? (27) Il est
certain que dans la *Correspondance* le mythe
artisanal sert souvent d'alibi, permettant à
Flaubert 'de justifier tant son éthique que ses
tics (travail solitaire, coupé de toute praxis
sociale, répétitif, ritualisé, douloureux-
voluptueux), comme a remarqué Burgelin. (28) Il
est vrai aussi qu'une des tentations de Flaubert,
peut-être la plus grande, c'est de dramatiser
l'acte même d'écrire. Mais il importe de noter
que dans le roman même Flaubert opère non la
sacralisation de l'écriture mais plutôt sa
profanation. Ce qu'on a appelé à juste titre la
'négativité' de Flaubert, (29) se tourne contre
son art lui-même. Le travail monotone et
obsessionnel de Binet ne comporte rien d'héroïque,
rien de tragique.

Dans cette perspective le conformisme de Binet
devient très significatif. Comme l'a très bien

vu Barthes, l'écriture artisanale, placée à
l'intérieur du patrimoine bourgeois, ne dérange
aucun ordre; privé d'autre combats, l'écrivain
possède une passion qui suffit à le justifier:
l'enfantement de la forme.' (30) Voilà justement
ce qui tourmente Flaubert; certes l'écrivain ne
se dresse plus contre les injustices d'une
société dégradée mais son alibi, l'enfantement
de la forme, en prenant un caractère obsessionnel,
répétitif, monotone, ne suffit guère à le
justifier. Flaubert démolit bel et bien le mythe
artisanal; à cause de la surproduction, l'activité
de Binet est complètement dénuée de valeur; une
dizaine de ronds de serviette, à la rigueur, ont
une place dans l'économie domestique, mais, en
se multipliant sous le tour de Binet, ils sont
détournés des fins humaines, tout comme les
phrases perfectionnées par Flaubert, qui
prolifèrent pour la plus grande joie de leur
producteur mais risquent d'excéder les besoins
des lecteurs éventuels. Flaubert ne communique-
t-il pas dans le roman même le désespoir qu'il
ressent devant la futilité de son travail qui
lui a fait écrire un jour que l'avenir se résume
pour lui en une 'main de papier blanc, qu'il
faut couvrir de noir, uniquement pour ne pas
crever d'ennui et comme on a un tour dans son
grenier quand on habite la campagne.' (31) Le
tour joue un rôle important dans la mythologie
bourgeoise; comme le dit le *Dictionnaire des
idées reçues,* il est indispensable d'en avoir
un 'dans son grenier, à la campagne pour les
jours de pluie'. (32) Sanctionné par la foule,
pour Flaubert il devient automatiquement un
instrument suspect, l'emblème de la ressource
bourgeoise, un moyen d'accéder à une sorte
d'euphorie égoïste oublieuse du néant. En
s'associant avec Binet par le parallèle qu'il
établit entre'la jalousie d'un artiste' et

'l'égoïsme d'un bourgeois' (p.77), Flaubert tente
de ravaler la dignité de l'artiste, réagissant
ainsi contre la tendance opposée, profondément
enracinée en lui, qui le porte à en changer les
louanges.

A maints égards tourneur et écrivain se
ressemblent. On a bien vu que l'artiste 'arrondit
ses périodes, comme Binet ses ronds de serviette'.
(33) Il s'y applique, bien entendu, avec la même
exactitude maniaque. (34) Il est aussi porté vers
une sorte d'accumulation primitive. A un certain
stade de la composition Flaubert a imaginé que
Binet distribuerait ses ronds de serviette parmi
ses amis, (35) mais il a finalement décidé qu'il
devrait en encombrer sa maison, tout comme lui-
même il a conservé tous ses brouillons pour le
bonheur et le malheur des chercheurs. En outre,
assis à sa table, la plume prenant la place de
la gouge, le romancier n'éprouve-t-il pas le
même plaisir ambigu que Binet connaît dans cette
version antérieure: 'il écartait les narines, il
tendait sa prunelle, l'âme passée tout entière
dans le bout de son doigt qui, appuyé sur la
gouge, suivait d'un mouvement délicat le buis en
rotation.' (36) Même le modèle auquel Binet
consacre tous ses efforts à la fin du roman a un
sens supplémentaire. Binet s'exténue à imiter
en bois 'une de ces ivoireries indescriptibles,
composées de croissants, de sphères creusées les
unes dans les autres, le tout droit comme un
obélisque et ne servant à rien' (p.311-2). A
l'opposé du jouet instructif acheté pour les
enfants Homais, qui représente d'une façon naïve
tout un village au travail, (37) la création de
Binet n'est pas entachée d'ambition mimétique.
Comme Flaubert le dit dans une version antérieure
'elle ne figure rien'. (38) Elle n'en est pas
pour autant moins ridicule. C'est comme si
Flaubert rêvait debout, laissant planer sur son

roman les doutes qui l'obsèdent. Il a peur, d'une
part, qu'à force d'employer des matériaux langagiers
aussi inadéquats que ceux employés dans le jouet
instructif, (39) son roman ne sombre dans un réalisme aussi comique qu'inefficace (puisqu'on voit
facilement que les blanchisseuses lavaient 'un
linge absent dans un bassin sans eau' (40)). Mais
il craint aussi le contraire; son roman ne ressemble-
t-il pas au modèle de Binet; en s'occupant tant
des relations internes de son roman, en multipliant
les parallèles et les oppositions à l'intérieur de
son oeuvre, en rêvant d'un 'livre sur rien' qui ne
serait que pure forme, son roman est peut-être
dépourvu de toute attache extérieure, de toute
correspondance avec une réalité extra-textuelle.
(41)
   Les doutes de Flaubert ne s'arrêtent pas là.
Il est très significatif que Binet soit sur le
point de terminer son modèle au moment même où
Emma approche du suicide. Flaubert semble adopter
un point de vue qui est très moderne et vouloir
reconnaître la nécessité purement artistique qui
détermine le destin d'Emma. On a souvent répété
que la liberté des personnages dans un roman est
toujours restreinte, sinon abolie, par les
exigences du discours romanesque. Comme dit
Barthes à propos de la nouvelle de Balzac,
'Sarrasine est contraint par le discours d'aller
au rendez-vous avec la Zambinella: la liberté des
personnages est dominée par l'instinct de conserva-
tion du discours.' (42) Il en est de même avec
Madame Bovary; tout est déterminé dans un sens
par la fin que Flaubert a prévue dès le commencement. Mais à la différence d'un récit plus
orthodoxe, Flaubert veut faire allusion dans le
roman même à la tyrannie du récit. Bonnefis a
souligné ce fait: 'Il arrive que l'histoire, par
une sorte de regard intérieur projeté sur sa
nature et sa constitution, renvoie, sans renoncer

à sa finalité, l'image de l'impérieux déterminisme
qu'elle exerce.' (43) On n'a pas encore apprécié,
cependant, que c'est Binet qui permet à Flaubert
de signaler le 'déterminisme rétrograde' dont a
parlé Jacques Neefs. (44) Une vérité secrète perce
à travers le roman: le tourneur maniaque, avide du
sang d'Emma, va la poursuivre jusqu'à la mort.
Emma a raison d'avoir peur de 'cet imbécile à
carnassière' (p.171) qui la tient en joue avec sa
carabine. La hâte prématurée avec laquelle Binet
sort de son tonneau ne suggère-t-elle pas à
merveille la manière dont le romancier commence
à s'énerver, sachant que, ayant franchi le pas de
l'adultère, sa proie s'approche. Ensuite, par un
mécanisme bien connu, la faim carnassière de Binet
est détournée; le percepteur passe son temps à
chasser des animaux auxquels Emma s'associe
étroitement par des liens métaphoriques et
métonymiques. L'édition Pommier-Leleu comporte
des descriptions suggestives de la façon dont la
proie de Binet lui échappe. Après la première
rencontre avec Emma:

> 'Alors une compagnie d'oiseaux qui s'enfuyaient
> lui passa près des épaules avec un long bruit
> d'ailes, et en claquant du bec dans le
> brouillard.'

Après la première tentative de suicide:

> 'Les écrevisses s'enfuyaient à grands coups de
> leurs pinces, pour se tapir dans la vase. (45)

On remarque aussi que Binet est un homme affamé
qui s'impatiente souvent, qu'il avance définitivement l'heure de son repas et qu'il se plaint de
'fringales' au docteur Larivière. Et quoique
Binet influe peu sur l'évolution d'Emma il donne
son appui à des entreprises comme l'opération

sur le pied-bot et la visite au théâtre qui
entraînent lentement Emma vers le suicide. (46)

C'est par l'intermédiaire de son tour aux
modulations stridentes, cependant, que Binet
s'acharne sur Emma, qui devient ainsi la victime
d'une sorte de persécution auditive. Binet lui-
même, comme Flaubert a dit la première fois qu'il
en parle, est bien un 'homme muet', (47) ce qui
pourrait symboliser le parti pris d'impersonnalité
qui caractérise le projet flaubertien, tout en
expliquant la difficulté que l'on peut éprouver
quand il s'agit de lui attribuer un sens symbolique.
Quoique Binet lui-même refuse de parler, son tour
adoré se caractérise par une activité frénétique
dans la sphère acoustique, parlant pour lui dans
un sens et laissant échapper avec une force
irrésistible des sons aussi déroutants que ceux
qu'entend Jules dans la première *Education:*

> 'Jules tâchait de découvrir une différence
> quelconque dans la monotonie de ces sons
> furieux, plaintifs et frénétiques tout
> ensemble; il s'efforçait de les deviner et
> de saisir la pensée, la chose, le pronostic,
> le récit ou la plainte qu'ils voulaient
> exprimer, mais son oreille n'entendait que
> les mêmes vibrations continues, stridentes,
> toutes pareilles, qui se prolongeaient les
> unes après les autres'(48)

Comme Jules, Emma a du mal à interpréter les
sons divers qu'elle entend. Flaubert montre sous
un jour ironique sa tentative d'accorder une
valeur symbolique au ronflement du tour qui
devient pour elle comme une voix furieuse qui
l'appelait, faisant penser à la fatalité extérieure de l'idéologie romantique. Mais tout en
se moquant des efforts que font les personnages
pour accorder un sens quelconque à une réalité

indifférenciée, Flaubert met à la disposition du
lecteur du 'réel écrit', (49) ou pour revenir au
ronflement du tour, un réseau de bruits pertur-
bateurs dont les rapports sont extraordinairement
riches et qui se font entendre aux moments
critiques de l'évolution d'Emma. (50) Les mots
'ronfler' et 'ronflement' s'associent normalement dans *Madame Bovary* avec l'assoupissement et
la confusion mentale; le ronflement du tour, par
contre, faisant contraste avec des bruits
instantanés comme 'le cri rauque et doux des
corbeaux' et 'le cri vague et prolongé', entendus
dans la forêt, et le 'hurlement de l'Aveugle',
est comme l'accompagnement de basse souvent
houleux de la vie d'Emma. Mais, comme c'est
souvent le cas dans *Madame Bovary,* on remarque
des changements très significatifs sur le plan
syntagmatique qui ne diminuent pas cependant un
sens paradigmatique relativement stable. Chaque
fois qu'il se fait entendre, le son du tour
prend un aspect différent. La première fois, le
ronflement est monotone, indiquant ainsi la
monotonie de la vie provinciale. (51) Lors de
la première tentative de suicide le ronflement
revêt un caractère plus inquiétant: 'il partit
d'un étage inférieur une sorte de ronflement à
modulations stridentes'. Tandis qu'auparavant
le ronflement, en se propageant horizontalement
jusqu'au *Lion d'Or* constituait un élément assez
normal et inoffensif de la vie des Yonvillais,
il part maintenant d'en bas pour se diriger
comme une flèche vers Emma elle-même: 'le
ronflement du tour ne discontinuait pas, comme
une voix furieuse qui l'appelait'. (52) Si la
voix de l'Aveugle, en se traînant, se rapproche
du ronflement continu du tour, celui-ci, en
devenant strident, se rapproche d'une voix
ponctuelle. (53) En abolissant la distinction
entre le continu et l'instantané, Flaubert

crée un effet très puissant; il arrive que le
ronflement dont la continuité suggère la répétition continuelle à laquelle se réduit pour
Flaubert l'activité humaine, (54) contient aussi
au sein de sa monotonie même des éléments stridents
qui symbolisent le caractère grotesque et doulou-
reux de la vie。

Quand il se fait entendre pour la dernière fois
('les deux roues ronflaient, tournaient') le
bruit du tour a perdu sa qualité vertigineuse à
cause du fait qu'il n'est plus réfracté à travers
la conscience d'Emma。 Cependant, immédiatement
après, quand la mère Rollet prend son rouet pour
filer du lin, Emma croit entendre le tour et
murmure 'Oh! finissez' (p。313)。 Il s'agit bien
d'un cri désespéré, semblable à celui de Molly à
la fin d'*Ulysse* quand elle dit 'O Jamesy let me
up out of this' ('O mon petit James, laisse-moi
m'en sortir')。 (55) Flaubert, comme Joyce, permet
à son héroïne de lui adresser la parole, mais
indirectement, par l'intermédiaire de Binet。 Et
dans un sens il accède à la requête d'Emma。 La
poussière blonde qui s'envole du tour à la fin
du roman se rapproche de la 'poussière blanche'
(p。336) qui lui parsème les cils après sa mort。
Flaubert, en fermant les yeux de son héroïne, a
laissé une sorte de mémento de son passage,
indiquant que l'auteur du crime, c'est bien lui!
Le ronflement du tour connote donc ce que Barthes
appelle 'la contrainte implacable du discours'。
(56) Flaubert veut signaler à l'intérieur du
roman la cruelle nécessité qui conduit Emma au
suicide。 En contrastant l'angoisse d'Emma avec
l'absorption heureuse de Binet dans les
difficultés faciles de son occupation médiocre,
Flaubert semble vouloir mettre en question son
entreprise esthétique et dénoncer sa propre
cruauté。 Binet symbolise non 'la mauvaise
conscience d'Emma, comme on l'a prétendu, (57)

mais plutôt 'la mauvaise conscience de l'auteur'.
'Binet, c'est moi' aurait pu dire Flaubert. Le
romancier est loin de glorifier l'art contre la
vie; au contraire son *mea culpa* place l'authenti-
cité au-delà de l'art, dans la souffrance d'Emma.
Mais quel est l'effet de cette auto-dénonciation?
Paradoxalement, tout en reconnaissant que son
héroïne n'est qu'un 'être de papier' (58) dont
l'évolution est déterminée par les exigences du
discours romanesque, Flaubert semble en même
temps la prendre en pitié, ce qui donne
l'impression - si regrettable soit-elle aux yeux
d'une certaine critique moderne - qu'il s'agit
d'un être vivant doué d'une autonomie relative.
Comme on le voit, 'la liberté du personnage',
elle, a la vie dure.

Dans cette perspective le nom du personnage
est très significatif. Binet, nom de famille,
vient par aphérèse de Robinet ou de Babinet (59)
et est d'usage courant au dix-neuvième siècle.
(60) On a affirmé qu'il rappelle le verbe
bobiner (61) mais les roues du tour ne ressemblent
guère à des bobines. En fait, l'association la
plus évidente est avec le verbe *biner* qui est
emprunté au provençal *binar* et provient du latin
populaire *binare,* 'faire une chose une deuxième
fois'. (62) Le sens étymologique et non les
divers sens modernes ('donner une seconde façon
aux terres', 'célébrer deux ou plusieurs messes
le même jour à deux endroits différents') semble
le plus pertinent, puisque l'activité de Binet
est dominé par le binarisme. Le tour de Binet
possède deux roues et ses bottes ont 'deux
renflements parallèles, à cause de la saillie
des orteils', transposant à peu près sur le
plan des pieds le ronflement du tour. En outre
il fait souvent la même chose deux fois; il
refuse de parler avec Léon et avec Madame
Lefrançois; il chasse et les canards et les

écrevisses et on apprend qu'il a combattu à
Bautzen et à Lutzen.   On le voit aussi répéter
les réactions d'Emma, soit son inquiétude (p.170),
soit sa rougeur (p.312).   En faisant 'imiter' à
Binet une ivoirerie avec du bois, Flaubert
suggère aussi que l'art fait partie d'un schème
binaire.   Ecrire un roman, ce n'est pas créer
quelque chose de nouveau, mais copier, reproduire
ce qui existe déjà.   Binet permet donc à Flaubert
d'aborder subrepticement le problème qu'il
examine ouvertement dans son dernier roman. (63)

Mais c'est surtout quand on le rapproche d'Emma
que l'on commence à comprendre toute la justesse
du nom accordé au percepteur.   Flaubert développe
un parallèle entre la vie et l'art en ce qu'ils
ont de plus profond, et multiplie les ressemblances
entre l'activité de Binet et celle d'Emma.
D'abord, la figure du cercle: le caractère
circulaire de la vie d'Emma est frappant.   Emma,
comme le héros de *Novembre,* semble 'tourner dans
un cercle infranchissable'; (64) avant de se
marier elle s'appelle Rouault et des véhicules
munis de roues apparaissent à tous les moments
critiques de sa vie. (65)   Pareillement, les
deux roues du tour tournent, faisant penser au
travail de l'écrivain.   A force de se répéter,
le mouvement circulaire devient monotone.   Dans
la vie d'Emma 'on voit les mêmes roues tourner
toujours' (66) de sorte que le divers semble se
réduire à l'identique.   De même, en tournant
continuellement les roues du tour produisent un
ronflement monotone qui évoque 'l'étroite,
l'hermétique continuité' du style de Flaubert,
comparé par Proust à un 'trottoir roulant ...
au défilement continu, monotone, indéfini'. (67)
L'écrivain, comme Emma, subit la hantise de la
série.   La vie d'Emma semble 'tourner continuellement dans la même série de misères', (68) tandis
que l'écrivain produit 'une série de paragraphes

bien tournés, arrêtés' mais 'qui ne dévalent pas
les uns sur les autres'. (69) Comme Bonnefis a
bien dit, 'dans le système flaubertien le continu
définit le degré extrême de la non-valeur'. (70)
C'est la raison pour laquelle Emma et Flaubert
rêvent tous les deux d'échapper à la continuité
linéaire en laquelle leur activité semble
consister. A cet égard le porte-cigares trouvé
par Charles symbolise une réussite idéale car
'tous les fils de soie entrelacés n'étaient que
la continuité de la même passion silencieuse'
(p.58). Emma, par contre, échoue; comme on l'a
noté, (71) on la voit souvent broder, rivalisant
avec la déesse Minerve, essayant de commander à
son destin; mais victime insigne d'une société
patriarcale, elle ne peut s'affirmer que dans
l'adultère, ce qui rend sa vie un 'assemblage de
mensonges' (p.276). De même, Flaubert, souhaite
que la continuité de son effort et le poli de son
style donnent naissance à quelque chose d'aussi
vaste que le mur de l'Acropole (72) mais il a
peur d'avoir échoué, comme Emma, et craint que son
roman ne fasse la même impression d'ingéniosité
gratuite que le bizarre assemblage de sphères et
de croissants produit par Binet.

Flaubert suggère donc qu'il ne fait que répéter
sur le plan esthétique les mêmes mouvements
qu'Emma dans la vie. Le véritable *confiteor* de
Flaubert se trouve donc non dans la correspondance
mais dans *Madame Bovary*. Il s'agit, comme on a
vu, d'une confession discrète; à travers la
caricature féroce et impitoyable de Binet, le
romancier est à peine reconnaissable. Flaubert
ne se complaît pas, comme un Proust ou un Gide,
à faire de ses doutes et de ses difficultés le
sujet même de son oeuvre. Cela ne l'empêche pas
d'aborder, à travers le personnage le plus
grotesque du livre, certains problèmes essentiels,
et le tour de Binet laisse échapper une série de

suggestions auditives portant sur la monotonie de
la vie et de l'art. Il faut souligner que si l'on
excepte l'allusion discrète à sa 'belle écriture'
(p. 77), le portrait brossé par Flaubert n'est
nullement approbateur. Suffisance, indifférence,
manque de perception, cruauté, pratiquement Binet
n'a que des défauts. Même son assiduité au
travail - s'il s'agit effectivement de travail et
non d'un passe-temps piteux - a quelque chose
d'anachronique dans un âge industriel marqué par
l'avènement de l'objet manufacturé et sa dernière
création est tout à fait dépourvue de valeur.
Comme Pellerin dans *L'Education sentimentale*,
Binet représente bien 'à la fois les plus intimes
impulsions de l'auteur, et son autocritique la
plus rigoureuse', (73) et apporte ainsi un
antidote aux portraits trop indulgents de
l'artiste que l'on trouve avant et après Flaubert.
La vraie valeur d'une oeuvre littéraire serait-
elle donc en raison inverse de la confiance avec
laquelle elle est célébrée à l'intérieur même de
l'oeuvre?

NOTES

1. P. M. Wetherill, 'Madame Bovary's Blind Man',
    Romanic Review, lxi (1970), pp. 35-42; M. Sachs,
    'The Role of the Blind Beggar in *Madame Bovary*',
    Symposium, xxii (1968), pp. 72-80.

2. L. Bopp, *Commentaire sur Madame Bovary*, La
    Baconnière, 1951.

3. *Correspondance*, Conard, Paris, 1926-37, iii.
    247.

4. *Correspondance*, v. 277.

5. *Madame Bovary, Nouvelle version* (ed. J. Pommier
    et G. Leleu), Corti, Paris, 1949, p.106
    (lecture incertaine) et p. 61 (faire servir
    Binet à être le confident de Léon - mais Binet
    ne répond pas).

6. *Madame Bovary, Nouvelle version*, p. 29, p. 68,
    p. 104.

7. *Madame Bovary, Nouvelle version*, p.61, p. 77,
    p. 82.

8. *Madame Bovary, Nouvelle version*, p. 104.

9. *A Concordance to Flaubert's Madame Bovary*
    (ed. C. Carlut, P. H. Dubé et J. R. Dugan),
    Garland Publishing, Inc., New York, 1978,
    i.110.

10. Voir R. Debray-Genette, 'Du Mode narratif
    dans les *Trois Contes*', *Littérature*, 1 (1971),
    52: 'Sur un parti pris effectif d'omniscience
    d'une part, et d'impartialité de l'autre
    (...) Flaubert opère un certain nombre

d'infractions, soit des restrictions (focalisation interne ou externe), soit des exten-
sions de champ, comme toutes les formes
d'interventions du narrateur'.

11. *Madame Bovary* (ed. C. Gothot-Mersch), Garnier,
Paris, 1971.

12. Voir *Madame Bovary, Nouvelle version,* p.391
où l'allusion faite par Binet au temps humide
s'éclaircit quand il ajoute 'Car pour les
biens de la terre, c'est fort heureux!'

13. Dans *Madame Bovary, Nouvelle version,* p.444,
Binet est encore plus effrayant: 'le profil
de Binet en casquette, qui passait alors à
la lucarne, lui parut tout rapproché d'elle,
à deux pas et monstrueux comme à travers la
lentille d'un phare'. Aux moments de crise
les rapports spatiaux entre la conscience
d'Emma et tout ce qu'elle voit et entend sont
systématiquement déformés.

14. Dans son article, 'Le Gamin de Paris, ou les
options littéraires de M. Binet, percepteur
à Yonville', *Les Amis de Flaubert* 53 (1978),
21, Roger Bismut se demande 'Où Binet aurait-
il eu la révélation de la pièce...?' *Madame
Bovary, Nouvelle version,* p.463, résout le
problème: 'Quand j'étais à Rouen, vérificateur,
j'allais le dimanche au spectacle écouter un
vaudeville.'

15. L. Bopp, *Commentaire sur Madame Bovary,* p.109.

16. *Madame Bovary, Nouvelle version,* p.215.

17. Voir 'Character and Anal Eroticism' in *The Complete Psychological Works of Sigmund Freud,* The Hogarth Press, London, 1959, ix.169-175.

18. *Madame Bovary, Nouvelle version,* p.215.

19. 'La Description des visages dans *Madame Bovary*', *Littérature,* 15(1974),17-26.

20. *Madame Bovary, Nouvelle version,* p.336. Une autre comparaison, 'mieux qu'une andouille sous les *ficelles* qui la compriment', contraste avec la façon dont l'amour jaillit du coeur d'Emma 'comme le vin d'une bouteille dont les *ficelles* sont coupées', p.382.

21. 'Ambivalence flaubertienne de l'ouvert et du clos', *Cahiers de l'Association internationale des études françaises,* 1971, p.267: 'Sa vie ne sera qu'une tentative perpétuelle vers des espaces fermés.'

22. *Correspondance,* ii.379: 'Pourquoi prendre l'éternelle figure insipide du poète qui, plus elle sera ressemblante au type, plus elle se rapprochera d'une abstraction, c'est-à-dire de quelque chose d'anti-artistique.'

23. 'La Première *Education sentimentale*', *Europe,* sept.-nov. 1969, p.30.

24. 'Récit et histoire dans *Madame Bovary*', *La Nouvelle Critique,* 1968, p 162.

25. M.-Cl. Blancquart. 'L'Espace dans *Madame Bovary*', *Information littéraire,* mars-avril, 1973, p.70.

26. *Correspondance*, i.192. Voir aussi *Correspondance*, *Supplément*, i.39: 'Je suis ours et veux rester ours dans ma tanière'.

27. *Le Degré zéro de l'écriture*, Seuil, Paris, 1972, p.46.

28. 'La Flaubertolâtrie', *Littérature*, 15 (1974), 12.

29. C. Prendergast, 'Flaubert: Writing and Negativity', *Novel*, Spring (1975), pp.197-213.

30. *Le Degré zéro de l'écriture*, p.54.

31. *Correspondance*, vi.378.

32. Edition de L. Caminiti, Nizet, Paris, 1966. p.338.

33. C. Duchet, 'Romans et objets: l'exemple de *Madame Bovary*', *Europe*, sept.-nov., 1969, p.177.

34. Voir R. Barthes, *Le Plaisir du texte*, Seuil, Paris, 1973, p.18: 'je goûte ici (i.e. dans une phrase tirée de *Bouvard et Pécuchet*) un excès de précision, une exactitude maniaque du langage.'

35. *Madame Bovary, Nouvelle version*, p. 245: 'il s'amusait à faire des ronds de serviette qu'il distribuait ensuite à ses amis.'

36. *Madame Bovary, Nouvelle version*, p.588.

37. *Madame Bovary, Nouvelle version,* p.458.

38. *Madame Bovary, Nouvelle version,* p.588.

39. Voir *Madame Bovary, Nouvelle version,* p.458:
    'un âne à poil de lapin portait dans des
    cacolets des noyaux de prune, en guise de
    cantaloups, et sous les baraques de la
    poissonnerie, des saumons de plâtre avec
    leurs rougeurs à la gueule, ressemblaient
    à des cigares en chocolat.'

40. *Madame Bovary, Nouvelle version,* p.458.

41. Voir mon article, 'Flaubert - le premier des
    non-figuratifs du roman moderne?', *Orbis
    Litterarum,* 34 (1979), pp.66-88.

42. *S/Z,* Seuil, Paris, 1970, p.141.

43. Art. cit., p.159.

44. *Madame Bovary de Flaubert,* Classiques Hachette,
    Paris, 1972, p.58: 'Le déterminisme rétrograde
    qui fonctionne dans tout récit est ici
    particulièrement puissant et signifiant. Par
    la 'précision des assemblages et la rareté des
    éléments', par la certitude des indices,
    l'histoire de Charles et le passage d'Emma
    sont happés par leur fin.'

45. *Madame Bovary, Nouvelle version,* p.389,
    p.462.

46. Il faut donc le mettre à côté du pharmacien
    qui 'est délégué dans la fiction à chaque
    bifurcation narrative, figure de l'aveugle-
    ment postée en chaque lieu cardinal, fatalité

narrative, véritable porte-malheur' (J. Neefs, *Madame Bovary de Flaubert,* p.60).

47. *Madame Bovary, Nouvelle version,* p.56.

48. *Oeuvres complètes,* Seuil, Paris, 1964, i.353

49. *Correspondance,* iii.268.

50. Voir W. J. Kirton, 'Flaubert's Use of Sound in *Madame Bovary', Forum for Modern Language Studies,* xi (1975), p.43.

51. Voir Bopp, *Commentaire sur Madame Bovary,* p.444: 'ces roues et ces ronflements ne figurent-ils pas à merveille ... le mouve- ment et le murmure de certaines petites vies bourgeoises, provinciales, et leur mécanique, leur rotation agaçante?'

52. D'après P. M. Wetherill (art. cit., p.40) Flaubert offre ici 'a purely psychological notation'.

53. Le rapprochement est beaucoup plus évident dans *Madame Bovary, Nouvelle version,* p.444: 'le bruit du tour avec des ronflements plus *rauques* et plus pleins ne discontinuait pas'.

54. *Correspondance,* iii.27: 'notre activité n'est qu'une répétition continuelle, quelque diversifiée qu'elle ait l'air'.

55. *Ulysses,* The Bodley Head, London, 1960, p.914.

56. *S/Z,* p.142.

57. A. Naaman, *La Technique de la description dans Madame Bovary,* thèse dactylographiée, 1951, Bibliothèque de la Sorbonne, p.70. cité par C. Gothot-Mersch, *La Genèse de Flaubert,* Corti, Paris, 1966, p.227.

58. R. Barthes, 'Introduction à l'analyse structurale des récits', *Communications,* 8(1966), p.19.

59. A. Dauzat, *Dictionnaire de noms de famille et de prénoms de France,* Larousse, Paris, 1951, p.45.

60. Voir *Grand Larousse Encyclopédique,* Paris, 1960, ii.141.

61. A. G. Engstrom, *Darkness and Light,* Mississipi Romance Monographs, 1975, p.54.

62. Voir *Dictionnaire alphabétique et analogique de la langue française par Paul Robert,* Société du nouveau Littré, Paris, 1965, i.481 et *Dictionnaire étymologique de la langue française,* PUF, Paris, 1964, p.73.

63. Voir R. Huss, 'Some Anomalous Uses of the Imperfect and the Status of Action in Flaubert', *French Studies,* xxxi(1977), p.146.

64. *Oeuvres complètes,* i.257: 'revenant toujours au point d'où j'étais parti, je tournais dans un cercle infranchissable'.

65. Voir A. M. Lowe, 'Emma Bovary, A Modern Arachne', *French Studies,* xxvi(1972), p.34.

66. *Correspondance,* i.51; 'Quand on lit l'histoire
    ... on voit les mêmes roues tourner toujours
    sur les mêmes chemins, au milieu des ruines et
    sur la poussière de la route du genre humain.'

67. *Chroniques,* Gallimard, Paris, 1927, p.194

68. *Correspondance,* i.v.252: 'Notre vie tourne
    ainsi continuellement dans la même série de
    misères.'

69. *Correspondance,* iii.92: 'Chaque paragraphe
    est bon en soi, il y a des pages, j'en suis
    sûr, parfaites ... C'est une série de
    paragrapnes bien tournés, arrêtés, et qui ne
    dévalent pas les uns sur les autres.'

70. Art.cit.,p.159.

71. A. M. Lowe, art.cit.,p.31.

72. Correspondance, vii.294.

73. A. Fairlie, 'Pellerin et le thème de l'art
    dans *L'Education sentimentale'*, *Europe,* sept.-
    nov., 1969, p.41.

4 JACQUES NEEFS (Vincennes),

Le récit et l'édifice des croyances: *Trois Contes*

Je voudrais lire les trois contes ensemble。
Non comme un seul texte, continu, non comme trois
textes juxtaposés par hasard dans le volume d'un
livre. Mais comme trois textes qui font un effet
de construction par leur cohabitation. On sait
que la disposition finale des trois récits est un
choix de Flaubert, qui ne correspond pas à la
chronologie de leur rédaction: c'est dire qu'il y
a, dans l'ordre de leur association, un geste qui
les met en regard, l'un vers les autres, les uns
vers l'autre。 Je ne voudrais pas y chercher tant
un 'dessein d'unité', comme dit Per Nykrog, qu'un
effet de relations (1): le recueil associe trois
explorations, par la forme brève du conte, vers
la question des religions, du fait religieux, de
l'adhésion, et, par là, module à la fois le lieu
temporel de la question (les temps modernes, le
Moyen-Age, les débuts du christianisme) et la
perspective que l'écriture permet de porter sur
elle. La proximité avec *La Tentation de Saint
Antoine* est importante: Flaubert y avait fait un
véritable travail d'interprétation de l'histoire
des religions。 Par le montage de ce qu'il
puisait dans ses lectures, par la mise en place
des doctrines hérétiques levées dans l'aire du
christianisme aussi bien que l'inventaire des
religions dans leurs répartitions géographique

et chronologique, Flaubert construisait un
théâtre d'ombres où quelque chose des symbolismes
religieux et de l'adhésion qui les porte devenait
perceptible: il s'agissait de donner visibilité,
par le battement de l'apparition et de l'évanouis-
sement, à ce qui serait la consistance des
croyances:

> 'Alors un vertige prend les dieux. Ils
> chancellent, tombent en convulsions, et
> vomissent leur existence... Et quand tout a
> disparu...
>   HILARION, lentement.
> Tu viens de voir la croyance de plusieurs
> centaines de millions d'hommes!'

Les *Trois Contes,* aussi, tentent de donner à
'voir la croyance': l'écrivain fait de son
pouvoir de dire la tentative de capter ce qu'il
y aurait à la fois de plus enveloppant et de
plus éphémère, il se rapporte à l'énigme de
toute adhésion. En cela, les *Trois Contes*
doivent être pensés aussi dans leur voisinage
avec *Bouvard et Pécuchet* (c'est pour s'en
'distraire' que Flaubert les écrit), avec
l'entreprise interminable de donner consistance
à la soumission aux livres, à la substance des
affirmations et des obéissances, aux postures
et effets d'autorité de l'écrit.
   L'intérêt de Flaubert pour la 'religion' est
souvent affirmé, comme en cette lettre à Mlle
Leroyer de Chantepie:

> 'Et cependant, ce qui m'attire par-dessus
> tout, c'est la religion. Je veux dire toutes
> les religions, pas plus l'une que l'autre.
> Chaque dogme en particulier m'est répulsif,
> mais je considère le sentiment qui les a
> inventés comme le plus naturel et le plus

poétique de l'humanité. Je n'aime point les
philosophes qui n'ont vu là que jonglerie et
sottise. J'y découvre, moi, nécessité et
instinct; aussi je respecte le nègre baisant
son fétiche autant que le catholique aux pieds
du Sacré-Coeur.' (2)

L'égalisation des religions - qui est une sorte
d'hygiène pour n'adhérer à aucune (la lettre
continue sur un raisonnement analogue concernant
les partis politiques) - s'accompagne de l'idée,
commune au XIXème siècle, que leur unité est dans
un égal instinct humain. C'est ce que l'on
trouve, par exemple, dans Maury ('Aperçu sur les
Religions de l'Antiquité dans leurs rapports
avec l'art pour servir d'introduction aux planches
et à leur explication' dans *La Symbolique* de
Creuzer, traduction de Guigniaut, IV, 1ère
partie) que Flaubert avait lu. Pour Maury, art
et religion ont même naissance, par la nécessité
où sont les hommes de représenter les êtres
'dont un instinct particulier au genre humain
(...) nous entraîne à admettre l'existence'
(p.III). D'une certaine manière, en se donnant
ses 'sujets religieux', Flaubert postule bien un
tel 'instinct'. Mais, portée dans l'espace esthétique lui-même, la question des religions, de
leur formation et de leurs variations, n'est pas
réductible à l'affirmation comblante d'un tel
instinct, indéfiniment modulé dans des formes
imaginaires; elle se trouve enveloppée dans
l'interrogation sur l'adhésion au symbolique qui
caractérise l'oeuvre esthétique elle-même.
 Dans les *Trois Contes,* la variation qui s'offre
dans les temps de référence et dans les styles de
structuration et de perspective implique bien sûr
une certaine postulation d'unité. Flaubert trouve
celle-ci dans l'étude même des religions, par une
formule comparatiste classique au XIXème siècle.

Ainsi ce fil d'homologies, dans les notes de
lecture prises par Flaubert d'après la *Vie de
Jésus* de Renan: 'Jésus ou Jean dans le désert
reproduit Adam dans le paradis avec toutes les
bêtes' (éd. du Club de L'Honnête Homme, IV, p.614,
qui suggère une attache (microscopique?) entre
Saint Jean d'*Hérodias* et Saint Julien l'Hospitalier:
'Quelquefois, dans un rêve, il (Julien) se voyait
comme notre père Adam au milieu du Paradis, entre
toutes les bêtes' (éd. Garnier-Flammarion, p.109).
De même encore cette note: 'Les juifs reprochaient
aux Samaritains d'adorer la colombe Achima'
(Club de L'Honnête Homme, IV,p.613), qui 'légitime'
un écho entre *Hérodias* ('et des gens de Sichem
ne mangèrent pas de tourterelles, par déférence
pour la colombe Azima', (éd. G.F., p.174) et
Un Coeur simple:'et elle (Félicité) aima plus
tendrement les agneaux par amour de l'Agneau,
les colombes à cause du Saint Esprit' (G.F., p.46),
et plus indirectement avec *Saint Julien:* 'Sa
(Julien) couchette était rembourrée du plus fin
duvet; une lampe en forme de colombe brûlait
dessus, continuellement' (G.F., p.89), ou encore
avec *Hérodias:* 'et des colombes, s'envolant des
frises, tournoyaient au-dessus de la cour'
(G.F., p.158). Comme si quelque chose se
répétait, pouvait passer secrètement d'une époque
à l'autre, en des figures infimes mais déterminantes.

Mais ces réitérations presque implicites
(secrètes) ne font que mieux percevoir le système
de variation qui s'instaure. La composition des
Trois Contes offre avec une évidence marquée un
double mouvement: la remontée archéologique vers
l'origine du christianisme (les temps modernes,
le Moyen-Age, le premier siècle) correspond aussi
à trois degrés très différents de construction
et d'identification des foyers du religieux.

Le premier conte, 'moderne' inscrit, dans le

cadre même (et au terme) de ce christianisme dont
le dernier conte, 'antique', pose l'origine,
l'adhésion religieuse comme confusion subjective,
comme phénomène mental. Le récit insiste sur la
régularité absolue (mécanique) du cadre chrétien
(le temps quotidien est ponctué par les actes
socio-religieux: 'Elle se levait dès l'aube, pour
ne pas manquer la messe, et travaillait jusqu'au
soir (...) et s'endormait devant l'âtre, son
rosaire à la main' (G.F., p.29), la durée d'une
vie tourne autour de l'événement du catéchisme
et de la première communion (début du chapître III),
le personnage-sujet lui-même 'semblait une femme
en bois, fonctionnant d'une manière automatique',
p.29); mais pour y ouvrir l'identification
singulière d'une vision-apothéose; au terme de
l'unité d'une vie, le moment religieux est celui
de l'extase subjective - en correspondance, mais
presque en transgression avec la religion socialisée
qui l'accompagne, en contre-bas (3). Au début du
recueil, au terme de l'histoire du christianisme,
Flaubert formule la transfiguration religieuse
comme moment de subjectivation exquise.

Au contraire, au terme du recueil, à l'origine
de l'histoire, *Hérodias* construit un espace
narratif de déplacements, d'échanges, qui tend à
disperser la naissance d'une religion dans la
trame de conflits politiques, sexuels et religieux,
dans un décor archéologique sans adhésion subjective. Les porteurs de la religion nouvelle (ceux
qui pourraient être les sujets de l'adhésion)
sont anonymes, et d'ailleurs absents de la plus
grande partie du récit: les deux messagers de
Iaokanann, évoqués au début du texte ('ils sont
partis vers la Haute Galilée, en annonçant qu'ils
apporteraient une grande nouvelle', p.136), ne
reviennent à la fin (précisément à l'instant où
l'événement devient message) que pour s'évanouir
dans l'avenir: '(...) deux hommes, expédiés

autrefois par Iaokanann, survinrent, avec la
réponse si longtemps espérée.

Ils la confièrent à Phanuel, qui en eut un
ravissement.

(...)'Et tous les trois, ayant pris la tête de
Iaokanann, s'en allèrent du côté de la Galilée.'
(G.F.,p.183-184) C'est dans la phéthore des
croyances, des affirmations religieuses (voir
le banquet, où morceaux de nourriture et convictions, dogmes, s'enchevêtrent, dans le vomisse-
ment et la fumée), dans la multiplication brisée
des enjeux politiques, sociaux, sexuels, dans le
bruit et la fureur, que se détache la naissance
d'un mythe, sans foyer subjectif, et presque sans
destinataire.

La Légende de Saint Julien l'Hospitalier, à la
rencontre de ce double mouvement, offre un étrange
équilibre, en ce que le fait religieux, dont est
imprégné la totalité de l'univers diégétique qui
le pose, est aussi comme répandu dans la totalité
du développement structural du récit. La
perspective narrative-archéologique (un médiévisme
de reconstitution, habité par le merveilleux) qui
rapproche ce conte de *Hérodias,* conduit à une
transfiguration-apothéose qui l'apparente à *Un
Coeur Simple*. L'unité du fait religieux est
developpée dans l'effet de cadre, de démonstration
globale par symétries et accomplissements qui
caractérise ce conte (la forme brève donne un
grand bénéfice pour l'appréhension synchronique
du 'miracle'). En effet, les trois temps
développés dans l'ordre narratif font en fait un
système paradigmatique d'alternances rigoureux (4).
Un seul trait, ostensible, pour le rappeler:
l'ordre des prédictions et l'ordre des réalisations
(qui font de ce récit l'accomplissement d'un
programme synthétique, comme l'effectuation, mise
à plat, d'une nécessité qui se manifeste) scandent
cette histoire en histoire de sainteté:

ordre des prédictions: être saint - être
                 empereur - tuer les parents
ordre des réalisations: être empereur - tuer
                 les parents - être saint.

Une seule remarque, structurale, qui montre
l'extrême régularité du récit: les trois parties
du conte mettent en place une homologie stricte:

    château 1 / chasse 1 / retour (accident)
    château 2 / chasse 2 / retour (meurtre)
    cabane   / épreuve / retour (apothéose)

La structure s'offre en construction visible.
Ces marques de régularité qui solidifient, pour
ainsi dire, le récit en représentation synthétique,
font que le fait religieux n'est pas concentré
dans un instant privilégié de manifestation
tangentielle (la fin apothéose), qu'il n'est pas
non plus résorbé dans le niveau historique de sa
naissance, mais qu'il est manifesté par sa
coextension avec la totalité du cadre où il se
représente.

La variation qui se construit entre les trois
contes pourrait être suivie par la considération
des structurations de personnages, des modes
narratifs (5), des marques stylistiques, des
communautés thématiques (6). Je vais seulement
faire ici un aller-retour dans le recueil, en
envisageant la structuration spatiale qu'offre
chaque conte, et par l'analyse des fins-
résorptions.

L'organisation spatiale de l'univers fictif
est modelée en décors, en places dans ces décors.
Les deux oppositions essentielles qui construisent
en modèles spatiaux du monde la conceptualisation
sont celles du dedans et du dehors, et du bas et
du haut. Les trois récits modulent diversement
ces oppositions, de manière significative.

Dans *Un Coeur Simple,* les oppositions dedans/
dehors, bas/haut sont marquées dès la description
initiale, par la visite descriptive de la Maison
Aubin, qui est une traversée ascendante:
1) maison décrite de l'extérieur; 2) 'Elle avait
intérieurement...' ouvre la visite-parcours qui
va du rez-de-chaussée (plus bas que le sol) au
premier étage, pour 3) sortir bien vite, au
sommet de la courbe: 'Une lucarne au second
étage éclairait la chambre de Félicité, ayant
vue sur les prairies.' (G.F., p.29). La chambre
de Félicité n'est encore (ou déjà) que cet
instant limite où les oppositions se résorbent
au sommet, en un trou de visibilité, dans
l'indéfini d'une 'vue' (7). Or, cette chambre,
posée en attente dans la lacune descriptive,
sera abondamment décrite, comme bazar et chapelle,
à l'instant même où le perroquet y fait son
entrée (p.73), et où elle devient le lieu
déployé de l'intériorité (c'est à dire au moment
où les marques de la rétraction totale du personnage sur lui-même se multiplient: surdité, refus
de sortir, enfin cécité, jusqu'à cette assimila-
tion complète du corps et de la maison dans la
fermeture: 'Ses yeux s'affaiblirent. Les
persiennes n'ouvraient plus.' (p.78). Mais la
chambre sera aussi le lieu où le clos devient
'déclos' (8), précisément à travers cette lucarne
('oeil de boeuf'), seuil où s'engouffre le
dehors vers le dedans, le bas vers le haut.
Lieu-regard, lieu où la 'vue' initiale devient
'vision' finale. Le récit semble produire, au
terme de cet investissement thématique, un seuil
d'indistinction où les catégories oppositionnelles
de subjectivité et d'objectivité, d'intériorité
et d'extériorité pourraient cesser d'être des
repères.
Dans *Saint Julien* les mêmes oppositions jouent
et se défont, mais au terme d'une ponctuation qui
les affirme presque brutalement. Au lieu,

mi-élevé ('sur la pente d'une colline') de
l'intériorité enfantine qu'est le château
paternel, s'oppose l'espace du dehors,
labyrinthique, escarpé (la marche de Julien ne
cesse d'être ascensions, côtoiement d'abîmes,
surplomb de vallons) de la chasse en forêt. Au
lieu, lui aussi élevé ('sur un promontoire') de
l'intimité qu'est le palais de l'épouse, s'oppose
- au terme d'un nouveau trajet labyrinthique et
escarpé - le 'plateau donnant sur un grand espace
de pays' de la seconde chasse. Enfin, au lieu,
cette fois livré à l'horizontalité, noyé dans la
surface de la rive ('Deux trous dans la muraille
servaient de fenêtres. D'un côté s'étendaient à
perte de vue des plaines stériles, ayant sur leur
surface de pâles étangs, çà et là; et le grand
fleuve, devant lui, roulait ses flots verdâtres'),
du dénuement subjectif qu'est la cabane du passeur,
s'oppose la traversée du fleuve (métaphoriquement
escarpée: 'Elle (l'eau) creusait des abîmes, elle
faisait des montagnes, et la chaloupe sautait
dessus, puis redescendait dans des profondeurs où
elle tournoyait'). Les oppositions intérieur/
extérieur, bas/haut, s'effectuent là en un battement conflictuel répété, nettement affirmé, comme
s'il fallait en épuiser les possibilités structu-
rales avant d'atteindre le terme où, là encore,
elles se résorbent: dissolution où le clos s'ouvre
sans limite, où le bas s'offre à la hauteur
infinie: 'Le toit s'envola, le firmament se
déployait'. La complétude est atteinte quand
l'intériorité n'a plus de frontière (9).

Dans *Hérodias* enfin, c'est beaucoup plus une
opposition entre profondeur et surface qui semble
permettre de formuler imaginairement le moment de
la délivrance du fait religieux comme le moment
de son entrée dans l'histoire. On peut sans doute
voir, dans ce texte aussi, une alternance entre
dedans et dehors, telle qu'elle est programmée

dès la description initiale de la citadelle, en
opposition avec l'espace géographique menaçant
(les nomades, l'Empire Romain), telle qu'elle
est dramatisée en intrigues de palais, en salles
dérobées, en rideaux qui se lèvent (10). Mais
l'insistance thématique porte plutôt sur ce qui
se dissimule ou se prépare sous la surface: les
chambres souterraines de la forteresse, lieu
mythique des splendeurs accumulées, jusqu'au
lieu presque fantastique des 'chevaux blancs'
(espace où les repères deviennent paradoxaux:
sombre mais chaud, clos mais ouvert, profond mais
élevé, le plus intérieur mais rapporté à
l'extérieur illimité par les chevaux); et
parallèlement, la 'fosse énorme' qui enferme
Iaokanann (comme si au secret des richesses
accumulées répondait le secret de la religion à
venir - c'est d'ailleurs attiré par le 'trésor
d'Hérode' que Vitellius découvre le prisonnier),
trou-foyer d'où la voix se répand vers l'univers:
'La voix grossissait, se développait, roulait
avec des déchirements de tonnerre, et, l'écho
dans la montagne la répétant, elle foudroyait
Machoerus d'éclats multipliés.' (G.F.,p.162)
Mais, dans ce dernier cas, c'est moins la
profondeur qui semble être visée (même si la voix,
par contagion métaphorique, est elle-même
'caverneuse', p.158), que la surface d'apparition,
le tranchant où la profondeur se diffuse en
surface d'échos: 'Son front touchait à une grille
horizontalement scellée; et, de temps à autre,
il disparaissait dans les profondeurs de son
antre' (p.158); et: 'L'homme effroyable se ren-
versa la tête; et, empoignant les barreaux, y
colla son visage qui avait l'air d'une broussaille,
où étincelaient deux charbons' (p.161). Il n'est
plus question d'intériorité envahie par l'infini
qui la surplombe, ou qui s'ouvre à la transcendance du firmament, mais plutôt d'une sorte

d'horizontalité conquise, de diffusion du profond
sur l'espace surface de la terre. La naissance
du mythe est saisie comme instant où il se répand
en message à porter.

Cette fin de *Hérodias* est en effet, étrangement,
purement narrative. Flaubert avait d'abord songé
à une fin apothéose, proche de celle de *Saint
Antoine:* 'Soleil levant. Mythe. La tête se confond avec le soleil / dont elle masque le disque
/ et des rayons en partent.' (éd. du Club de
l'Honnête Homme, p.596). De cela il ne reste
rien, ou presque, dans la version finale, si ce
n'est peut-être, le mot 'ravissement' appliqué
à Phanuel. Flaubert semble éliminer toute imagerie
'mystique', le soleil ne marquant plus que
l'instant-coincidence de l'aurore d'une religion
d'avenir: 'A l'instant où se levait le soleil,
deux hommes...'. Le récit s'estompe en une
narration minimale de pur accomplissement, comme
si en sa neutralité s'ouvrait l'horizontalité de
l'histoire:

> 'Et tous les trois, ayant pris la tête de
> Iaokanann, s'en allèrent du côté de la Galilée.
> Comme elle était très lourde, ils la portaient
> alternativement.'

Rythme premier de la transmission, sémantiquement
(métaphoriquement?) concentré dans l'adverbe final.

La fin de *Saint Julien,* elle, forme un pli où
l'assomption-résolution du récit se convertit en
imagerie qui se donne à voir comme telle.
L'assomption de Julien fait bien passer d'un
niveau à l'autre. Le corps indistinct du lépreux
(11) devient cosmos: 'Et ses yeux tout à coup
prirent une clarté d'étoiles; ses cheveux s'allon-
gèrent comme les rais du soleil; le souffle de
ses narines avait la douceur des roses'; le ciel
s'ouvre en ascension transcendance, dans l'instant

d'extase: 'Cependant une abondance de délices,
une joie surhumaine descendait comme une inon-
dation dans l'âme de Julien pâmé.' La dimension
même du corps (qu'en est-il de ses limites?)
devient intenable, immaîtrisable: 'Et celui dont
les bras le serraient toujours, grandissait,
grandissait, touchant de sa tête et de ses pieds
les deux murs de la cabane.' Moment étrange, où
l'on pourrait atteindre un niveau où seraient
tenues ensemble indifférenciation absolue -
devenir l'espace (les comparaisons l'importent,
il s'ouvre dans le décor), et mince différenciation - le face à face est maintenu (faut-il
concevoir le petit corps de Julien enveloppé dans
le corps immense du Christ?). Mais cet instant
est aussi celui où le récit qui accomplit
l'apothéose imaginaire se décolle en la mince
pellicule d'une représentation reçue, voix de la
légende (de sa morale), qui s'instaure dans
l'achèvement narratif: 'Julien monta vers les
espaces bleus, face à face avec Notre Seigneur
Jésus, qui l'emportait dans le ciel', voix de
la narration qui diffracte l'adhésion imaginaire
en reconnaissance de l'imagerie: 'Et voilà
l'histoire de Saint Julien l'Hospitalier, telle
à peu près qu'on la trouve, sur un vitrail
d'église, dans mon pays.' L'instant de subtilité
imaginaire où le cadre subjectif se défait dans
la fiction est celui même où l'image est rendue
à son cadre.

La fin d'*Un Coeur Simple* semble, parce qu'elle
intègre l'adhésion religieuse elle-même, réduire
au maximum toute dissociation dans l'effectuation
imaginaire de l'apothéose. La modalisation 'elle
crut voir' (sur laquelle Flaubert a d'ailleurs
hésité) maintient seule, au niveau sémantique,
un commentaire qui attribue au personnage comme
foyer de subjectivité le moment de dissolution
sans repères. Mais l'écriture ('la longue

phrase' que méditait Flaubert dans ses plans),
par la densité sémantique de l'épaulement vital
(les comparaisons ouvrent comme un retrait du
monde, une continuité de l'être saisie dans
l'effacement) (12), par le rythme surtout (si
l'on restitue les tirets du manuscrit, comme les
donne l'édition de George Willenbrick).

> 'Les mouvements du coeur se ralentirent - un
> à un - plus vagues chaque fois, plus doux -
> comme une fontaine s'épuise, comme un écho
> disparaît; - et quand elle exhala son dernier
> souffle, elle crut voir dans les cieux entr'
> ouverts, - un perroquet gigantesque - planant
> au-dessus de sa tête.'

tente de donner, dans la suspension de la phrase,
à l'apparition légère de l'image vision, une
durée fragile, le temps de sa propre disparition.
   Avec *Un Coeur Simple*, Flaubert cherche à
atteindre, au plus près, ce qui serait le niveau
de la vision extatique: 'Quelquefois, le soleil
entrant par la lucarne frappait son oeil de verre,
et en faisait jaillir un grand rayon lumineux
qui la mettait en extase.' (p.77) (13) Comme
si l'écriture de fiction pouvait, de manière
privilégiée, donner visibilité à ces moments où
la pensée s'immobilise (s'indétermine) sur un
foyer de fascination. Cette 'réflexion' sur la
croyance, sur l'adhésion, doit être interprétée
moins comme une certaine 'religion' de Flaubert,
que l'on pourrait nommer (on peut parler de
panthéisme, de brahmanisme, Flaubert lui-même
dans sa correspondance se l'attribue, et dans
ses notes pour *Un Coeur Simple* l'attribue à
Félicité), que comme l'effort pour *simultanément*
atteindre et donner à voir ces moments de
fascination où quelque chose du sujet se défait,
où les repères peuvent être suspendus, dissipés
dans l'apparition (14). Que ce soit en se fixant

vers un immobilisme mental, rêveur, où le vide
et le plein ne se distinguent plus, comme en
cette note pour *Un Coeur Simple:*

> 'Dans IV. Son genre de rêverie ou plutôt de
> méditations, le demi-sommeil, pareil à celui
> des animaux, des plantes. Idées décousues et
> profondes. Manières de penser comme en rêve.
> Les idées les plus disparates se succèdent.
> Ou elle reste béante devant (dans) la même,
> sans l'approfondir.'
>   (éd. Club de l'Honnête Homme, p.469),

('devant (dans) la même', la stupeur du regard,
et de la pensée enveloppée par ce qu'elle
développe, immobilisation dans l'identité qui
se fige aussitôt en scène visible, dans la calme
disposition domestique:

> 'La peindre ainsi, dans sa cuisine, pendant
> que Mme Aubin est dans la salle, assise près
> de la fenêtre.', *Ibid.*)

que ce soit dans ces moments où les significations
se défont dans le désir d'un sensible, notations
atmosphériques: 'Le soir tombait, des senteurs
de baume s'exhalaient' (*Salammbô*), détails
évasifs: 'et on entendait les gouttes d'eau, une
à une, tomber sur la moire tendue' (*Madame Bovary*),
ou interférences attentives: '(la mer) semblait
parfois suspendre son battement; – et on
n'entendait plus que le petit bruit des sources'
(Bouvard et Pécuchet), ou que ce soit dans ces
moments descriptifs où le multiple se résorbe en
glacis de fascination: 'Cependant le Jourdain
coulait sur la plaine aride. Toute blanche elle
éblouissait comme une nappe de neige. Le lac,
maintenant, semblait en lapis-lazuli' (*Hérodias*),

ou: ' - Et, sur la mer argentée par la lune, il (le bateau) faisait une tache noire qui pâlissait toujours, s'enfonça, disparut' (*Un Coeur Simple*), le texte semble chercher à saisir la consistance éphémère de l'image, à s'immobiliser, légèrement, devant (dans) elle.

NOTES

1. Per Nykrog, 'Les Trois Contes dans l'évolution
   de la structure thématique chez Flaubert',
   dans *Romantisme* n°6, 1973. Cet article est
   une interprétation synthétique des *Trois
   Contes*, et montre qu'en 'rétablissant l'ordre
   chronologique on rétablit l'ordre théologique:
   Père, Christ, Saint Esprit', que l'on va vers
   une intériorisation de plus en plus grande
   depuis *Hérodias* jusqu'à *Un Coeur simple* et
   que les *Trois Contes* construisent un double
   mouvement, par lequel, à dépouiller le sujet
   de tous ses attributs et de tous ses contenus
   sociaux, l'oeuvre l'ouvre à la vie dans sa
   totalité. L'article fait de ces textes une
   interprétation de l'histoire de l'humanité.

2. 30 mars 1857. C'est dans cette même lettre
   que Flaubert, parlant de *Madame Bovary*,
   raconte une version annonciatrice de *Un
   Coeur simple*: 'Mais l'idée première que
   j'avais eue était d'en faire une vierge,
   vivant au milieu de la province, vieillissant
   dans le chagrin et arrivant ainsi aux derniers états du mysticisme et de la passion
   rêvée.'

3. Le dispositif de la fin de *Un Coeur simple*
   n'est pas sans évoquer cette autre mise en
   scène du double registre (la socialité,

l'intime subjectivité) qu'est la scène des Comices dans *Madame Bovary*.

4. Voir J. Neefs, 'Récit et désir, *Saint Julien l'Hospitalier,* de Flaubert', O.F.R.A.T.E.M., Paris, 1974-75, Français 1.

5. ' Voir R. Debray-Genette, 'Du mode narratif dans les *Trois Contes'*, *Littérature* n°2, mai 1971.

6. Et surtout sur un ensemble problématique qu'est la mise en scène d'un lien entre sexualité et religion, explicitement souligné dans chacun des récits. On pourrait sans doute caractériser chaque version: version 'hystérique', triangulation familiale, transgression de l'inceste et castration. Mais l'important ne serait pas de donner une pertinence ou une traduction psychanalytiques à chacune des versions, mais plutôt de considérer ces textes comme véritablement préfreudiens, c'est-à-dire comme une manière de penser - dans la dimension hypothétique de la fiction - un lien confus entre sexualité et religion que Freud tentera de poser aussi par les voies de l'analyse.

7. Cet indéfini est thématisé en horizon neutre: 'les prairies'. Cela est fréquent dans *Bouvard et Pécuchet,* où la pluralité des choses et des spectacles se dissout en platitude neutre: '... et derrière la clairevoie, débarrassée de ses planches, la campagne toute plate terminait l'horizon.'

8. Voir I. Lotman, *La Structure du texte artistique,* Gallimard 1973, p.321, où il analyse,

en particulier à propos des poèmes de
Zabolotski, comment le modèle spatial du
monde devient 'un élément organisateur,
autour duquel se construisent aussi ses caractéristiques non spatiales.' (p.313).

9. L'alternance intérieur/extérieur se renverse,
à chaque fois, en alternance extérieur/
intérieur, pour que le texte puisse s'achever
sur l'intérieur qui se dissout. Un montage
sériel souligne cette liaison des retours
vers l'intérieur: 1) '(il) se trouva presque
immédiatement à la porte du château (G.F.,
p.102); 2) 'Il gravit les trois terrasses,
enfonça la porte d'un coup de poing' (p.117);
3) 'Quand ils furent arrivés dans la cahute'
(p.128). Comme une même séquence narrative
(revenir dedans) découpée en trois temps.

10. Un moment modulation particulièrement dense,
l'arrivée de Vitellius, l'espace de l'Empire
qui entre: 'Les portières des corridors furent
agitées comme par le vent. Une rumeur emplit
le château, un vacarme de gens qui couraient,
de meubles qu'on traînait, d'argenteries
s'écroulant; et, du haut des tours, des buccins
sonnaient, pour avertir les esclaves dispersés.'
(p.147).

11. Où est la forme du corps, ce qui le délimite,
dans cet effet d'incertitude: 'L'espèce de
linceul qui le *recouvrait* était tombé jusqu'à
ses hanches; et ses épaules, sa poitrine, ses
bras maigres *disparaissaient* sous des pustules
écailleuses'? Au moment où le corps se dénude,
où il peut devenir visible, il est dérobé sous
l'altérité qui le ronge. Dans *Saint Julien,*

le corps, avec d'autres unités comme la
famille, la maison, les parents, sont livrés
à l'effraction, l'ensanglantement, l'écoulement. Comme avec le sang qui colore aussi
bien les vêtements: 'vêtu de pourpre' (p.108)
que le ciel: 'le ciel était rouge comme une
nappe de sang' (p.100), ou le sol: 'le reflet
écarlate du vitrail, alors frappé par le
soleil, éclairait ces tâches rouges, et en
jetait de plus nombreuses dans tout l'appartement.' (p.119) Le rouge se répand dans le
cadre.

12.   En écho avec ces hypothèses sur le Saint Esprit:
'C'est peut-être sa lumière qui voltige la
nuit au bord des marécages, son haleine qui
pousse les nuées, sa voix qui rend les cloches
harmonieuses' (G.F., p.46).

13.   La récurrence d'un conte à l'autre fait
commentaire: dans *Saint Julien* les yeux du
Christ 'tout à coup prirent une clarté
d'étoiles', mais, auparavant, c'était dans
la mort même qu'était le regard fascinant:
'il se baissa légèrement pour voir de tout
près le vieillard; et il aperçut, entre ses
paupières mal fermées, une prunelle éteinte
qui le brûla comme du feu.' (G.F., p.119)
A quoi semble répondre, dans *Hérodias*, ce
regard au ras de la mort: 'Mannaeï (...)
posa (la tête) devant Aulus, qui en fut
réveillé. Par l'ouverture de leurs cils,
les prunelles mortes et les prunelles
éteintes semblaient se dire quelque chose.'
(G.F., p.183)

14.   L'espace esthétique semble s'éprouver là

comme espace d'apparition; voir sur ce point,
T. W. Adorno, *Théorie esthétique,* Klincksieck,
1974: 'Si *l'apparition* est ce qui s'illumine,
le palpable, alors l'image est tentative
paradoxale de capter ce qu'il y a de plus
éphémère.'(p.117)

5 RAYMONDE DEBRAY-GENETTE (Vincennes),

Description, dissection: *Par les champs et par les grèves*

Une des particularités de la description, c'est qu'elle n'apparaît pas, au premier abord, fondée en théorie, mais seulement en pratique. En effet, elle ne constitue pas un genre à elle seule, encore moins un type particulier de discours. Elle traverse genres et discours. Elle se laisse seulement appréhender parmi des modes de représentation, éloignée de la représentation de paroles, un peu plus proche de la représentation d'événements, bien qu'inassimilable à cette dernière. G. Genette a montré combien elle était implicite, dans le moindre récit du type: 'il prit un couteau sur la table' ou même 'il se mit à marcher'. Mais tel est le paradoxe de la description: implicite dans tout récit, elle est incontournable; mais explicite, développée, elle apparaît comme une excroissance peu ou prou excessive. C'est en ce sens, à cause de ce fond contradictoire, qu'elle donne l'impression de n'avoir en son principe originel ni commencement, ni fin. C'est pourquoi découper une partie de texte et lui assigner la fonction de décrire semblent toujours un peu relever de l'arbitraire. Et pourtant, le caractère fragmentaire est un des attributs essentiels de la description. L'écrivain peut le combattre, le gommer, ou l'assumer en l'exhibant.

Plus précisément, et cela se voit chez Flaubert
qui n'adopte pas une unique méthode descriptive,
la description dispose au moins de deux types
d'expression fondamentaux: l'un qui cherche à
obtenir un effet d'homogénéité, l'autre
d'hétérogénéité. On verra qu'en fait l'homogénéité
peut être perçue, même dans les descriptions les
plus désintégrantes, dont je m'occuperai ici. Ce
sont précisément ces aspirations divergentes qui
feront l'intérêt central de certaines descriptions
flaubertiennes.

J'emprunterai mes exemples à une oeuvre dite de
jeunesse (Flaubert a 26 ans), *Par les champs et
par les grèves* (1847). Il m'importe que ce ne
soit pas un roman, et néanmoins une oeuvre peu ou
prou narrative. Elle comprend à peu près tous
les modèles descriptifs qui trouveront leur essor
dans les romans proprement dits, mais aussi dans
les *Tentations*. Je dirais volontiers que cette
oeuvre est à la description ce que *Bouvard et
Pécuchet* est à l'encyclopédisme. Ce n'est certes
pas ici la description naissante (Flaubert a
déjà beaucoup écrit et décrit), mais une véritable
variété de descriptions organisées et classables,
autant qu'on puisse classer en littérature et chez
un écrivain qui redoute la reproduction des effets.

Il me faut au préalable m'attarder sur ce genre
particulier qu'est le récit de voyages. Flaubert
avait à sa disposition bien des modèles, mais
plutôt des récits de voyages en Orient comme
l'*Itinéraire de Paris à Jérusalem* (1811), ou en
extrême Occident comme *Le voyage en Amérique*
(1827) de Chateaubriand. Dans le Panthéon des
artistes cités dans l'oeuvre qui m'occupe,
Chateaubriand vient en tête, suivi d'Hugo et de
Balzac. Je ne suis pas sûre que Flaubert ait lu
les *Mémoires d'un touriste* de Stendhal, en 1838.
Mais pour mon propos, les modèles importent moins
que le statut du genre. En principe ce genre

est un récit, c'est-à-dire un texte ordonné par
la successivité temporelle des dates. Mais ces
dates ne rendent pas le sens irréversible. Dans
Par les champs et par les Grèves, seuls le
commencement et la fin marquent thématiquement
l'inauguration d'une aventure et la tristesse du
retour aux lieux trop connus. Dans tout le
reste du livre, c'est l'espace qui ponctue et
non le temps. Par exemple, dans ses *Carnets* de
voyage, Flaubert donne pour titre à ses notations le lieu, et non la date, indiquée de
façon lacunaire, en fin de notes. L'itinéraire
est ce qu'il a été, mais il aurait pu être autre.
Donc la plus ou moins grande expansion de la
spatialité figure ici, à proprement parler, la
temporalité.

Cette chronologie spatiale, si l'on peut dire,
est elle-même perturbée par d'autres types de
discours que le discours narratif: discours
didactique, assez rare chez Flaubert et souvent
tourné en dérision; discours réflexif (historique,
politique, scientifique, esthétique, métaphysique)
qui relève de la méditation ou de l'essai et
forme des blocs, des kystes paralysant le récit;
discours satirique ou humoristique, enfin, qui,
nous le verrons, contrecarrent aussi bien la
description que la narration. L'ensemble de
ces phénomènes morcèlent l'oeuvre. Le propre du
récit de voyage n'est pas la narrativité par
rapport à laquelle il faudrait juger les descriptions, comme l'ont fait G. Bollème ou
M. Bardèche qui trouvent l'oeuvre, vue de ce
biais, ratée, mais bien la fragmentation, le
discontinu, le parasitage et le brouillage des
discours. La description est certes le noyau
du récit de voyage, parce que l'espace en est
le vrai sujet. Mais elle subit la contagion
de la fragmentation générale. Ou bien elle fait

bloc contre elle, ou bien elle intègre cette
fragmentation en la mettant en évidence, comme
si elle voulait reproduire son fonctionnement
originaire.

Faute de temps et d'espace, je m'attacherai
plutôt à ce dernier type d'organisation en abyme
où l'objet est produit morceau par morceau, ou
par dénombrement et démembrement, ou, encore,
à l'inverse, par empilement. Néanmoins il me
faut évoquer un tant soit peu les formes
descriptives opposées, afin de mieux marquer
l'originalité de la forme que j'appellerai
'dissectrice'. Dans *Par les champs et par les
grèves,* rien n'offre une image plus lisse que
l'extase lyrique panthéiste où le moi se fond
dans la nature, dans la matière (1), comme cela
se passera à la fin de la dernière *Tentation.*
Mais cette effusion est un rare bonheur et ne
pourrait se répéter, au risque de perdre sujet
et objet. D'originaire, l'objet se tient à une
certaine distance du descripteur et son découpage se fait sous forme de tableau au sens
pictural comme au sens moral. Un tableau arrête
l'expansion d'un objet au profit d'une propen-
sion. Par exemple, du haut de la terrasse
d'Amboise (2), la Loire, pourtant fluante,
attire tout le paysage qui s'accroche à ses
bords: prairies, bateaux et voiles y sont comme
épinglés. C'est une description centripète d'un
objet de nature plutôt centrifuge. Même effet,
mais cette fois virant au modèle pictural, pour
Quimperlé (3) où maisons, rivières et chevelures
de feuillages'interpénètrent, déboulent et
s'enroulent les unes sur les autres en réverbé-
rant leurs formes et leurs lumières: l'essence
de la ville, d'aquatique, devient picturale,
donc contenue et retenue: 'il semble que
Quimperlé n'est venu au monde que pour être un
sujet d'aquarelle'. Mais l'unité d'un tableau

peut être d'essence plutôt morale: à chaque fois
Flaubert s'efforce d'y inscrire aussi des limites
matérielles. Fondé sur une méditation sadienne,
l'extraordinaire tableau des abattoirs de Quimper,
prélude à *Salammbô* et à toutes ses cruautés (4),
s'ouvre sur le spectacle d'un chien:

'Sur le seuil, un grand chien lapait dans
une mare de sang et tirait lentement du bout
des dents le cordon bleu des intestins d'un
boeuf qu'on venait de lui jeter.'

Il se continue par une description précise de
l'agonie d'un veau qui renvoie le descripteur
vers l'obsession, à travers les époques, d' 'une
Babylone ou une Babel de Cannibales où il y
aurait des abattoirs d'hommes.' Le tableau
semble près de se dissoudre dans une méditation,
mais se reforme et finit net sur le même chien:

'En sortant, nous avons revu le dogue qui
continuait son festin, il avait presque fini
son plat de tripes crues, il se léchait les
babines et on venait de lui servir pour dessert
le péritoine d'un mouton; il *est* très gras et
il *a* l'air farouche.'

(C'est moi qui souligne). On aura noté ce
présent qui fixe à perpétuité ce moderne *'cave
canem'*. Il y aura toujours des étripeurs et des
étripés: des profiteurs aussi.
Telle est ici pleinement remplie, la fonction
d'un tableau. Terreur ou bonheur, c'est un
moment de vie immobilisé, voire immortalisé.
Il en va autrement de la description 'dissectrice'. Je m'attacherai à un exemple fondamental,
persuadée qu'on peut en tirer ensuite toutes les
variantes. Le principe en est le découpage de
plus en plus menu de l'objet à décrire, de sorte

qu'on pourrait l'appeler la description-gigogne,
allant soit du plus grand élément au plus petit,
comme ici, soit du plus petit au plus grand,
comme pour le chapeau de Plouharnel (5). Il est
un fait que l'énumération et la taxinomie sont
à peu près inévitables dans une description.
Mais, outre que l'on a vu qu'il existait des
formes plus unifiantes, presque sans couture, je
voudrais montrer comment cette structure de
découpage va être pervertie par Flaubert. Entre
la salle du Père Grandet et la chambre de
l'auberge de Carnac, tenue par la veuve Gildas
(6), il y a toute la différence de l'esprit de
sérieux à l'esprit critique, mais aussi du
document à l'interprétation presque hallucinée.
Au reste, l'objet lui-même n'est pas banal pour
Flaubert: il fait partie de l'exotisme du voyage,
au même titre que la Bretagne qui est ce qu'il y
a de plus ornemental et de plus exotique en
France, à défaut d'un Orient véritable. L'archaïs-
me campagnard est le dépaysement du pauvre,
et la chambre d'auberge quelque chose entre la
tente du bédouin et le palanquin oriental, pour
peu qu'elle ait un lit à baldaquin. Dès le
chapitre I, Flaubert se déclare sensible à ce
dernier détail:

> 'On s'en va, sac au dos, souliers ferrés
> aux pieds, gourdin en main, fumée et fantaisie
> en tête, courir les champs pour coucher dans
> des auberges dans de grands lits à baldaquin...'

Ce n'est pourtant pas un rêve d'aventures qui
passe sur cette chambre ici, mais plutôt de ce
qu'on voudrait pouvoir appeler l'intimité
désappropriante.
  Voici la description en son entier:

Le gîte était propre et d'honnête apparence.
On nous mit dans une grande chambre dont deux
lits à baldaquin, recouverts d'indienne, et
une table longue pareille à celle d'un
réfectoire de collège formaient l'ameublement
principal. Un raffinement de coquetterie
avait laissé le pied des lits non bordé pour
qu'on pût voir sur le bout de la couverture
une large raie rouge qui en faisait la bordure,
et une précaution de propreté avait cloué sur
la table une belle toile cirée verte comme du
bronze. Sur les murs, dans des cadres de bois
noir, il y a l'histoire de Joseph, y compris
la scène avec Mme Putiphar, le portrait de
Saint Stanislas, celui de Saint Louis de
Gonzague, qui est bien le saint le plus bête
du monde, et des certificats de première
communion avec vignettes représentant l'inte-
rieur de l'église et les communiants et
assistants dans leurs costumes respectifs.
Des tasses à café, décorées de ces mots écrits
en lettres d'or 'liberté, ordre public', sont
rangées le long de la cheminée dans l'espace
que leur laissent deux carafes. Ah! quelles
carafes! quel dommage si on en cassait une!
où retrouver la paire? Elles n'étaient pourtant pas de verre de Venise, ni ciselées, ni
taillées, mais de verre tout bonnement, comme
de simples carafes; elles n'ont pas même de
bouchons, mais dans la première, autour d'un
Napoléon grand d'un demi-pouce et tout raide
étendu sur son tombeau piqué de perles et
hérissé de plumes, six militaires, de grades
différents, se tiennent majestueusement,
portant, chacun à la main, des palmes
oblongues comme des cornichons, et dans la
seconde s'accomplit le Saint Sacrifice de la
messe: on voit le prêtre, le calice, l'autel,

quatre colonnes de perles, aux quatre coins du
sanctuaire, plus deux enfants de choeur surchargés d'énormes pains de sucre rouges qui
sont censés être les calottes de ces jeunes
drôles.

Ce lieu était si honnête, si bénin, exhalait
un tel parfum de candeur, une modestie si bête,
mais si douce, la grande armoire à ferrements
de cuivre brillait si propre sous les cuvettes
de Russie qui en ornaient la corniche, et les
paniers d'osier crochés au sommier avaient
l'air, comme tout le reste, si tranquille et
si bonhomme que nous décrétâmes de suite que
Carnac nous plaisait et que nous y resterions
quelque temps. (7)

L'organisation ici se fait selon deux principes.
D'une part le descripteur va du contenant au
contenu par alignement, juxtaposition de parties,
ce qui serait un procédé banal s'il n'advenait
que les parties ont d'autant plus d'extension
descriptive qu'elles sont plus infimes, comme
si l'allure se déréglait et s'accélérait tout en
freinant. D'autre part, dans cette juxtaposition
parataxique s'introduit une sorte de subordina-
tion syntaxique des objets secondaires qui
devrait mettre de l'ordre dans la rection
énumérative. Pourtant l'insubordination proli-
fique des détails les plus minuscules contrecarre
ce bel ordre et le déborde. Tout se passe comme
si le caractère de seccabilité favorisé par la
parataxe produisait une essence paradigmatique,
celle de l'empilement, qui va produire à son
tour un effet dérisoire ou grotesque. La chambre
sage, presque monacale, tourne à la folie puérile
par expansion descriptive. Flaubert est alors
emporté par une de ses fascinations essentielles:
la modestie bête et candide. Tel est l'effet de
la dérive et de la folie de l'inventaire: la

meilleure façon de vider une chambre de sa fonction utilitaire et réaliste est encore de la trop
emplir et amplifier. Ici le procédé est mis à
nu, parce qu'aucun souci narratif ne vient marquer
les effets. Mais lorsque Flaubert décrit dans
Un Coeur simple la chambre de Félicité où
s'accumulent tous les reliefs de son existence,
alors le récit motive thématiquement le procédé
et en cache le fonctionnement, pourtant analogue.

   C'est pourquoi il vaut peut-être la peine de
s'attarder un peu plus sur cet exemple, plus
subtil qu'il n'y paraît. Soit une chambre
d'auberge. Elle est plutôt dépouillée au premier
abord: deux lits, une table, des murs, une
cheminée. Soit quatre termes, à peu près
inévitables. La chambre se présente même comme
une cellule dont on pense vite faire le tour.
On peut imaginer ce qu'aurait fait un Balzac ou
un Zola. Balzac aurait déjà dépeint les abords,
situé l'hôtesse, dénombré les objets et dégagé
leur statut social, laissant le moins d'incertitude possible. Zola, lui, aurait introduit un
scrutateur, aurait certes fait abonder les
détails, mais pour les dénombrer et les classer,
il aurait pour ainsi dire étiqueté la chambre.
Flaubert, ici, ne vise ni à la généralité, ni
au typique. Il indique une simple attirance, à
peine insidieuse: 'Le gîte était propre et
d'honnête apparence'. C'est cette apparence
qu'il va pénétrer un peu, du moins jusqu'à mi-
chemin de la description. D'abord les deux lits
à baldaquin, un rêve pour Flaubert, nous l'avons
vu. Pourtant il ne dit rien des baldaquins. Sans
doute ont-ils marqué la chambre d'un sceau
poétique, mais les objets qui vont attirer
l'attention sont imprévus. Flaubert ne suit pas
son idée, c'est l'objet de rencontre qui vient à
lui et petit à petit emplit son attention.

Les tournures abstraites et impersonnelles qu'il
utilise en tête de phrase soulignent cette sorte
d'envahissement insidieux: 'Un raffinement de
coquetterie avait laissé les pieds non bordés
pour qu'on pût voir sur le bord de la couverture
une large raie rouge qui en faisait la bordure'.
Même effet pour la table longue qui se présentait
d'abord 'pareille à celle d'un réfectoire de
collège, c'est-à-dire d'une simplicité économique.
'Une précaution de propreté avait cloué sur la
table une belle toile cirée verte comme du bronze'.
A chaque exemple, un détail de couleur, plutôt
valorisant, particularise le meuble, l'individualise,
mais pour l'instant l'ensemble reste homogène.
La chambre tend vers l'image d'une cellule
agrémentée, peuplée de bonnes intentions. En
revanche nous ne saurons rien des murs, de leur
couleur et de la matière qui les recouvre, parce
qu'ils sont tout de suite envahis. La marque
grammaticale qui alerte, c'est l'emploi du
présent: 'il y a'. Ce présent vise peut-être à
assurer le lecteur de la pérennité de l'objet,
mais bien davantage à signaler une autre façon
de voir du descripteur, happé par les objets et
peu à peu englué en eux. Ce temps verbal se
maintiendra jusqu'à la fin de la description, à
une exception près.

   Ce 'il y a' laisse attendre une énumération
banale, mais progressivement le détail envahit
et change le régime descriptif. 'L'histoire de
Joseph, y compris la scène avec Mme Putiphar 'se
veut complète et canonique. Passons sur les
inévitables Saint Stanislas et Saint Louis de
Gonzagues, pour arriver aux 'certificats de
communion avec vignettes', enrobées donc, ces
vignettes, mais à leur tour enrobantes
'représentant l'intérieur de l'église et les
communiants et assistants dans leurs costumes
respectifs.' La pieuse précision du graveur

tend, à la lecture, à couvrir les vignettes, donc
les certificats, donc les murs, - précision qui
serait échevelée, n'était l'exactitude et le soin
du trait 'respectif' au sens de 'personnel' comme
au sens de 'convenu'. A ce propos, Flaubert avait
ajouté dans ses *Carnets:* 'une dame qui revient de
la Sainte Table a l'air de d... (dégueuler?) dans
ses mains.' Il n'a pas gardé ce détail vomitif,
s'autocensurant ou réservant sa verve pour le
bouquet final. La description maintient ici une
sorte d'ordre factice, celui de l'énumération
d'objets homologues, mais cet ordre commence
littéralement à se décomposer: il se lit en
morceaux et les objets se multiplient, comme si
chacun tirait de son existence même de nombreuses
existences possibles, prêtes à être crachées par
la bouche d'un diable. Si tout ce qui sépare
est diabole, alors on entre dans la phase
diabolique de cette description. Il semble même
que ce type de description permet de freiner la
tendance à l'interprétation symbolisante que
suscite d'ordinaire toute description, comme si,
en elle, se concentaient un foyer de symboles,
plus que dans tout geste ou toute parole.
 L'opération incisive va se passer sur la
cheminée.

 'Des tasses à café, décorées de ces mots
 inscrits en lettres d'or 'liberté, ordre
 public', sont rangées le long de la cheminée
 dans l'espace que leur laissent deux carafes.'

L'espace se rétrécit, comme mangé par l'abondance.
L'entassement n'est pas signe de richesse, mais
d'appauvrissement, malgré la volonté décorative
de ces lettres d'or et devises qui appartiennent
à un passé proche, mais déjà renié par l'homme
Flaubert, celui des débuts de la Monarchie de
Juillet. L'Histoire est vidée de son sens au

profit d'un caractère décoratif lui-même appauvri.
Cette répétition en lettres d'or, c'est déjà
l'esthétique de Homais et de sa pharmacie que le
descripteur de Yonville n'atteint que par une
approche réductive.   Mais si après la pharmacie
d'Homais il n'y a plus rien à voir, ici la
symétrie bourgeoise, convenable, rétablit l'ordre
menacé d'excès: il y a bien deux carafes.
Pourtant, nouvelle tension du texte: sans doute
sont-elles banales, ni précieuses, ni ciselées,
ni taillées, quasi paysannes, mais les objets
qu'elles enferment détruisent leur simplicité.
Le trop simple engendre le trop compliqué. A
propos du compliqué et du tarabiscoté, Flaubert
a plus d'une fois l'occasion, dans ce livre,
d'exprimer ses goûts et dégoûts architecturaux.
Il n'aime guère la Renaissance et le Classicisme,
encore moins ce faux gothique cultivé par la
Restauration, et bien au-delà du reste.   C'est
justement à Carnac qu'il a vu sur le portail
latéral de l'église

'l'affreux baldaquin qui rentre généralement
dans le goût de l'architecture des pâtissiers,
j'entends celle qui décore ces odieuses
inventions connues sous le nom de pièces
montées dont les tranches d'orange confite
font les arcades et les bouts de chocolat
les colonnes, avec un obélisque en sucre rose
terminé par une fleur' (8).

C'est le prototype de la pièce montée au mariage
d'Emma, voire l'architecture de la casquette de
Charles.
Toute description critique, chez Flaubert,
relève de la déconstruction de cette architecture,
en ce qu'elle est accumulative, morcelée et que
la fioriture remplace l'harmonie des lignes.

Elle ignore l'à-propos et la proportion. Au
lieu de l'infiniment grand, elle vise l'infiniment petit, mais n'arrivant pas à le remplir,
elle ne produit que petitesse, avorton de
représentativité, sans le charme de la miniature.
Les sujets eux-mêmes, en l'occurrence, le Trône
et l'Autel, sont des lieux communs figés par le
temps et la tradition. Profane et sacré
s'interpénètrent et empruntent l'un à l'autre,
comme Perroquet et Saint-Esprit chez Félicité.
Si l'on compare les deux décors (de bois peint,
dit le *Carnet*),il s'établit des homologies qui
contribuent à la redondance:

> 'dans la première, autour d'un Napoléon grand
> d'un demi-pouce et tout raide étendu sur son
> tombeau piqué de perles et hérissé de plumes,
> *six* militaires de grades différents se tiennent
> majestueusement ...'
> 'dans la seconde s'accomplit le Saint Sacrifice
> de la messe: on voit le prêtre, le calice,
> l'autel, *quatre* colonnes de perles, aux *quatre*
> coins du sanctuaire, plus *deux* enfants de
> choeur ...'

Grandeur du sujet, réduction représentative,
ornements superfétatoires, symétrie binaire
multipliée (6, 4, 4, 2), dérisoire précision des
caractères distinctifs. C'est le trop ou le
trop peu. Les derniers détails vont achever de
déconstruire ces 'mini-monuments', de diviser
cette multiplication: Première carafe: '(militaires) portant, chacun à la main, des palmes
oblongues comme des cornichons'
Deuxième carafe: '(enfants de choeur) surchargés
d'énormes pains de sucre rouges qui sont censés
être les calottes de ces jeunes drôles'. Pains
de sucre et cornichons, métaphores ou comparaisons sont métonymiques et dignes d'une auberge.

L'objet décrit achève de se décomposer de façon dérisoire, et c'est toute la chambre, par contamination, qui se trouve réduite. Plus le regard la fragmente, plus sa valeur se dégrade. Néanmoins, une certaine forme d'homogénéité est conservée, ou plutôt une sorte de concordance. La lecture de la fin de la description refluant sur celle du début marque l'éclatement du tout et désigne l'impossibilité d'atteindre la totalité comme une forme inévitable de la pensée perceptive. L'unité de l'objet, c'est son morcellement même. Sa représentation n'en est ni plus ni moins réaliste que celle qui vise la fusion de l'objet et du sujet. L'imagination travaille tout autant à déconstruire qu'à construire. C'est encore une façon d'être la matière, de se laisser au moins envahir par elle.

Flaubert, dans cette oeuvre, n'a certes pas encore perdu l'habitude des commentaires ou des comparaisons qui relèvent du discours du narrateur. Le progrès à venir sera de faire rendre l'âme à une casquette, à une pièce montée, à une pharmacie, sans aucun commentaire. Le trait final, minuscule, suffira à faire basculer dans le grotesque. Ici on est encore dans une sorte de mixité qu'on retrouvera dans *Un Coeur simple:* le charme de la 'modestie bête et douce', celui de la 'candeur'. Le grotesque réjouit encore plus qu'il n'attriste. Viendront vite des temps de plus en plus critiques, mais dans cette chambre d'auberge planent déjà les esprits de Bouvard et de Pécuchet.

Les deux types fondamentaux de la description que j'ai évoqués, l'un unifiant, l'autre décomposant, me semblent procéder du même manque originel qui inspire l'acte descriptif. Une reflexion de Flaubert explique pour l'essentiel ce manque. Flaubert est au Phare de Brest, 'à cette limite extrême de l'ancien monde' et se

met à imaginer les autres mondes, l'Amérique,
le Japon, la Chine: 'C'est ainsi que l'esprit,
dit-il, pour rétrécir cet infini dont il se lasse
sans cesse, le peuple et l'anime' (9). Cette
reflexion s'applique aussi bien à l'infiniment
petit, qui nous échappe tout autant que l'infiniment grand. Ou bien, le descripteur enserre par
évocation amplifiante, ou bien il encombre par
dissection amenuisante. Mais il reste toujours
quelque meuble vide, quelque interstice béant,
sujet d'une nouvelle occupation béante.

Nul doute que Flaubert ne soit un grand
contemplateur, plus soumis au regard qu'à la
parole, plus intéressé à la narration des objets
qu'à celle des événements. D'où lui viennent
la difficulté et l'ennui de bâtir une intrigue.
Mais son art contemplatif sait aussi bien
décomposer que composer, morceler qu'unifier et
c'est peut-être dans cette façon de miner
l'univers qu'il a le plus innové.

NOTES

1. O.C., Club de l'Honnête Homme, tome 10 ch.
   V, p.118.

2. *ibid*, ch. 5, p.38.

3. *ibid*, ch. VII, p.140-141.

4. *ibid*, ch. VII, p.149-150.

5. *ibid*, ch. V, p.122-123.

6. *ibid*, ch. V, p.97-98.

7. *Par les Champs et par les grèves C.H.H.*
   ch. V, p.97.

8. *ibid*, ch. V, p.107.

9. ch. IX, p.208.

6 A. W. RAITT (Oxford),

La décomposition des personnages dans l'*Education Sentimentale*

Dans son admirable 'essai d'onomastique littéraire', 'Noms et prénoms dans *Madame Bovary*',
Jean Pommier écrit ceci: 'En dehors de leur
convenance avec les individus, il est bon que
les noms tranchent les uns sur les autres, assez
vigoureusement pour soutenir l'idée distincte
que le lecteur doit se former de chaque personnage. L'auteur ne manquerait pas à cette règle,
même en vue d'effets raffinés. A cet égard
comme à plusieurs autres – soit dit sans con-
trister les partisans du roman de 1870 (1) –
L'Education sentimentale paraît inférieure à
Madame Bovary'. (2)
    A première vue, les faits semblent justifier
la sévérité de ce jugement. Des noms comme
Moreau ou Arnoux n'ont guère le pittoresque ou
les résonances de Bovary, de Homais, de
Bournisien ou de Lestiboudois, et quand Flaubert
appelle un des personnages secondaires Compain
et un autre Comaing, il est évidemment très
facile de les confondre. M. Pommier lui-même
signale l'existence d'une liste de noms et de
prénoms dressée par Flaubert pour *L'Education
sentimentale* sous le titre 'Noms de bourgeois',(3)
ce qui paraît indiquer l'intention de ne pas les
différencier trop nettement. D'ailleurs, nous
savons que le nom Moreau porté par Frédéric
était à l'origine destiné au personnage qui est

devenu Mme Arnoux. (4)

Mais quand on y regarde de plus près, ce manque
de relief dans les noms apparaît comme une partie
seulement d'un système qui va très loin dans la
conception et la présentation des personnages de
L'Education sentimentale. Car après tout il ne
s'agit pas seulement de noms peu expressifs:
dans beaucoup de cas le nom même du personnage
reste flottant et incertain. Le cas le plus
notable est certainement celui de l'acteur
Delmar, qui s'est appelé successivement Auguste
Delamare, Anténor Dellamarre (avec un changement
d'orthographe), Delmas et Belmar, avant d'opter
définitivement pour Delmar. M. Dambreuse était
à l'origine le comte d'Ambreuse, avant de
supprimer l'apostrophe et de faire, de la parti-
cule et du patronyme, un seul mot. Pour l'état
civil, Rosanette est Rose-Annette Bron, mais on
l'appelle aussi bien la Maréchale, et pour le
baron elle est même 'cette brave Rose'. Elle
n'hésite d'ailleurs pas à débaptiser Frédéric la
première fois qu'il se rend seul chez elle.
'Quel est votre petit nom? - Frédéric. - Ah!
Federico! Ça ne vous gêne pas que je vous
appelle comme ça?' L'enfant de Frédéric et de
Rosanette ne reçoit jamais de prénom, bien qu'il
ait vécu au moins six mois. Il arrive à
Flaubert d'oublier que la fille de Mme Arnoux
est prénommée Marthe et de l'appeler Berthe
comme la fille de Mme Bovary.(5) On peut
remarquer aussi que c'est seulement à la dernière
minute qu'il se fixe sur l'orthographe du nom
de la Vatnaz, qui s'écrit encore avec un 's'
jusque sur le manuscrit du copiste. (6) Quant
à Mme Dambreuse, nous n'apprenons jamais son
prénom, bien qu'elle devienne la maîtresse de
Frédéric. Même Mme Arnoux, dont le prénom
Marie semble tellement approprié à son rôle et
à son caractère, n'échappe pas à ces incertitudes.

Quand Cisy l'appelle Sophie Arnoux, on a le droit
de croire à une erreur ou à une mauvaise plaisan-
terie, mais il y a plus grave: lorsque
Hussonnet vient inviter Frédéric chez les Arnoux
à Saint-Cloud, il dit: 'c'est samedi prochain, 24,
la fête de Mme Arnoux'. Frédéric est surpris:
'Comment, puisqu'elle s'appelle Marie?', et
Hussonnet répond: 'Angèle aussi, n'importe'.
Or, nous sommes apparemment au mois de juin,
(7) et la Sainte-Angèle, c'est le 22 décembre.
Le renseignement fourni par le journaliste est
donc faux, ce qui fait que finalement nous ne
savons pas au juste le prénom de Mme Arnoux, pas
plus que nous ne savons son nom de jeune fille.
    Tant de faits concordants ne laissent pas de
doute: Flaubert a eu pour dessein de priver les
personnages de cette carte d'identité que constitue normalement un nom. Le procédé devient
flagrant dans cette scène étonnante du bal
travesti chez Rosanette, où les invités, parés,
grimés, masqués, ne figurent pas sous leurs noms
propres mais sous le nom de ce qu'ils représentent
- la Sphinx, la Poissarde, l'Enfant de choeur,
le Baron moyen âge, l'Ange, la Débardeuse et
ainsi de suite. Cette cohue de personnages
assumant tous des identités fictives produit un
effet d'irréalité, d'inauthenticité qui par
moments est bien près d'être cauchemardesque.
Autant de gens, dirait-on, à la recherche d'une
identité.
    Mais ce n'est pas seulement pour cette question
de noms que les personnages de *L'Education
sentimentale* sont traités d'une façon très
différente de ceux de *Madame Bovary* - et, pourrait-
on ajouter, de ceux de la plupart des romans du
dix-neuvième siècle. Si on réfléchit à ce qui,
pour les hommes de cette époque, constituait le
caractère et même l'identité d'un individu, on
verra que Flaubert a systématiquement effacé ou

diminué les traits qui seraient normalement les
plus saillants. Que l'on pense par exemple à
leurs domiciles. Il est difficile d'évoquer
Emma Bovary sans voir en même temps la ferme des
Bertaux, la maison de Tostes et surtout celle de
Yonville. Mais les figures de Frédéric et de
Mme Arnoux ne se rattachent à aucun domicile en
particulier. Nous les voyons pour la première
fois sur un bateau en mouvement, et cette
instabilité, ce manque d'attaches, donne le ton
de tout le livre. Ballotté entre une maison, à
peine esquissée, de la place d'Armes à Nogent
et une série de demeures à Paris - rue Saint-
Hyacinthe, quai Napoléon, rue Rumfort, rue
Tronchet - Frédéric ne reste jamais assez longtemps en un seul endroit pour qu'il y ait symbiose
entre son domicile et sa personnalité. A la fin
du roman, 'il voyagea' pendant une période
indéfinie, avant de revenir échouer en France à
un endroit qui n'est même pas identifié. Quant
à Mme Arnoux, née à Chartres, elle habite
successivement, avec son mari, la rue de Choiseul,
Saint-Cloud, rue Paradis-Poissonnière, Creil,
Auteuil et la rue de Fleurus, puis se retire au
fond de la Bretagne, et finalement, après la mort
de son mari, s'exile à Rome pour vivre avec son
fils. Chez les personnages secondaires, ce
sentiment de déracinement est encore plus frappant. On connaît à Rosanette au moins six
domiciles différents à Paris, sans compter la
masure où elle est née à Lyon. Personne ne sait
où habite Hussonnet: 'où découvrir un pareil
homme?' s'exclame Frédéric. A part un bref
séjour à un cinquième étage de la rue des Trois-
Maries, Deslauriers n'a jamais une habitation à
lui: il vit ou bien chez Frédéric ou bien dans
des chambres qu'on ne voit point. Le cas de
Regimbart est extraordinaire: Flaubert dénombre
au moins vingt-cinq cafés qu'il fréquente, pour

nous révéler, ironiquement, dans un des derniers
chapitres, qu'il est quand même propriétaire d'une
petite maison rue de l'Empereur à Montmartre. La
dernière fois qu'il est question de lui, d'ailleurs,
il n'est même pas assis à l'intérieur d'un
estaminet: 'il se traîne devant les cafés'. De
toute évidence, la règle de l'huître et du rocher
énoncée par Balzac dans *Le Père Goriot* n'a
nullement cours dans *L'Education sentimentale*.

Les personnages ne sont pas plus définis par
leur métier que par leur domicile - ici aussi,
Flaubert semble prendre le contre-pied de Balzac,
pour qui les 'Espèces Sociales' (8) étaient des
catégories strictement délimitées. C'est Arnoux
qui fournit l'exemple le plus caractéristique.
Tour à tour ou simultanément peintre, directeur
d'un journal d'art, propriétaire, spéculateur,
garde national, fabricant de faïences, chapelier
militaire et marchand d'objets de piété, il a
tâté de tous les métiers et trempé dans les
affaires les plus diverses et les plus louches,
sans jamais se fixer sur rien. Deslauriers finit
par accumuler une série d'occupations presque
aussi impressionnante: étudiant en droit, clerc
de notaire, précepteur, journaliste, avocat,
commissaire de la République, adjoint de
M. Dambreuse, préfet, administrateur colonial,
secrétaire d'un pacha, gérant d'un journal,
courtier d'annonces, employé au contentieux d'une
compagnie industrielle. De même Sénécal, qui
est d'abord répétiteur de mathématiques, puis
employé chez un fabricant de machines, puis
contre-maître dans une fabrique de faïences,
puis secrétaire de Deslauriers, puis agent
d'affaires et enfin sergent de ville. Quelquefois un mystère entoure le métier d'un personnage.
Regimbart n'en a apparemment aucun, et c'est
seulement vers la fin du livre que nous apprenons
que sa femme le fait vivre du produit de son

atelier de couture. Quant à la Vatnaz, nous la
soupçonnons d'être entremetteuse, mais nous
savons qu'elle a également gagné sa vie comme
institutrice, comme caissière, comme tenancière
d'une table d'hôte, comme journaliste de mode,
comme professeur de piano, comme vendeuse de
dentelles. Et Frédéric lui-même, s'il a des
velléités d'être peintre, ou romancier, ou
historien, ou industriel, ou député, ne
pratique en réalité aucun métier, si ce n'est
celui de clerc de notaire, où il se montre
parfaitement incompétent.

Si le métier ne sert donc pas à cerner les
contours des personnages, peut-on dire que la
classe sociale les définit mieux? Certes, leurs
origines sociales sont quelquefois précisées
avec exactitude. On pense notamment à Dussardier,
archétype de l'ouvrier honnête et consciencieux,
ou à Rosanette, fille de canuts de la Croix-
Rousse, ou encore au comte d'Ambreuse. Mais
dans le monde de L'*Education sentimentale* les
lignes de démarcation entre les classes sont
extraordinairement imprécises. Pour ce qui est
du comte d'Ambreuse, 'dès 1825, abandonnant peu
à peu sa noblesse et son parti, il s'était
tourné vers l'industrie'. En ce qui concerne
Rosanette, Frédéric ignore tout de son ascension
sociale. 'Par quels degrés avait-elle pu sortir
de la misère? A quel amant devait-elle son
éducation? Que s'était-il passé dans sa vie
jusqu'au jour où il était venu chez elle pour
la première fois?' - questions qui demeureront
toutes sans réponse. Même Dussardier, qui peut
sembler agir d'une façon conforme à sa classe,
finit par ne plus savoir ce qu'il est, et, après
sa blessure en juin 1848, se demande avec angoisse
s'il a eu raison de se battre contre ses anciens
camarades: 'peut-être qu'il aurait dû se mettre
de l'autre bord, avec les blouses'. Frédéric
lui-même est d'origine mixte: sa mère, qui était

une demoiselle de Fouvens, 'sortait d'une vieille
famille de gentilshommes, éteinte maintenant',
tandis que son père, 'un plébéien que ses parents
lui avaient fait épouser, était mort d'un coup
d'épée pendant sa grossesse, en lui laissant une
fortune compromise'. Martinon, fils d'un gros
cultivateur, finit par devenir sénateur sous le
Second Empire. Mme Arnoux, dont les parents
étaient de petits bourgeois de Chartres, du fait
de son mariage avec Arnoux a des entrées dans tous
les mondes - et Dieu sait s'ils sont nombreux -
auxquels son mari a accès. Des gens comme
Hussonnet, Pellerin, Regimbart, même Sénécal
n'appartiennent à aucune classe bien définie.
Même si on admet que le brassage des classes aux
alentours de 1848 est un fait historique, il faut
convenir que l'absence de traits de classe
clairement identifiés contribue singulièrement à
ce flou où baignent les personnages du roman.

La race joue un rôle encore plus effacé que le
milieu physique ou social. Plusieurs des personnages - Frédéric, Deslauriers, Martinon, le père
Roque, Louise - sont originaires de Nogent ou de
la région nogentaise, mais comme Flaubert fournit
très peu de renseignements sur une province qui
par ailleurs ne présente guère de particularités
marquantes au point de vue du caractère de ses
habitants, cela ne nous aide pas à les comprendre
en tant que personnalités. Cisy est bas breton,
il est vrai, mais c'est seulement dans un des
derniers chapitres que nous l'apprenons, et nous
aurions été bien en peine de le deviner plus tôt.
Et Arnoux? dira-t-on sans doute, ce type d'homme
qui, selon Albert Thibaudet, 'foisonne dans notre
Midi, où il manipule souvent du savon, du trois-
six et des vins'. (9) Oui, mais cet Arnoux si
typiquement méridional (et même si on ne tient
pas compte du fait que c'est un portrait très
ressemblant du juif prussien Moritz Schlesinger),
(10), c'est seulement au détour d'une phrase et

comme par hasard, alors que nous le connaissons
depuis longtemps, que Flaubert nous révèle ses
origines, lorsqu'il est dit qu'en jouant avec son
fils Arnoux 'zézéyait des caresses en patois
marseillais, son langage natal'. Quant à sa
femme, si elle est née à Chartres, elle a si peu
le type physique de cette région (dans la mesure
où il y en a un) que Frédéric 'la supposait
d'origine andalouse, créole peut-être'. Quelle
différence avec *Madame Bovary,* ou un personnage
comme Lheureux se trouve caractérisé entièrement
en termes de sa race ('né Gascon mais devenu
Normand, il doublait sa faconde méridionale de
cautèle cauchoise') et où Flaubert, à propos
d'Emma, parle de 'son sang de paysanne la
poussant au gain'!

Il serait donc erroné de prétendre que les
personnages de L'*Education sentimentale* sont
formés par la race ou le milieu. Mais à première
vue on serait tenté de croire que le troisième
élément de l'équation tainienne, le moment, y
revêt une importance capitale. Après tout, la
Révolution de Février, avec ses signes avant-
coureurs et ses conséquences, occupe une place
très importante dans le roman, et Flaubert s'est
documenté avec un soin tellement minutieux que
L'*Education sentimentale* reste un témoignage
historique d'une valeur incontestable. (11)   Il
est évident aussi que, par certains côtés tout
au moins, quelques-uns des personnages représentent des attitudes ou des tendances typiques des
années en question - Dambreuse, 'chérissant le
Pouvoir d'un tel amour qu'il aurait payé pour se
vendre', est par excellence le politicien corrompu,
égoiste et versatile qui a servi sous tous les
régimes de l'époque, de même que Sénécal est
avant tout le porte-parole du socialisme étroit,
fanatique et autoritaire tel que Flaubert le
concevait. Et pourtant, si les personnages

traversent les événements politiques de 1848, ces
événements en général ne touchent qu'à la
périphérie de leur existence, en tout cas en ce
qui concerne Frédéric et Mme Arnoux - il est
significatif que ce n'est pas l'émeute qui empêche
Mme Arnoux d'aller au rendez-vous de la rue
Tronchet le 23 février 1848, mais la maladie de
son fils. Dans son bel article 'Structure et
sens de L'*Education sentimentale*', (12) Jacques
Proust a fort bien démontré jusqu'à quel point
les 'premiers plans' et les 'fonds' du roman
peuvent être considérés comme indépendants les
uns des autres: il y a entre eux un rapport qu'
on pourrait appeler contrapuntique, plutôt qu'un
rapport de nécessité et de déterminisme.

A vrai dire, même sur le plan de la psychologie,
il serait difficile de parler de déterminisme
dans l'évolution des caractères. Dans *Madame
Bovary,* Flaubert s'est donné beaucoup de mal
pour suggérer des causes et des motivations pour
les actes et les sentiments des personnages, et
s'il n'a sans doute pas cherché à construire un
système psychologique rigoureusement déterministe,
il a en tout cas fortement accentué la part d'une
causalité évidente dans la nature humaine. (13)
Dans L'*Education sentimentale,* en revanche, c'est
surtout le hasard qui domine dans le comportement
des personnages. (14) Il serait inutile de
souligner tout ce qu'il y a d'inconséquent, de
velléitaire, de changeant dans le caractère de
Frédéric, où le 'défaut de ligne droite' qu'il
s'attribue à la fin du livre est partout très
visible: c'est un des thèmes majeurs du roman.
Frédéric se laisse distraire de ses intentions,
de ses ambitions, même de ses amours, par des
incidents mineurs, par des riens, par des gestes
ou des mots souvent mal interprétés. On peut
évidemment considérer que c'est là ce qui
constitue son caractère et que, par conséquent,

Flaubert n'a pas fait autre chose que de dépeindre,
par des techniques traditionnelles, un jeune homme
mou, passif et étourdi. Mais en réalité il s'agit
d'une sorte de déconstruction du personnage,
visible dans la présentation des autres personnages
aussi, même si les moyens ne sont pas toujours
exactement pareils. Flaubert s'est bien gardé de
fournir des explications plausibles pour toutes
les actions de ses personnages ou de les préparer
de longue main. Au contraire, très souvent il les
fait agir d'une façon imprévisible au point de
paraître presque gratuite. Prenons quelques
exemples.

De tous les personnages du roman, Martinon est
peut-être celui qui paraît le plus conséquent avec
lui-même. Calculateur, égoïste et froidement
ambitieux, il veut à tout prix parvenir à ses fins,
et il y réussit pleinement: il acquiert la richesse
en épousant Cécile Dambreuse et la considération
mondaine en devenant sénateur. Seulement, sa
réussite dépend d'une action que rien en lui ne
laisse prévoir. M. Dambreuse, voulant savoir si
c'est par intérêt que Martinon cherche à épouser
Cécile, lui fait comprendre qu'étant fille de
parents pauvres, elle n'aura pas de dot. Si
Martinon était logique avec lui-même, il essaierait
alors de trouver un prétexte pour se retirer. Mais
il n'en fait rien. 'Martinon, ne croyant pas que
cela fût vrai, ou trop avancé pour se dédire, ou
par un de ces entêtements d'idiot qui sont des actes
de génie, répondit que son patrimoine, quinze mille
livres de rente, leur suffirait'. Cette réponse,
si peu conforme à son caractère normal que Flaubert
la commente de trois manières non seulement différentes mais contradictoires, assure sa fortune et
son avenir, paradoxe ironique qui éclaire aussi
l'originalité de la psychologie qui s'y fait jour.

Un autre exemple montrera la curieuse discontinuité de cause à effet qu'on peut constater dans

le comportement des personnages de L'*Education
sentimentale*. Dans *Madame Bovary*, le lecteur
comprend très bien pourquoi tel personnage éprouve
tel sentiment; ici, Flaubert omet souvent
l'explication. Au plus fort des amours d'Emma
avec Rodolphe, la répulsion que lui inspire
Charles se traduit, entre autres choses, par une
irritation avec ses mains: 'jamais Charles ne lui
paraissait aussi désagréable, avoir les doigts
aussi carrés, l'esprit aussi lourd, les façons si
communes qu'après ces rendez-vous avec Rodolphe,
quand ils se trouvaient ensemble.' Lourdeur
de l'esprit, vulgarité des manières, grossièreté
du physique: tout se tient, et l'aversion d'Emma
pour ces doigts carrés est parfaitement compréhensible. Voici à présent Arnoux dans les bureaux
de *L'Art industriel:* 'il maniait les spécimens
étalés, en discutait la forme, la couleur, la
bordure; et Frédéric se sentait de plus en plus
irrité par son air de méditation, et surtout par
ses mains qui couraient sur les affiches, de
grosses mains un peu molles, à ongles plats'.
Que la personne d'Arnoux déplaise à Frédéric,
rien n'est plus naturel. Mais Flaubert ne nous
dit pas pourquoi l'irritation du jeune homme se
concentre sur les mains de l'autre, et si nous
cherchons à échafauder des explications à ce
sujet, nous risquons fort de solliciter le texte.
Ce refus de montrer l'enchaînement de cause à
effet est typique de la présentation lacunaire
de la psychologie dans L'*Education sentimentale*.
Alors que les personnages de *Madame Bovary*
apparaissent comme des blocs homogènes, ceux
du roman de 1869 font plutôt l'effet de faisceaux
d'impulsions et de sentiments à peine reliés entre
eux.
   Il est vrai que cette discontinuité est en
partie le résultat du point de vue adopté par
Flaubert dans ce livre, qui est, la plupart du

temps, celui de Frédéric, témoin peu perspicace
et peu curieux. (15) Frédéric a beaucoup d'amis,
qu'il ne rencontre que d'une façon intermittente;
il est souvent mal renseigné sur leur passé et
sur leur vie intime; il ne cherche guère à
deviner leurs sentiments véritables - ou, s'il
le fait, comme pour Mme Arnoux, c'est avec tant
de naïveté et d'aveuglement qu'il y réussit fort
mal. Parfois Flaubert supplée à ces déficiences
d'observation en nous permettant d'assister à des
scènes auxquelles Frédéric n'est pas présent,
comme à la maladie du fils de Mme Arnoux ou à la
tentative de séduction de Deslauriers. Parfois
aussi le lecteur devine facilement des secrets
qui échappent à Frédéric, comme les machinations
de Mme Dambreuse lorsque son mari est sur son
lit de mort, qui sont tout de même assez
transparentes. Mais très souvent le lecteur est
à peine mieux placé que Frédéric pour remplir
les intervalles du texte. Qu'est-ce qui relie
Arnoux et Regimbart? Qu'est-ce qui motive au
juste les querelles et les réconciliations de
Rosanette et la Vatnaz? Quels étaient les
sentiments de Mme Arnoux pour son mari au moment
où ils se sont épousés? Il serait vain de
vouloir répondre à ces questions, puisque les
éléments manquent qui pourraient permettre une
reconstitution complète de la réalité.

   D'ailleurs, même quand il y a une explication
possible, le fait de la taire ou de la retarder
change entièrement la perspective dans laquelle
le lecteur voit les personnages. Si, par
impossible, on imaginait l'incident de la
maison de la Turque à sa place chronologique,
c'est-à-dire au début de l'histoire, on aurait
une tout autre vue du caractère de Frédéric,
on serait tenté de l'expliquer en termes de
timidité ayant son origine dans cet échec
juvénile, on parlerait sans doute de

traumatismes et de complexes. De toute évidence, des extrapolations de ce genre ne sont nullement justifiées par le roman tel qu'il nous est présenté, et ce serait dénaturer le texte que de vouloir les faire. A cet égard, il est significatif qu'il y ait si peu de retours en arrière dans L'*Education sentimentale*. Normalement, les retours en arrière ont pour fonction de nous fournir des renseignements indispensables à la compréhension des actions et des passions des personnages - c'est pourquoi les romans de Balzac en sont bourrés. Leur rareté dans L'*Education sentimentale*, surtout étant donné le grand nombre des personnages, indique, de la part de Flaubert, une volonté certaine de réduire au minimum la quantité de faits explicatifs ainsi fournis.

Toutes ces particularités sont concordantes. Flaubert n'utilise plus dans L'*Education sentimentale* les méthodes de construction des caractères qui lui avaient servi dans *Madame Bovary* et peut-être même dans *Salammbô*, et qui servaient généralement à ses contemporains. Le nom, l'habitat, le métier, la classe sociale, les origines, le moment historique, le déterminisme du comportement - tout est systématiquement brouillé ou réduit à l'état de vestige. Il y a un abîme entre cette technique et celle de Zola, par exemple, Zola qui allait déclarer peu d'années après: 'nous estimons que l'homme ne peut être séparé de son *milieu*, qu'il est complété par son vêtement, par sa maison, par sa ville et sa province'. (16) Est-ce à dire que Flaubert ait abandonné les principes de déterminisme psychologique qui l'avaient guidé lors de la préparation de son premier grand roman? Il ne le semble pas. Dans ses lettres aussi bien que dans *Bouvard et Pécuchet,* Flaubert semble avoir gardé intacte sa croyance en l'influence de ces facteurs, surtout la race,

dans la formation de la personnalité: il n'est
nulle part question de renier, sur le plan
philosophique, des convictions qui paraissent
aussi solidement ancrées en 1869 qu'elles
l'avaient été en 1856.   A quoi donc faut-il
attribuer un renversement aussi radical et aussi
dramatique?   Et surtout, ce renversement a-t-il
été bénéfique ou non au roman qui en porte des
traces si visibles?

   Si ce n'est pas sur le plan philosophique qu'
on peut déceler la raison de ce changement, ce
sera sans doute sur le plan esthétique, qui est
d'ailleurs toujours primordial dans le roman
flaubertien.   Flaubert a écrit un jour: 'il faut
que tout sorte du sujet, idées, comparaisons,
métaphores' (17) et il n'a pas cessé de répéter
que, dans un roman, 'tout se tient'.(18)   Voyons
donc si le fameux Carnet 19 apporte des enseigne-
ments à cet égard.   Tout de suite, on remarque
que l'écrivain a eu, dès le début de ses
méditations, l'idée de ce genre de gratuité que
nous venons d'étudier: 'par hasard', 'le sentiment finit de lui-même', 'le hazard (*sic*) aussi
s'en mêle', 'des intermittences', 'une circon-
stance fortuite', 'pas de suite dans les idées -
voilà quelques-unes des expressions qu'on y
relève.   Et quand on constate que parmi les
premières idées notées par Flaubert pour ce roman
encore dans les limbes figurent les mots 'traversée
sur le bateau de Montereau', on commence à deviner
que ce qu'il est convenu d'appeler 'les personnages' n'est en réalité qu'un aspect d'un univers
romanesque conçu par l'auteur comme un tout
indivisible.   De bons critiques, notamment
M. Bernard Masson (19), ont déjà analysé
l'importance dans L'*Education sentimentale* des
images de l'eau, de la liquidité, de l'écoulement, de l'instabilité.   Le monde de L'*Education
sentimentale* est essentiellement insaisissable,

et Flaubert a tenu à estomper, on pourrait même
dire à vaporiser, tout ce qui pouvait le rendre
trop solide, trop tangible. Ce processus s'étend
jusqu'au travail du style dans la correction du
manuscrit, qui a été magistralement étudié par
Michael Wetherill, (20) et il est évident que les
personnages devaient nécessairement êtres traités
de la même façon, sous peine de sembler étrangers
au roman qu'ils peuplent. Quant à savoir si cette
technique si particulière et si neuve a été
bénéfique ou non, la question est sans doute mal
posée. Jean Pommier cite avec approbation
l'opinion d'Emile Faguet: 'En somme, le relief
étonnant avec lequel les personnages même
secondaires, même de troisième ordre, se
présentaient à nous dans *Madame Bovary,* Flaubert
en a comme perdu le secret dans L'*Education
sentimentale'.*(21) Oui, si on estime que les
personnages d'un roman doivent toujours être
vigoureusement campés, bien dessinés et brillam-
ment éclairés. Non, si on considère que les
personnages ne sont qu'un élément d'un texte qui
a son esthétique à lui, qui forme un ensemble
cohérent et unitaire, et qui obéit à des lois
qui lui sont propres.

Quoi qu'il en soit, il semble incontestable
que dans L'*Education sentimentale,* Flaubert
a trouvé une façon de comprendre et de présenter
les personnages qui est profondément originale
et qui par la suite aura des retentissements
incalculables dans le roman français. Les noms
de Proust, de Gide, de Robbe-Grillet, de
Nathalie Sarraute, de Claude Simon, de Georges
Perec viennent tout de suite à l'esprit. Ce
n'est pas un de ses moindres titres de gloire.
Mais le plus beau de tous, c'est sans doute
celui d'avoir su se renouveler si complètement
d'un roman à l'autre que chacun constitue un
monde à part.

1. Je laisse à M. Pommier la responsabilité de cette date.

2. Jean Pommier, *Dialogues avec le passé*, Paris, Nizet, 1967, p.156 (article publié pour la première fois en 1949).

3. Ibid., p.157, n.1.

4. Voir Marie-Jeanne Durry, *Flaubert et ses projets inédits*, Paris, Nizet, 1950. 'Mme Moreau' était le titre provisoire des premières ébauches.

5. Flaubert a commis cette erreur deux ou trois fois dans l'édition originale. Il l'a corrigée dans l'édition de 1880, sauf à un endroit où il l'a laissé subsister, ne la corrigeant que sur un de ses exemplaires personnels (voir Lucien Andrieu, 'Les dernières corrections de *L'Education sentimentale*', *Bulletin des amis de Flaubert*, 27, 1965).

6. Voir mon édition de *L'Education sentimentale*, Paris, Imprimerie Nationale, 1979, Vol.I, p.77. On ignore les raisons de ce changement.

7. Pierre Cogny ('*L'Education sentimentale*'

de Flaubert: le monde en creux, Paris,
Larousse, 1975, p.255) situe cet épisode en
mai 1843 et accuse Flaubert de s'être trompé,
le 24 mai cette année-là étant un mercredi.
Mais d'après le texte du roman, nous pourrions
aussi bien être en juin, et le 24 juin 1843
était bien un samedi.

8. C'est le terme qu'emploie Balzac dans L'Avant-
   Propos de *La Comédie humaine.*

9. Albert Thibaudet, *Gustave Flaubert,* Paris,
   Gallimard, 1935 (nouvelle édition 1973), p.169.

10. Voir Gérard-Gailly, *Le Grand Amour de Flaubert,*
    Paris, Aubier, 1944 (notamment p.149, n.1, où
    l'on trouve un commentaire sur la phrase de
    Thibaudet), et Helmut Steinhart-Leins,
    Flauberts grosse Liebe, Bade, Kairos Verlag,
    1951.

11. Voir surtout Alberto Cento, *Il realismo docu-
    mentario nell' 'Education sentimentale',*
    Naples, Liguori, 1967.

12. *Revue des Sciences humaines,* janvier-mars
    1967.

13. Voir à ce sujet l'admirable étude de D. A.
    Williams, *Psychological Determinism in
    'Madame Bovary',* Hull, University of Hull
    Publications, 1973.

14. Comme l'a démontré Jean Bruneau, 'Le rôle
    du hasard dans *L'Education sentimentale',*
    Europe, septembre-octobre-novembre 1969.

15. Voir l'étude fondamentale de R. J. Sherrington, dans *Three Novels by Flaubert,* Oxford, Clarendon Press, 1970.

16. 'De la description', dans *Le Roman expéri-mental,* Paris, Charpentier, 1894, p.228.

17. A Louise Colet, (12 juin 1852), *Oeuvres com-plètes de Gustave Flaubert,* Paris, Club de l'Honnête Homme, 1974, Vol.XIII, p.202.

18. C'est un aspect de la fameuse insistance sur l'identité de la forme et du fond.

19. 'L'eau et les rêves dans *L'Education senti-mentale, Europe,* septembre-octobre-novembre 1969.

20. 'Le style des thèmes. Le dernier manuscrit de *L'Education sentimentale', Zeitschrift für französische Sprache und Literatur,* octobre 1971 et janvier 1972.

21. Op.cit., p.156.

7 MIEKE BAL (Utrecht),

Théorie de la description; l'exemple de *Madame Bovary*

Sommaire

A première vue, la description occupe une place
marginale dans le texte narratif. Logiquement
et pratiquement elle est cependant indispensable. Aussi la narratologie se doit-elle de
rendre compte de ce type de discours, si type
il y a. Dans cet exposé, je mettreai brièvement au point l'état de la recherche dans ce
domaine. Des conceptions théoriques diverses
seront confrontées. Ensuite, je ferai quelques
suggestions pour l'analyse de la description.
Ainsi il sera successivement question de la
nature de la description comme type spécifique
de discours qui en détermine le repérage; de
sa structure interne; de sa place et fonction
dans le texte entier. L'importance toute
particulière du discours descriptif dans
Madame Bovary démontrera que paradoxalement,
la description peut être narrative là où la
narration même est impuissante.

Définition et délimitation: l'impasse
taxinomique

(1)   Il y avait, pour décorer l'appartement,
        accrochée à un clou, au milieu du mur dont
        la peinture verte s'écaillait sous le

salpêtre, une tête de Minerve au crayon noir,
encadrée de dorure, et qui portait au bas,
écrit en lettres gothiques: 'A mon cher papa'。
                    Gustave Flaubert, *Madame Bovary*

Malgré certaines ambiguïtés, dont l'inscription
du *but* de l'objet dans la description même est
peut-être la plus frappante, ce fragment ne
posera pas de problèmes de classification. Son
objet est une chose。
   Une telle constatation ne fera pas avancer
celui qui essaie de définir la description en
général。 Les difficultés sont nombreuses.
   La meilleure mise au point dans ce domaine,
la meilleure discussion de ce qui est encore et
de ce qui n'est plus descriptif reste l'article
de Genette (1969). L'auteur y discute les
définitions courantes. Toutes sont problématiques,
ou bien parce que fondées sur des conceptions
auxquelles nous ne souscrivons plus, ou bien
parce qu'insuffisamment distinctives。 Toutes
sont basées sur la distinction entre description et narration, distinction qui doit peut-être
être mise en question。 (Voir toutefois
l'approche originale de Kittay (1980), qui est
encore en préparation au moment où j'écris ces
lignes, mais qui mérite certainement d'être
sérieusement considérée).
   Cette distinction se situe à l'intérieur d'une
autre distinction, plus générale, entre récit
et discours. Dans la lignée de Benveniste,
cette distinction s'applique à trois niveaux
différents. D'abord, elle sert à répartir les
textes, les discours (I), entre les différents
genres, le genre narratif et le reste, discours
(II). Ensuite, à l'intérieur d'un texte narratif,
on distingue les fragments 'purement' narratifs,
où les événements sont représentés, des fragments discursifs (III), où les paroles des

personnages sont citées. J'appelle ces fragments
hypo-textes, pour souligner leur dépendance prag-
matique. A l'intérieur de la narration 'pure' qui
reste ainsi, différents modes sont distingués.
Le discours (IV) où le sujet narratif se réfère
à soi-même (certains types d'intrusions d'auteur
à la Blin) s'oppose à la narration (encore plus
pure) où les événements, et rien d'autre, sont
représentés 'objectivement'. Reste ici une
troisième catégorie, les fragments où il n'y a
pas auto-référence du sujet, mais pas non plus
représentation d'événements, ou pas exclusivement. Ces fragments sont les descriptions.

TABLEAU 1   DISCOURS ET RECIT

discours (I)

		narration (histoire; texte narratif)		discours (II) (tous les textes non-narratifs)
	narration 'pure' (représentation)		discours (III) (discours direct; hypo-texte)	
narratif descriptif	discours (IV) (auto référence du sujet discursif)			

Cette distinction a mené à toute une floraison
de philosophies sur la nature de la description,
dont Genette démontre implacablement l'allure
boiteuse ou circulaire.
1. Avant l'apogée du structuralisme, la distinction était basée sur le *statut ontologique* de
l'objet décrit. Si l'objet de la narration est
une action ou un événement, la description
représente les choses, les êtres, les lieux.
Dans la même conception se situe la distinction
suivante.

2. Elle est basée sur le mode d'existence de
l'objet représenté. L'événement a une existence
temporelle, l'objet, la personne, le lieu existent
dans l'espace.
La description du dessin citée plus haut répond
à ces deux critères. Le fragment suivant, répondant
au premier mais pas tout à fait au second critère,
démontre qu'ils sont tout de même différents.

(2) 'Mais sa robe longue l'embarrassait, bien
qu'elle la portât relevée par la queue, et
Rodolphe, marchant derrière elle, contemplait
entre ce drap noir et la bottine noire la
délicatesse de son bas blanc, qui lui semblait
quelque chose de sa nudité.'
Madame Bovary

L'objet représenté dans ce fragment est constitué
indéniablement en premier lieu par des êtres et
des choses; cependant, le passage du temps est
net. Intuitivement, ce passage serait qualifié
de descriptif. Le premier critère est donc plus
adéquat que le second.
Théoriquement ils posent un problème tous les
deux. L'objection la plus importante qu'on peut
leur faire est qu'ils sont fondés sur une distinction entre les différents objets du texte, et
non du texte même. C'est pourquoi ils ne sont
pas spécifiquement textuels. Ils ne définissent
pas un type spécifique de discours.
3. Les structuralistes des années soixante ont
une perspective fonctionnaliste. Genette (1969:
57) appelle la description l'*ancilla narrationis,*
au service de la narration. Il y voit un paradoxe.
La description est secondaire mais indispensable.
La narration est primaire, mais on peut s'en
passer; il y a des textes purement descriptifs.
Cette autonomie de la description est en
proportion inverse de son importance fonctionnelle.

4. Dans la terminologie de Barthes (1966) la description ne peut être qu'*indice* (renvoi thématique) ou *catalyse* (remplissage) dans la structure narrative, jamais elle n'est noyau.

Ce n'est pas étonnant. Le modèle de Barthes ne rend compte que de structure narrative, autrement dit de la série d'événements. Ses critères pour le repérage des noyaux sont formulés en termes d'analyse de l'action. Constater, à partir de là, que les fragments dont l'objet est autre chose qu'une action ne peuvent pas être des noyaux, ressemble à un raisonnement circulaire (comme il arrive si souvent, ce n'est pas Barthes mais ses disciples qui font preuve de cette naïveté).

Il est possible de pousser plus loin le paradoxe de Genette. Parlant d'autonomie de la description cependant, il sort des limites du domaine traité dans son article: le texte narratif. Evidemment, il y a description sans narration, non seulement en poésie mais dans le premier quotidien ou guide de voyage venus. Lorsque, par contre, Genette veut démontrer que le verbe dans 'il saisit un couteau' a un aspect descriptif, il y a un glissement assez fort d'un (fragment du) texte à un aspect de chaque mot. Et ceci après avoir ironisé sur la thèse que 'l'arbre se dressait' serait une phrase narrative. Qu'il relativise cette thèse, parce qu'elle empêcherait toute distinction, je le veux bien; autant vaut relativiser dans les deux sens.

5. La dernière conception discutée par Genette est celle de la sémiotique. Dans cette conception, la distinction entre les deux types peut se faire selon la coïncidence globale de l'expression et du contenu, les deux sous-codes primaires de la *semiosis* langagière (voir Eco 1977: 48-54). Dans la narration, l'expression qui implique toujours le passage d'un certain

temps, coïncide globalement avec le contenu, la
série d'événements qui se déroule également dans
le temps. Il ne s'agit pas, bien entendu d'une
isochronie entre expression et contenu, mais
uniquement d'une isomorphie principielle et
globale qu'on ne trouve pas dans la description.
L'expression, dans ce cas, implique du temps,
le contenu se déploie dans l'espace.

Cette conception se rapproche du deuxième
critère. Dans la pratique elle pose les mêmes
problèmes. La contradiction dans la caractérisation du fragment (2) n'est pas résolue. Théoriquement, elle est plus attirante parce qu'elle
rend compte de la relation entre expression et
contenu, spécifiquement langagière. En outre,
elle explique la gêne souvent ressentie, tant
par les auteurs que par les lecteurs, devant la
description. J'y reviendrai.

6. Du côté des structuralistes d'inspiration
plus directement linguistique (une linguistique
non métaphorique cette fois) plusieurs modèles
ont été proposés qui cherchaient à isoler par
des voies les plus mécaniques possibles, la
structure de l'histoire. L'objectif (isolation
du *plot*) montre le rapport avec les premiers
structuralistes (voir aussi Culler 1975: 96-109).
On continue de 'Propper'. La recherche de la
procédure mécanique montre l'influence de la
linguistique. On trouve ces modèles souvent
dans des revues comme *Semiotica* et *Poetics*. Un
des articles de Hendricks en fournit un exemple
représentatif (1973).

Il propose un nombre de démarches menant à la
normalisation du texte. Il arrive à un nombre
limité de propositions (au sens logique uniformes.
L'excision de *description assertions* constitue
une des premières phases. Les critères qu'il
donne sont d'ordre linguistique. Hendricks
caractérise la description comme des phrases

dont le verbe a un complément subjectif. Globalement ce sont les copules. L'application des
indications de Hendricks pose des problèmes.
Ainsi il considère la phrase suivante comme
descriptive:

(3)   'When the Negro opened the blinds of one window
      they could see that the leather was cracked'
                          W. Faulkner, *A Rose for Emily*

Cependant, cette phrase contient au moins un
verbe qu'on ne peut pas considérer comme copule
(*to open*). *To see* est également problématique
sous cet angle, mais là le problème est éventuellement soluble. Intuitivement, je prendrais la
phrase pour partiellement descriptive, mais elle
contient aussi une partie narrative. La méthode
de Hendricks ne tranche pas dans des cas pareils.
Il considère comme descriptions bien des séquences
que le jugement intuitif s'opposerait à considérer
comme telles.
    Outre les problèmes pratiques que pose ce
procédé 'mécanique', Hendricks nous laisse dans
l'aporie en ce qui concerne la correspondance
entre les notions linguistiques (copules) et
logiques (propositions, prédicats à deux places).
7. Dans une analyse et une application critique
du modèle de Hendricks, Van der Ven (1978: 22)
constate que beaucoup d'éléments qui, intuitivement, ne seront pas considérés comme faisant
partie de l'histoire (*plot*) ne peuvent pas être
éliminés suivant cette voie. Bien que Van der
Ven ait le même objectif que Hendricks (isolement 'mécanique' de l'histoire) il choisit un
critère narratologique: il réunit tous les
éléments prédiégétiques et a-diégétiques dans une
grande catégorie. Ce sont tous les fragments
qui interrompent la ligne de l'histoire. Toute
anachronie à portée externe, tout élément

discursif (III et IV) en font partie. Au fond,
c'est un retour à Barthes, chez qui les indices
et catalyses comportent aussi, à côté des
descriptions, toute sorte d'éléments divers.
Tant que la recherche reste centrée autour de
l'action, il n'y a pas de solution au problème
de la description.
8.   L'article le plus important consacré à la
description en tant que telle est encore celui
de Philippe Hamon (1972).   Il ne se préoccupe
guère du critère, il n'en a pas vraiment besoin.
Toutefois, il donne une caractéristique intéressante de la description.   Selon lui, celle-ci
obéit aux lois d'une prévisibilité lexicale,
tandis que les fragments narratifs sont déterminés
par une prévisibilité logique (le terme de
logique est à prendre dans le sens de la logique
de l'action à la Bremond).   Par prévisibilité
lexicale Hamon entend que la description se compose d'une énumérations des parties constituantes
de l'objet décrit.   Cette énumération est en
principe exhaustive, elle est terminée quand le
lexique est épuisé.   Ainsi la description d'un
personnage serait interrompue dès que toutes les
parties du corps humain sont énumérées.   Evidemment, Hamon ne prétend pas que cette caractéristique théorique se rencontre souvent dans la
pratique.   Mais l'inverse importe davantage.
Une telle description de personnage ne peut pas
comporter des parties d'un autre objet (p.ex.
un toit de chaume) si ce n'est en tant que
comparant d'une métaphore.   Une conséquence de
cette conception serait que la description
n'interrompt pas seulement en pratique, mais
principiellement la diégèse, puisque celle-ci
répond à d'autres lois.
9.   La conception la plus rigoureuse est celle
de Klaus (1980).   Il définit la description dans
le cadre de la logique des prédicats.   Il y a

description dès que des prédicats sont assignés
à un sujet. Cette définition est plus précise
que le paradoxe de Genette. Elle mène au même
scepticisme quant à la possibilité de délimitation.
Aussi Klaus s'y refuse-t-il. Il ne veut pas
opposer description à narration. Pour lui, le
descriptif est une fonction du texte entier et
non pas une partie du texte.

Voici à quoi aboutit une réflexion rigoureuse
sur le problème. Si l'histoire d'un texte
narratif est définie comme une série d'événements,
causés ou subis par des acteurs (Bremond 1966 n'a
pas été démenti sur ce point de façon convaincante),
il est impossible, tant du point de vue théorique
que du point de vue pratique, de séparer les
événements des acteurs qui les produisent, des
lieux où ils se produisent, des objets ou des
êtres qui en subissent les conséquences. Les
efforts taxonomiques, dont les exemples discutés
ont été schématisés (tableau 2) ne pouvaient
aboutir qu'à une impasse. Dans la pratique de
l'analyse, il est possible de résoudre plus ou
moins ce problème en faisant appel à plusieurs
critères en même temps, et au bon sens. Ce n'est
pas pour résoudre le problème théorique, mais cela
nous permet de désigner des fragments spécifiques
comme des descriptions de *communis opinio,* et de
poursuivre la recherche malgré le problème de fond.

Motivation: le réalisme inéluctable

Il y a des descriptions. Nous les reconnaissons
intuitivement, et en général nous réussissons à
justifier plus ou moins nos choix. Et, de plus,
ce sont justement ces fragments dits descriptifs
que la critique présente souvent comme caractéristiques du style, de l'écriture d'un auteur.
Il est donc indispensable d'en rendre compte
dans un modèle narratologique, si l'on veut que

TABLEAU 2

CRITERES POUR LA SELECTION DES SEQUENCES DESCRIPTIVES

base	ontologie	fonctionnalisme		sémiotique	linguistique	narrato-logique	logique	
critère	nature de l'objet représenté	mode d'existence	autonomie du mode	importance et fonction	coïncidence des s-codes (systèmes)	complément du verbe	succession diégétique	prévisibilité	stabilité
narration	actions événements	temporel	facultative	primaire (constitutive) noyau	coïncidence sé - sé successifs	verbe à complément non-subjectif (verbe absolu ou transitif)	ligne diégétique in-interrompue	prévisibilité logique	changement des prédicats
description	objets êtres	spatial	indispensable	secondaire (décorative, explicative) indice, catalyse	non-coïncidence (sé successifs sé simultané)	verbe à complément subjectif (verbes 'copulatifs')	élément non-diégétique ou pré-diégétique	prévisibilité lexicale	stabilité des prédicats
source	Genette 1969:56	Genette 1969:57	Genette 1969:57	Genette 1969:57 Barthes 1977:24	Genette 1969:60	Hendricks 1973:169-174	Van der Ven 1978:17-22	Hamon 1972:6	Klaus 1980

cette discipline sorte enfin des limites - trop restrictives - de la théorie de l'action. L'impasse taxonomique nous force à accepter une notion toute relative du discours descriptif. Appelons donc description, tout fragment où la fonction descriptive (Klaus 1980) est prédominante. Un tel critère ne peut servir que pour caractériser des séquences; pour trancher dans des cas douteux il est insuffisamment sûr.

Pourquoi, au fond, se préoccupe-t-on tant de la question de savoir ce qu'est une description (voir le titre de l'article d'Hamon), puisque la question est sans issue? Dans la tradition réaliste la description a toujours été ressentie comme gênante. Genette (1972: 186-189) montre comment Platon, dans *La République,* a essayé de réécrire des fragments d'Homère de façon qu'ils devinssent 'vraiment', 'purement' narratifs. La première chose (mais pas la seule) qui est sacrifiée est la description. Homère lui-même semble éviter ou escamoter la description, en la narrativisant. Le bouclier d'Achille est décrit (?) pendant sa fabrication; on décrit (?) l'équipement d'Agamemnon en racontant la façon dont il s'habille. Dans le roman réaliste du dix-neuvième siècle, les descriptions sont sinon narrativisées, au moins motivées. Et malgré les tentatives dites pour éviter le mimétisme, le Nouveau Roman n'a pas fondamentalement rompu avec cette tradition.

A partir de l'idée que la description interrompt la ligne diégétique, Hamon (1972) a monté une typologie des modes d'insertion. Or, l'insertion d'une description demande une motivation. Le postulat de l'objectivité, le grand mensonge de Zola, rend nécessaire une forme de *naturalisation* (Culler 1975: 131 e.s.), qui doit faire accepter l'interruption du récit que serait la description. Cette prétendue

objectivité, et la subjectivité suprême se rencontrent et coïncident lorsque le personnage est
investi de la fonction d'*authentifier* (Dolezel
1980) le contenu narratif. Ce paradoxe est à
la base de la typologie de la motivation esquissée par Hamon。 Genette (1966) a déjà insisté
sur le fait que l'opposition entre *vraisemblable*
et *arbitraire* est en soi vide de sens. Elle n'a
de sens que réduite à l'opposition entre *motivé*
et *non-motivé,* puisque dans le texte fictionnel
(et même, à la rigueur, dans tout texte narratif)
tout est arbitraire. Seule la motivation, selon
quelque logique que ce soit, peut suggérer la
vraisemblance et authentifier le contenu du
texte. Hamon postule donc une motivation pour
toute description - en principe。 Et l'histoire
de la littérature semble lui donner raison.
Cela pourrait s'expliquer par le sentiment de
gêne, l'idée que la description n'est pas
'naturelle', parce que la coïncidence sémiotique
du cinquième critère fait défaut. Cette gêne
devant la description pourrait être causée par
un besoin profond d'*iconicité* (Van Zoest 1977
Peirce 1978). Les fragments narratifs (à fonction narrative prédominante) sont iconiques.
Globalement ils ressemblent à leur contenu,
parce que tous deux impliquent un ordre temporel.
Cette analogie manque dans le cas d'une description; celle-ci est *arbitraire*。 La motivation
de la description vise donc toujours à l'intégrer
dans l'ordre temporel, afin qu'elle soit, par
rapport au texte narratif, *naturalisée* (le
terme anglais de *naturalisation* se traduit mal).
  Hamon distingue trois motivations. La fonction motivante est réalisée par le regard, la
parole ou l'action。 L'ordre dans lequel Hamon
examine ces trois types est celui de leur
fréquence. La motivation la plus efficace, la
plus fréquente et la plus discrète est le regard.

Un personnage voit un objet. La description 'raconte' ce qu'il voit. Le regard se déroule dans le temps. Ainsi la description est intégrée dans l'ordre et dans la durée de la narration. Mais le regard demande à son tour à être motivé. Il faut assez de lumière pour que l'objet soit visible. Donc il y a une fenêtre, une porte ouverte, un angle de vision, à leur tour susceptibles d'être décrits, et donc d'être motivés. Le personnage doit donc avoir le temps de regarder (regard qui du coup devient souvent contemplation) et il doit être motivé (dans le sens de la pédagogie moderne!) pour regarder. Donc il y a des oisifs et des curieux, des chômeurs ou des rentiers, des promeneurs du dimanche. Vu l'arbitraire des éléments du monde fictif, la nécessité de la motivation est infinie. Il est donc problématique d'en finir avec elle. D'où cette préférence manifeste pour la forme la plus discrète : moins la motivation saute aux yeux, plus il est facile de l'interrompre. On a beaucoup insisté sur cette forme de motivation à propos de l'exemple suivant :

'/Il arriva un jour vers trois heures; tout le monde était aux champs; il entra dans la cuisine, mais n'aperçut point d'abord Emma; les auvents étaient fermés./ Par les fentes du bois, le soleil allongeait sur les pavés de grandes raies minces, qui se brisaient à l'angle des meubles et tremblaient au plafond. Des mouches, sur la table, montaient le long des verres qui avaient servi, et bourdonnaient en se noyant au fond, dans le cidre resté. Le jour qui descendait par la cheminée, veloutant la suie de la plaque, bleuissait un peu les cendres froides. Entre la fenêtre et le foyer, Emma cousait; elle n'avait point de fichu, on

voyait sur ses épaules nues de petites gouttes
de sueur. '

Madame Bovary 23

Cette motivation n'exclut pas la double focalisation : il suffit que le 'prétexte à décrire'
fonctionne.
Il me semble injustifié de limiter cette forme
au regard physique. Pour des raisons de systématique, il paraît plus approprié d'étendre cette
forme de motivation à la catégorie narrative de
focalisation. Ainsi, il n'y a pas de raisons pour
distinguer l'exemple précédent, en ce qui concerne la motivation, de la description suivante.

(5)   '(il estima que cette défense de la voir était
pour lui comme un droit de l'aimer). Et puis
la veuve était maigre; elle avait les dents
longues; elle portait en toute saison un petit
châle noir dont la pointe lui descendait entre
les omoplates; sa taille dure était engainée
dans des robes en façon de fourreau, trop cour-
tes, qui découvraient ses chevilles avec les
rubans de ses souliers larges s'entrecroisant
sur les bas gris.'

Madame Bovary 20

Bien qu'il ne s'agisse pas d'un regard physique
momentané ici, Charles est incontestablement le
focalisateur de cette vue de la veuve.
Hamon parle d'une *thématique vide* à propos de
cette thématique motivante. En principe illimi-
tée, elle a en général une forme comme celle-ci:
tableau 3.

TABLEAU 3

personnage --	notation de	-pause	--	verbe de perception --	notation de	-champ de vision	-- obj
		-motivation du regard				-lumière	
						-corps transparent	

Quand le personnage ne fait pas que regarder mais qu'il décrit lui-même ce qu'il voit, la motivation change, même si toutes les exigences indiquées plus haut restent en principe en vigueur. La situation locutoire demande un interlocuteur. Le locuteur doit posséder la connaissance que l'interlocuteur n'a pas mais désire acquérir. Celui-ci sera donc aveugle, trop jeune, incompétent, hors du champ de vision.

Hamon discute une troisième forme qui sort presque des limites du descriptif. Il s'agit de la description dite homérique, où le personnage *agit* sur l'objet descriptible. La description est alors complètement narrativisée. Un exemple connu est la scène de *La bête humaine* où Jacques nettoie (caresse) pièce par pièce (membre par membre) sa locomotive chérie.

Hamon insiste sur la possibilité de combinaison entre ces trois types de motivation, même si, pour la clarté de l'analyse, il les discute séparément. Il n'approfondit pas -ce n'est pas son propos- le statut différent que reçoivent les différentes descriptions ainsi introduites par rapport à l'action. Dans le cadre du modèle narratologique exposé dans ma *Narratologie* (Bal 1977) il est aisé de situer ces trois types en rapport avec les trois niveaux de signification narrative distingués dans ce modèle. La motivation se situe au niveau du *texte* quand le personnage décrit son objet lui-même; au niveau du récit (de la focalisation) quand la motivation provient du regard ou vision du personnage ; au niveau de l'histoire (de l'action) quand le personnage agit sur l'objet. Un exemple du premier type (motivation textuelle) est la description que le jeune Heatchcliff donne de la famille Linton dans *Wuthering Heights*. Il est bien obligé de donner cette description; Nellie lui demande de rendre compte de son excapade avec

Cathy, et du fait qu'il est revenu sans elle.

La motivation est au fond l'explicitation de rapports entre les éléments. Puisque, dans le texte fictionnel, ces rapports ne vont pas de soi, ils ne peuvent jamais être *assez* motivés. D'où le paradoxe qu'en dernière instance, la motivation est, elle aussi, arbitraire.

La structure interne : contiguïté

Voici, simplifiée à l'extrême, la réponse de Philippe Hamon à la question de son titre : 'qu'est-ce qu'une description?'

Une description se compose d'un *thème* (exemple: 'maison') qui désigne l'objet décrit, et d'une série de *sous-thèmes* (exemple: 'porte', 'chambre', 'cuisine'), désignant les parties composantes de l'objet. L'ensemble des sous-thèmes constitue la *nomenclature*. Les sous-thèmes peuvent être pourvus ou non de *prédicats* (exemple : 'beau', 'vert', 'grand', 'utile'). Ceux-ci sont *qualificatifs* lorsqu'ils désignent une qualité de l'objet (exemple: 'beau'); ils sont *fonctionnels* lorsqu'ils désignent une fonction, action ou emploi (virtuel ou réel) de l'objet (exemple: 'pour deux personnes'). Les métaphores et les comparaisons sont des prédicats.

La distinction entre prédicats qualificatifs et fonctionnels est souvent difficile à faire dans la pratique; mais ce problème marginal n'invalide pas le modèle dans son principe.

Le modèle est basé sur le principe de *contiguïté*. La relation entre thème et sous-thème est inclusive. Les prédicats n'interviennent qu'au niveau des sous-thèmes. Il va sans dire que le thème même peut aussi être pourvu d'un ou de plusieurs prédicats. Le modèle est hiérarchique. Un sous-thème peut à son tour être divisé en unités plus petites de sorte que l'inclusion

peut être représentée. Si nous renonçons pour
l'instant à ces petites complications, il reste
une structure simple et claire (tableau 4).

TABLEAU 4   LE MODELE SIMPLE

thème	
sous-thème 1	(prédicat)
sous-thème 2	(prédicat)
sous-thème 3	(prédicat)
sous-thème 4	(prédicat)

Il est facile d'adapter ce tableau aux complications nommées au besoin (tableau 5).

TABLEAU 5   LE MODELE ADAPTE

thème	(prédicat)
sous-thème 1	(prédicat)
sous-thème 1a	(prédicat)
sous-thème 1b	(prédicat)
sous-thème 2	(prédicat)
sous-thème 2a	(prédicat)
sous-thème 2b	(prédicat)
sous-thème 3	(prédicat)
sous-thème 3a	(prédicat)
sous-thème 3b	(prédicat)

Le tableau n'en est pas moins clair. Pour l'analyse d'une description spécifique, il suffit de mettre les mots qui la constituent dans les différentes cases.

A première vue ce modèle ne pose pas beaucoup de problèmes dans son application. Dans la pratique de l'analyse textuelle, pourtant, d'autres adaptations sont souvent requises. Il serait trop facile de dire, comme on l'a fait plusieurs fois, que ces difficultés proviennent du fait que Hamon s'est uniquement basé sur la description à la Zola. D'abord, ce n'est pas vrai. Même si Zola constitue son corpus principal, pour des raisons aussi compréhensibles que justifiées, des descriptions de différents auteurs, de différentes périodes et de différents genres (y compris le *Guide du fromage*) sont invoquées, aussi bien pour appuyer le modèle que pour le nuancer. Mais le reproche est injuste pour une raison plus grave. Il n'est pas vrai que la description dite traditionnelle, autrement dit réaliste ou rhétorique, entre plus facilement dans le moule du modèle. Le texte suivant, pris dans *Daphnis et Chloé* de Longus, traditionnel s'il y en a, puisque typique du topos du *locus amoenus* (voir aussi Raible 1979), pose des problèmes analogues à ceux, bien connus, que pose la description de la casquette de Charles Bovary.

(6)   1 Ce jardin - une vraie merveille - était disposé à la façon des jardins royaux. Il s'étendait sur la longueur d'un stade, en un lieu élevé, et sa largeur était de quatre plèthres. 2 On eût dit une longue plaine[1]. Toutes sortes d'arbres s'y trouvaient : pommiers, myrtes, poiriers, grenadiers, figuiers, oliviers. Et, tout près, une vigne haute qui

s'appuyait sur les pommiers et les poiriers,
gonflait ses grappes noires, comme pour faire
rivaliser raisins et fruits. 3 C'étaient là
les plants cultivés; mais il y avait aussi
des cyprès, des lauriers, des platanes et des
pins, et sur eux prenait appui non pas une
vigne, mais un lierre dont les grappes grosses et noircissantes prenaient l'apparence
du raisin. 4 Les arbres fruitiers étaient au
centre du jardin, comme pour se faire protéger; les arbres stériles étaient tout à l'en-
tour, comme une clôture faite de main d'homme, et, néanmoins, un petit mur de pierres
sèches courait autour du jardin, dont il fermait l'enceinte. 5 Chaque chose était bien
séparée, et mise en place distincte; les arbres
étaient, à leur pied, distants les uns des
autres; mais, en haut, leur branches se re-
joignaient et entrecroisaient leur feuillage,
et ce qui était nature semblait artifice. 6
On voyait aussi des plates-bandes de fleurs,
les unes produit de la nature, les autres de
l'art : des plants de roses, des hyacinthes,
des lis étaient l'oeuvre du travail humain ;
des violettes, des narcisses, des pimprenel-
les étaient simples produits de la terre. Il
y avait là de l'ombre l'été, au printemps des
fleurs, à l'automne des fruits, et, en toute
saison, c'était un délice.

Il n'est pas nécessaire d'analyser ce texte en
détail pour pouvoir signaler quelques difficultés. Faut-il inscrire les mesures (longueur,
largeur, élévation) comme sous-thèmes ou comme
prédicats? Mais surtout : quelle hiérarchie
sous-tend cette description? D'abord il y est
question d'arbres, ensuite de fleurs. Mais

cette division est traversée par celle entre
plantes sauvages et plantes cultivées. Si nous
considérons cette dernière division comme dominante, ce qui se justifie par son caractère
systématique et suivi, la précédente en serait
une sous-division. Dans ce cas, le caractère
linéaire de la description se perd complétement.
En outre, il y a une troisième division, difficile à placer par rapport aux deux autres.
C'est celle entre centre et périphérie. Les
saisons, qui interviennent vers la fin, créent
un nouveau problème, comparable à celui posé
par les mesures. Au contraire de ce qu'on atten-
drait, le modèle de Hamon s'applique encore
plus difficilement à ce texte fortement conventionnel qu'à celui, moins orthodoxe, de Flaubert.
Cela peut s'expliquer sans doute par le point
de départ de la prévisibilité lexicale. La convention du *locus amoenus* est non-réaliste,
tandis que celle de l'énumération des parties
constituantes (sous-thèmes) est réaliste.
Le jardin de Longus est décrit suivant des
principes (conventionnels et syntaxiquement
prévisibles) textuels, rhétoriques, qui ne sont
pas liés à la composition de l'objet décrit
mais uniquement à l'attente euphorique de
l'idylle. Du point de vue réaliste, les éléments d'une telle structure peuvent être incon-
grus, voire contradictoires. Dans le cas présent, il y a d'abord une symétrie (entre arbres
sauvages et arbres cultivés, chaque groupe
étant pourvu d'une plante rampante: vigne-lierre)
ensuite, une construction concentrique intervient (opposition: centre-périphérie) difficilement conciliable avec l'image évoquée plus
tôt. Ce n'est pas très frappant à la lecture.
On s'en rend compte seulement quand on essaie
de dessiner ce jardin. Car ce jardin est textuel,

et ne consiste qu'en mots; Et l'*ordre* (dans
les deux sens de succession et de structure
nette et propre) n'existe qu'entre ces mots.

Le modèle de Hamon nécessite une adaptation
pour ce texte. L'adaptation va dans le sens
de l'extension. Les différentes divisions (sauvage-cultivé; droite-gauche; centre-périphérie)
peuvent être désignées comme des prédicats des
sous-thèmes qui y obéissent, mais c'est forcer
un peu les choses, et ce n'est pas pour rendre
le schéma plus clair. L'autre division, celle
entre arbres et fleurs, peut être maintenue
et coïncide avec l'ordre textuel. Ces deux
grands sous-thèmes sont ensuite sous-divisés,
d'abord en sauvage-cultivé, ensuite -nouvelle
échelle- en espèces. Mesures et saisons peuvent être prises comme prédicat du thème principal.

La description de la casquette, exemple canonique analysé par plusieurs auteurs (Ricardou critique l'analyse de Hamon, sans être
convaincant, et innombrables sont les tentatives faites pour dessiner cet objet monstrueux)
se compose de deux parties.

(7)   'C'était une de ces coiffures d'ordre composite, où l'on retrouve les éléments du bonnet à poil, du chapska, du chapeau rond, de
la casquette de loutre et du bonnet de coton
une de ces pauvres choses, enfin, dont la
laideur muette a des profondeurs d'expression comme le visage d'un imbécile. Ovoïde
et renflée de baleines, elle commençait par
trois boudins circulaires; puis s'alternaient,
séparés par une bande rouge, des losanges de
velours et de poils de lapin; venait ensuite
une façon de sac qui se terminait par un

polygone cartonné, couvert d'une broderie en
soutache compliquée, et d'où pendait, au bout
d'un long cordon trop mince, un petit croi-
sillon de fils d'or, en manière de gland. Elle
était neuve; la visière brillait.

Madame Bovary 22

La première phrase est globalement caractérisan-
te et évaluative. La deuxième phrase décrit la
casquette en détail. Pour une analyse, voir tableau 6.

Il y a deux problèmes. En premier lieu il est
impossible de rendre compte, dans la construction du tableau, de la différence fondamentale
entre la première et la deuxième phrase. La différence entre caractérisation globale et évalua-
tion d'un côté, et description détaillée de
l'autre, peut pourtant se lire dans le contenu
des cases. Le deuxième problème est peut-être
plus grave : il est impossible de rendre les
liaisons entre les éléments. Ces liaisons con-
sistent *grosso modo* en une série de formes verbales, parfois pourvues d'un complément adver-
bial :

où l'on retrouve
enfin
a (entre laideur muette et profondeurs d'expression
elle commençait
puis s'alternaient
séparés par
venait ensuite
qui se terminait
et où pendait
au bout de

Nous retrouvons ici le point de départ de Hamon;
aussi l'analyse est-elle limitée au lexique. Les

TABLEAU 6

LA CASQUETTE

thème	prédicat
a. une de ces coiffures	d'ordre composite
b. une de ces choses	pauvre
c. elle	ovoïde
	renflée de baleines
	neuve

sous-thèmes	prédicats
a. éléments du bonnet (1)	à poil
chapska (2)	
chapeau (3)	rond
casquette (4)	de loutre
bonnet (5)	de coton
b. laideur	muette
profondeurs d'expression	comme le visage d'un imbécile
c. boudins	circulaires
losanges	de velours
bande	rouge
losanges	poils de lapin
sac	une façon de
polygone	cartonné
	couvert d'une broderie
broderie	en soutache
soutache	compliqué
cordon	long
	trop mince
croisillon	en fils d'or
en fils	d'or
(croisillon)	en manière de gland
visière	brillait

liaisons comportent des indices temporels. Il
devient clair maintenant que ce modèle est dérivé de la conception du critique concernant
la nature de la description, censée interrompre
le cours du temps (il est vrai que ce temps
dans la description est un pseudo-temps; non-
diégétique, caractéristique de l'écriture flaubertienne, toutefois propre à troubler la distinction temps-espace).

Ricardou (1978:24-88) insiste sur cet aspect
du style descriptif de Flaubert (et il y consacre du temps!). Il y voit un indice de la modernité de Flaubert, décrite comme une attitude
anti-mimétique: la description est textuelle;
le renvoi à un objet est secondaire, voire con-
trarié par le texte. Dans ce sens, Longus est
évidemment aussi moderne que Flaubert. Labov
(1975) démontre que l'emploi d'une structure
pseudo-temporelle caractérise également la description 'spontanée'. Les recherches de Labov
sur ce qu'il appelle *natural narrative* sont
d'ailleurs à plusieurs égards des sources ines-
timables pour les narratologues trop enfermés
dans le littéraire, qui ont tendance à prendre
toute caractéristique textuelle pour un signe
de littérarité, voire de Flaubertisme.
Ricardou s'oppose vivement au modèle de Hamon
(et, viveblement, à la notion même de modèle ,
parce qu'il la surestime: il n'en voit pas le
caractère tout relatif parce que purement opératoire). Il estime que le principe hiérarchique ne peut pas rendre justice aux aspects paradoxaux, complexes de la description flaubertienne. Cette résistance, en un sens compréhensible,
est purement affective. Comme je l'ai indiqué,
le modèle se limite à l'analyse lexicale. Cette
portée limitée n'est pas en soi un mal. A l'in-

térieur de ses limites, dont Hamon ne se cache pas, il fonctionne assez bien.

Ricardou propose une alternative. Hostile à la construction hiérarchique, notion qu'il sématise naïvement, (et invoquant trop facilement 'l'idéologie dominante' pour la démolir), il dessine un arbre dont le principe est centraliste (voir tableau 7). Tous les éléments partent du centre thématique et y restent attachés. Ricardou distingue différentes relations dont les principales sont :

- la situation: la relation des parties au tout;
- la composition: la relation du tout aux parties;
- la qualification: au moyen de prédicats.

Les définitions des relations sont plutôt confuses et se recoupent partiellement. L'analyse que Ricardou fait de la casquette semble arbitraire sur plusieurs points. L'ordre de succession des éléments du texte se perd, ce qui est étonnant, vu l'insistance sur le caractère textuel de la description. La caractérisation globale de la casquette a disparu. Et, chose encore plus étonnante, ici aussi les liaisons disparaissent. La clarté et l'efficacité opératoire du modèle Hamon sont loin. Ricardou est un critique littéraire original, créatif et sensible, et ses analyses sont souvent précieuses; ses constructions théoriques, pourtant, sont extrêmement violentes comme formulation, et son modèle me semble tout à fait inutilisable : il n'apporte aucune information nouvelle sur la description et il en oblitère le caractère textuel.

TABLEAU 7

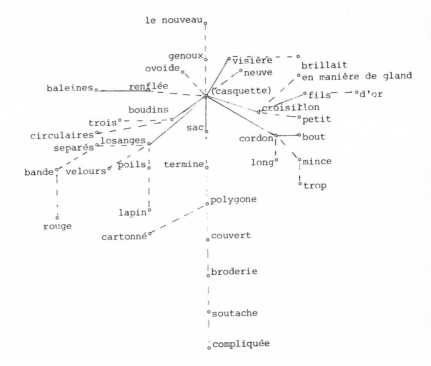

Van Buuren (1979) avance contre Hamon un argument plus important et mieux fondé. Il s'agit
de la place de la métaphore. Chez Hamon, elle
est traitée au même niveau que les prédicats
non-métaphoriques. Dans la hiérarchie, elle se
trouve en bas de l'échelle. Van Buuren accepte
cette place pour un grand nombre de cas. Mais
il démontre de façon convaincante qu'il y a
aussi des descriptions d'un type différent.
C'est la description métaphorique, dont le principe de construction même est une métaphore.
Quand la métaphore n'est pas prédicat, mais
base de la description entière, le modèle-Hamon
est insuffisant. Van Buuren propose un modèle
spécifique pour ces cas-là, précisant bien que
celui-ci ne fait pas concurrence à celui-là,
mais n'est valable que pour un nombre limité de
cas spéciaux.

La structure interne: spécification

Selon Van Buuren (1979, 1980) une description
est construite suivant le principe métonymique
ou métaphorique. Il emploie le terme de métonymique dans le sens large de Jakobson: les éléments
ont entre eux une relation de contiguïté. Le
terme de contiguïté est plus approprié mais ne
permet pas d'adjectif dérivé (contigu n'a pas
le sens métalinguistique requis). Cette relation
est *indexicale* dans le sens peircien (Peirce
1978 et Van Zoest 1980). La construction
métaphorique revient à ceci: la cohérence entre
les éléments de la description est déterminée par
une relation de similitude entre deux termes.
  L'analyse de la description du rosarium dans
La faute de l'abbé Mouret (Hamon 1972: 475 n 28)
montre clairement, selon Van Buuren, que le
critique est victime de son propre hypothèse de

départ ('toute description se présente donc
comme un ensemble lexical métonymiquement homogène') qui l'amène à minimiser l'apport, pourtant
capital dans ce cas, de la métaphore.

Van Buuren propose un modèle *binaire*. Celui-
ci se compose de deux séries. A gauche se
trouvent les éléments nommés de l'objet décrit,
le *comparé* ($c^é$); à droite, les éléments nommés
de l'objet avec lequel le premier objet est
comparé, le *comparant* (c^a).

Ce modèle présente plusieurs avantages.
L'interaction entre $c^é$ et c^a peut être représentée.
Les éléments sélectionnés des deux côtés seront
ceux qui motivent et élaborent la comparaison.
La sélection détermine la construction des deux
séries, réciproquement. L'analyse d'un exemple
de Proust, la description de la tenancière des
toilettes du pavillon des Champs-Elysées, au
moyen d'une comparaison marquise-clown, est en
effet très convaincante. Un deuxième aspect de
l'interaction s'y manifeste également. Dans les
deux séries, des éléments restent implicites.
Le lecteur complète alors les séries, dirigé par
la métaphore de base. C'est pourquoi le modèle
Hamon ne peut pas lui faire concurrence dans de
tels cas. Car les éléments métaphoriques ne
seraient pas représentés comme un ensemble
cohérent. Là où les éléments du $c^é$ restent
implicites, les éléments du c^a, prédicats des
sous-thèmes chez Hamon, se trouveraient détachés
de tout lien, faute de sous-thème. Je considère
l'apport de Van Buuren comme un complément très
utile, qui n'infirme pas la validité de celui de
Hamon. Son statut, cependant, est problématique.
Van Buuren lui-même lui réserve une place modeste:
il pourrait servir là où le modèle Hamon est
insuffisant. Cela pose deux problèmes. Il n'y
aurait plus de rapport systématique entre les

deux types de descriptions. Et le statut théorique de la description ne pourrait plus être décrit en général.

Une telle séparation n'est pas nécessaire. Il est possible de ne pas suivre trop radicalement la distinction classique de Jakobson; il ne va pas de soi que métaphore et métonymie soient deux principes si radicalement séparés (séparation due non pas au maître mais aux disciples trop obéissants). Beaucoup de descriptions présentent une combinaison des deux principes. C'est bien connu: Genette (1972: 41-63) analyse la motivation métonymique dans la métaphore proustienne. Les métaphores peuvent s'introduire au niveau du sous-thème et se poursuivre ensuite. Les séries c^e et c^a sont construites, chacune, selon la contiguïté et l'inclusion. Voilà quelques aspects qui indiquent un fait très simple: les deux catégories ne sont pas opposées ou alternatives, mais complémentaires.

Il est donc raisonnable de réfléchir à une combinaison où les deux modèles sont intégrés. (tableau 8). Il y a un changement par rapport à Hamon, qui se trouve déjà chez Van Burren: les prédicats qui se trouvent maintenant sous les sous-thèmes permettent aussi des relations métaphoriques. Le modèle combiné s'adapte à chaque situation. Voici le 'mode d'emploi' de ce modèle: Tous les éléments, à l'exception du thème c^e (et encore) sont facultatifs. Le thème c^a reste souvent implicite, et est dérivé des sous-thèmes ou même des prédicats c^a. Quand un sous-thème n'est pas pourvu d'un c^a correspondant, la case droite reste vide, et *vice versa*. Les éléments implicites, supposés peuvent être inscrits entre parenthèses. Verticalement, les séries restent construites

TABLEAU 8

LE MODELE COMBINE

thème $c^é$	thème c^a
sous-thème 1	sous-thème 1a
prédicat 1	prédicat 1a
sous-thème 2	sous-thème 2a
prédicat 2	prédicat 2a
sous-thème 3	sous-thème 3a
prédicat 3	prédicat 3a

selon la contiguïté et éventuellement selon
l'inclusion. L'inclusion n'est pas représentée
dans la version simple du modèle, mais il est
évident qu'elle le sera sans problèmes, le cas
échéant, à la manière dont cela a été fait pour
la casquette. Une case sous-thème sera simplement sous-divisée.

Quand le thème c^a est absent, la métaphore
n'intervient qu'au niveau du sous-thème, ce qui
modifie la portée de la métaphore, ou son
évidence. Quand le côté droit du schéma reste
vide, nous avons le modèle Hamon. Lorsque les
deux thèmes se développent indépendamment l'un
de l'autre (possibilité dont Van Buuren ne rend
pas compte), la ligne entre le côté droit et
le côté gauche sera ininterrompue. Ce modèle
combiné présente plusieurs avantages. Il permet
une spécification plus détaillée; en même temps,
toute description s'analyse de la même façon
cohérente, pour les différents types de descriptions;
la relation entre les types peut être systématisée.
De la sorte, le modèle combiné répond mieux que
les deux modèles séparés aux exigences méthodolo-
giques, tandis que les possibilités pratiques
sont considérablement augmentées.

A l'aide de ce modèle, il est possible de
revenir sur les suggestions intéressantes de
Lodge (1977: 93-103). Dans ce chapitre, Lodge
analyse un nombre de descriptions de lieux. Il
constate que les différences entre descriptions
'ordinaires' et descriptions 'littéraires' sont
réductibles à l'emploi des figures de style.
Son argument n'est pas aussi systématique qu'on
le souhaiterait pour le but qui nous préoccupe
ici, mais ses analyses sont extrêmement fines
et créatives, et la base de son argument est
convaincante. L'application précise de notre
modèle combiné nous permet de distinguer

plusieurs types - le nombre de six n'est pas
absolu; ce qui importe c'est justement la
possibilité de différenciation et non pas
l'exhaustivité - distinction qui est basée sur
l'apport du couple similitude *versus* contiguité.
  La place relativement grande, dans le modèle
et la typologie (qui d'ailleurs n'est pas
proportionnelle à la place réelle de la métaphore
dans le texte) tient à la nécessité de la similitude pour l'évocation, dans une description, de
l'*inconnu*. Le paradoxe ici est le suivant:
décrire le connu est redondant, mais l'inconnu
est indescriptible. Les voyageurs, historiques
et imaginaires, qui décrivaient l'inconnu, comme
Pausanias et Christophe Colomb (voir Jacob 1980
pour une analyse très intéressante de ces textes),
n'avaient, pour sortir de ce paradoxe, que la
similitude: évoquer l'inconnu en le comparant à
des parties, dissemblées et différemment ras-
semblées, du connu. On connaît la façon
étourdissante et comique dont ce paradoxe a été
poussé à l'extrême par Robbe-Grillet dans 'Le
mannequin': 'L'anse a, si l'on veut, la forme
d'une oreille, ou plutôt de l'ourlet extérieur
d'une oreille; mais ce serait une oreille mal
faite, trop arrondie et sans lobe, qui aurait
ainsi la forme d'une 'anse de pot' '; exemple
qui montre, si besoin était, que la similitude
n'est jamais totale, et que décrire reste un
procédé à la limite arbitraire.

1. *La description référentielle, encyclopédie.*

En principe, il n'y a pas de figures. La
sélection des éléments est fondée sur la contiguité des parties du contenu. Les éléments
présents impliquent logiquement les éléments
absents. Le détail qui manque est complété par

le lecteur. Les traits généraux impliquent les
traits spécifiques, sauf lorsque les traits
spécifiques représentent les traits généraux.
Le but est la transmission du savoir; le modèle,
l'encyclopédie. Elle sera du côté gauche.

2. *La description référentio-rhétorique*

Les éléments sont combinés selon la contiguïté
et selon leur fonction thématique. Celle-ci est
évaluative. La transmission du savoir est ici
mise au service de la persuasion. La persuasion
se fait par l'expression (un rythme agréable;
un style iconique, qui imite la valeur assignée
à l'objet) et par le contenu, par la sélection
de sous-thèmes traditionnellement valorisés, et
par les prédicats évaluatifs. Même si une telle
description contient beaucoup de métaphores, le
texte reste construit par la contiguïté. Le
modèle est le guide de voyage. La base reste
le côté gauche du modèle, avec quelques excursions vers la droite.

3. *La description à métaphores*

Ici aussi, la contiguïté reste dominante. Mais
les éléments sont chacun métaphorisés. Il se
peut même que les différents $c^é$ soient omis.
Seuls les c^a se trouvent dans le texte, qui a
une apparence fortement métaphorique dans ce
cas. Mais on reconnaît ce type à l'absence de
relation de contiguïté entre les éléments métaphoriques. Une telle description pourrait même
sembler incohérente. Le fait même que le lecteur accepte une telle description comme cohérente souligne l'activité du lecteur par laquelle il supplée aux lacunes de la cohérence.

Lodge donne un exemple intéressant tiré de *A Passage to India* de Forster. Il considère ce type comme littéraire. Vu le caractère mal défini de la littérarité, je renonce à cette catégorie. Les éléments de ce type seront distribués sur les deux côtés du modèle, mais seul le côté gauche sera organisé selon la contiguïté.

4. *La métaphore systématisée*

La description est une grande métaphore. Les éléments du $c^é$ et du c^a sont systématiquement liés. Chaque série est construite selon la contiguïté. Elles sont plus ou moins équilibrées. La question de savoir lequel des deux thèmes prédomine ne peut pas être résolue sans intégrer la description dans son contexte. Les descriptions où des éléments des deux séries s'impliquent mutuellement, appartiennent aussi à ce type. C'est la structure binaire de Van Buuren. Ici donc, distribution plus ou moins égale sur les deux côtés du modèle.

5. *Le comparant-description*

La description dans son ensemble est le comparant. Les éléments sont en relation de contiguïté. ils forment une description cohérente qui est dans sa totalité le c^a d'un $c^é$. Celui-ci peut rester implicite. Dans ce cas, il est impossible de décider s'il s'agit d'une métaphore, sans tenir compte du contexte. Quand le $c^é$ est explicité, c'est la comparaison homérique (N.B. Il peut paraître étonnant de trouver ici, dans une même case, un type aussi traditionnel que la description homérique, dont la structure est hautement prévisible, et la description à signi-

fication 'symbolique', souvent très indirectement signifiante. Ce rapprochement, qui est ici
justifié pour des raisons de systématique, me
semble mériter une étude approfondie.) Le côté
droit du modèle est rempli, le côté gauche peut
à la rigueur rester vide.

6. *La métaphore en série*

La description consiste dans une métaphore qui
est travaillée et modifiée constamment, sans
retour au $c^é$. La métaphore est 'ajustée' et ré-
ajustée, de sorte qu'on a l'impression que le
$c^é$ est insaisissable, indescriptible (voir aussi
Van Buuren 1980). Le $c^é$ étant insaisissable,
nous sommes ici à la limite de la description
pour entrer dans le domaine de la métaphore tout
court; aussi est-il logique que ce type soit é-
galement à la limite du modèle. Cette classification provisoire montre qu'une combianaison
des deux modèles est en effet nécessaire. Comme
il est impossible d'analyser un exemple de chaque
type, je tâcherai d'illustrer brièvement les
types dont ni Hamon, ni Van Buuren ne parlent
explicitement.

8)   R1 ROUEN (en lat. Rotomagus), ch. lieu de la
      Seine Inférieure, à 136 kil. de Paris, sur la
      Seine, au confluent du Robec, 107.739 hab
      (Rouennais, -aises). Ch. de f. Etat et Nord.
      Archevêché.
      Consistoire calviniste. Ch.-lieu de la 8e ré-
      gion militaire. Ecoles Supérieures des lettres
      et des sciences, de commerce et d'industrie,
      et école préparatoire de médecine et de phar-
      macie.
      Port sur la Seine, comprenant, jusqu'au pont
      Boieldieu, un port maritime, accessible pen-

dant la marée aux navires d'un tirant d'eau
de 7 m., et un port fluvial en amont de ce
pont. Importation de coton américain, de pé-
trole, de charbons, de vins et de fruits d'Es-
pagne, de bois. Exportation de céréales, sucre, betteraves, eaux-de-vie. La ville de Rou-
en est le plus grand centre de la filature et
du tissage du coton, du lin et du chanvre, des
fabriques de cotonnades et d'indiennes, et un
marché pour les laines. Les cotonnades prennent volontiers le nom de 'rouenneries'; enfin, il y a de nombreuses industries diverses:
chaudronneries, savonneries, teintureries,
raffineries, confiseries.

Petit Larousse

(9)   R2 ROUEN Seine-Maritime, 124.577 hab., ancienne
capitale de la Normandie, siège d'un archevê-
ché et d'une cour d'appel, port maritime sur
la Seine (le 5e port de France), est une ville
d'art et de tourisme, en même temps qu'une cité industrielle et commerciale. Par ses églises gothiques, ses musées, ses rues pittoresques bordées de vieilles demeures, Rouen, la
'cité gothique', appelée aussi la 'ville mu-
sée', a conservé, malgré les graves destructions de la guerre de 1939-1945, son rang é-
minent de ville d'art. De nouveaux quartiers
ont surgi sur les deux rives de la Seine; celui de Saint-Sever, sur la rive g., est dominé par la *tour des Archives*, haute de 88m., et
par la nouvelle préfecture.
/...o/
On commence la visite de Rouen par les quais,
où, du pont Boïeldieu, on a une très belle
vue d'ensemble sur la ville et le port maritime. C'est du pont Mathilde, qui précéda à

peu près, à cet emplacement le pont Boïeldieu,
que les cendres de Jeanne d'Arc furent jetées
dans la Seine. En amont, l'île Lacroix est re-
liée à la ville et au faubourg Saint-Sever
par le nouveau pont Corneille. En aval, le
quai de la Bourse borde les quartiers recons-
truits, qui forment un vaste quadrilatère s'é-
tendant jusqu'à la cathédrale d'une part, et
de la rue Armand-Carrel à la rue Grand-Pont
d'autre part. En suivant le quai de la Bourse
vers l'aval, on trouve à dr. la rue *Jeanne
d'Arc*, large percée moderne reliant les quais
à la gare Rive-Droite. Au bas de cette rue
s'élève le nouveau *théâtre* (1962), puis, en
la remontant, on voit, à g., les ruines de
l'*église Saint-Vincent*, des XVe et XVIe s.
dont il ne reste que la croisée du transept
et le portail. Un peu plus haut, sur le même
côté, se trouve la *tour Saint-André*, du XVIe
s., seul vestige de l'église de Saint-André-
aux-Fèbvres. On arrive à la *place Foch* (monument de la Victoire, par Réal del Sarte), bor-
dée à dr. par la façade moderne du palais de
Justice dont la cour d'honneur s'ouvre sur la
rue aux Juifs. A côté a été aménagé un garage-
parking (576 places dont 380 en sous-sol; 1961).

Guide Bleu

) R3 Puis, d'un seul coup, la ville apparaissait.
Descendant tout en amphithéâtre et noyée dans
le brouillard, elle s'élargissait au-delà des
ponts, confusément. La pleine campagne remontait ensuite d'un mouvement monotone, jusqu'à
toucher au loin la base indécise du ciel pâle.
Ainsi vu d'en haut, le paysage tout entier
avait l'air immobile comme une peinture; les
navires à l'ancre se tassaient dans un coin;
le fleuve arrondissait sa courbe au pied des

collines vertes, et les îles, de forme oblongue, semblaient sur l'eau de grands poissons
noirs arrêtés. Les cheminées des usines pous-
saient d'immenses panaches bruns qui s'envo-
laient par le bout. On entendait le ronflement
des fonderies avec le carillon clair des églises qui se dressaient dans la brume. Les arbres des boulevards, sans feuilles, faisaient
des broussailles violettes au milieu des maisons, et les toits, tout reluisants de pluie,
miroitaient inégalement, selon la hauteur des
quartiers. Parfois un coup de vent emportait
les nuages vers la côte Sainte-Catherine, comme des flots aériens qui se brisaient en silence contre une falaise.
Quelque chose de vertigineux se dégageait pour
elle de ces existences amassées, et son coeur
s'en gonflait abondamment, comme si les cent
vingt mille âmes qui palpitaient là eussent
envoyé toutes à la fois la vapeur des passions
qu'elle leur supposait.

MB   268

Rouen et la rhétorique

La première description de Rouen (R1) répond aux
conventions du genre encyclopédique. Les objets
décrits sont semblables dans toutes les descriptions de lieux: administration, enseignement,
importation et exportation, artisanat, industrie.
Les conventions du genre rendent ces descriptions comparables, ce qui est nécessaire dans
l'économie de l'encyclopédie. Il n'y a guère de
figures. Les éléments omis peuvent être suppléés
sans peine. Ainsi on ne nomme, pour l'enseignement, que les institutions d'enseignement supé-
rieur et spécialisé; leur présence implique

celle de l'enseignement primaire et maternel.
Par contre, il n'est pas question d'industrie
textile, ce mot général impliquerait trop de
branches absentes dans Rouen; ici, la spécification est de rigueur. Dans cette description,
un savoir est transmis, mais rien n'est entrepris pour imposer ce savoir.
Dans la deuxième description (R2) le savoir à
transmettre est plus spécifique; il concerne
l'aspect de la ville. Le fragment se compose de
deux parties. (La partie omise contient un aperçu historique, et n'est donc pas descriptive
mais narrative). La première partie ressemble
plus à R1 que la deuxième. Ici aussi un certain
nombre d'éléments du contenu sont énumérés.
S'ils sont sélectionnés selon la contiguïté
des parties de l'aspect global de la ville, ils
le sont également pour leur contenu thématique.
Le thème du guide de voyage est l'attraction
touristique, déterminée en grande partie par la
'valeur d'antiquité' et le pittoresque. La première phrase donne une image de la construction
des descriptions de ce type (elle est, dans ce
sens, une *mise en abyme*). La phrase est longue
et contient beaucoup d'éléments. Cela connote
l'interêt: il y a beaucoup à dire sur cette
ville. Le premier groupe de mots important,
ancienne capitale, résume l'importance de la
ville et sa valeur d'antiquité; les deux éléments reviennent, liés par *en même temps*, à la
fin de la phrase. Les deux phrases suivantes
élaborent chacune un des deux aspects, dans le
même ordre. L'information n'est pas très spécifique. Le touriste expérimenté se méfie d'une
succession de formes plurielles (églises gothiques, musées, rues pittoresques, vieilles
demeures): il sait que dans le guide de voyage

la quantité peut parfois masquer le manque de
qualité. Le lecteur moins averti a l'impression
que la ville est *pleine* de choses qui méritent
qu'on les visite. La raison pour laquelle les
deux aspects, valeur d'antiquité *et* modernité,
sont soulignés est donnée, comme en passant,
dans un complément : la ville a beaucoup souf-
fert des destructions de la deuxième guerre mondiale.
La première partie de la description a globalement pour but de donner l'information précisément nécessaire à motiver le lecteur-visiteur
pour une promenade à travers la ville, malgré
l'impression moderne qu'elle fait à première
vue.
Dans la deuxième partie le but rhétorique est
déjà atteint. Le lecteur se promène, physiquement ou dans son imagination. La description est
maintenant construite sur le principe de la promenade. Il est impossible de voir d'un seul point
de vue toutes les parties de la ville qui sont
décrites : le focalisateur est mobile. Cette forme de narrativisation (motivation 1 chez Hamon)
est soulignée dans le texte. Le touriste-prome-
neur est mis en scène au moyen de liaisons comme: 'on commence' - 'en amont' - 'en aval' -
'd'une part' - 'd'autre part' - 'en suivant' -
'vers l'aval' - 'à droite' - 'au bas' - 'en la
remontant' - 'à gauche' - 'un peu plus haut' -
'on arrive à' - 'à droite' - 'à côté'. C'est un
nombre respectable d'indications de lieu, presque toutes déictiques, pour un si court fragment.
De façon plus subtile, Flaubert se sert du même
procédé dans la première grande description
d'Yonville, où, très exceptionnellement dans
Madame Bovary, le focalisateur externe devient
diégétique tout en restant anonyme.

Cette description repond aussi aux conventions
du genre. Toutes les descriptions de lieu du
guide de voyage ont la forme de la promenade;
toutes soulignent l'ancienm le pittoresque et
le dynamique. L'analogie ne va pas plus loin.
Dans R2a les éléments énumérés sont prévisibles;
dans R2b ils ont été sélectionnés, dans le cadre de la thématique et du but fixes, selon les
traits spécifiques de cet objet particulier, la
ville de Rouen.
La troisième description (R3) est peut-être la
description la plus connue de la littérature
mondiale et du débat de la description. Il est
superflu de l'analyser en détail. Le texte présente une vue de Rouen. Il est possible de voir
ce panorama d'un seul point de vue (je reviens
ici sur ce que j'ai dit ailleurs sur ce point;
voir Bal 1977: 95, les participants du séminaire
d'Aussois m'ayant convaincue que le mouvement
que je supposais dans ce texte ne s'impose pas
vraiment). Le grand nombre de métaphores frappe
tout de suite : 'en amphithéâtre', 'noyée',
'comme une peinture', 'semblaient de grands poissons noirs arrêtés' ne sont que les exemples les
plus évidents, à côté des métaphores qui passent
presque inaperçues comme les formes pronominales
dont la valeur métaphorique n'est activée que
grâce aux métaphores plus explicites. Les éléments du $c^é$ sont sélectionnés selon la contiguïté. Ils constituent les différentes parties du
panorama. Les c^a n'ont pas entre eux une relation directe de contiguïté. Ainsi il n'y a aucun rapport direct entre 'amphithéâtre' et 'de
grands poissons noirs arrêtés', métaphores-clé
toutes deux comme on le verra. C'est la raison
pour laquelle le texte ressort de la *métonymie
métaphorique*. Les éléments du $c^é$ répondent aux
conventions du panorama; seuls les éléments qu'
on peut voir à distance sont décrits. L'image

ainsi représentée est *globale* et *statique*.
Quand nous regardons les éléments du c^a, une
image très différente se forme. Il y a insistance sur le mouvement et la confusion. Le regard
qui parcourt l'espace ('descendant tout en amphithéâtre (...) la pleine campagne remontait...')
se heurte aux éléments connotés négativement
('monotone' - 'se tassaient' - 'panaches bruns'
- 'se brisaient'). Pour l'analyse détaillée de
ce texte je renvoie à Bal (1977: 89-111). Cette
analyse montre que le fragment se caractérise
par une contradiction. La ville représente en
même temps un idéal, une illusion, et la réalité
décevante de la vie d'Emma.
La phrase introductrice (motivante) dit la même
contradiction. La surprise impliquée par 'd'un
seul coup d'oeil' est contredite par l'imparfait
itératif de 'apparaissait': c'est même l'exemple
canonique trop souvent pris comme une anomalie.
Le contexte immédiat, le reste du chapitre 5 de
la deuxième partie, et le roman dans sa totalité
justifient la lecture métaphorique de cette description et ressortirait alors (aussi) du type
5. Rouen, avec ses aspects contradictoires serait
alors le c^a de la vie d'Emma, de l'histoire du
roman qui en serait le $c^é$. Comme le $c^é$ de cette
métaphore contient l'histoire du roman entier,
la description peut aussi être considérée comme
une *mise en abyme* (voir Dällenbach 1977 et Bal
1978 pour la portée et les limites de ce concept).
Nommer ce texte une *mise en abyme*, décision qui
est certes sujet à caution, entraîne des conséquences pour le fonctionnement du fragment dans
le roman entier. J'y reviendrai.
La description R3, que l'on s'accorderait facilement pour caractériser comme 'littéraire', se
distingue des deux autres sur plusieurs points.

Il est impossible de lire son but dans la description même. Thématiquement le texte est polyvalent. Il contient beaucoup de figures, et celles-ci ne se limitent pas à la métaphore et à la métonymie au sens strict. Il n'est pas possible de caser cette description sous un seul type. Structurellement elle est aussi polyvalente. Les conventions du genre panoramique ne sont pas déterminantes pour toute la sélection des éléments. La description n'est pas *a priori* comparable aux autres descriptions de lieu du roman; si les descriptions de lieu dans *Madame Bovary* se prêtent à la comparaison, comme c'est le cas, cela tient à la structure interne de ce roman et non pas aux conventions du genre romanesque. Enfin, il n'est pas possible de caractériser la description de façon adéquate sans tenir compte du contexte. Si ces différences ne me décident pas à assigner à cette description une littérarité incontestable, c'est qu'il n'est que trop facile de trouver dans la presse (à sensation) des exemples dotés des mêmes caractéristiques. Mais ce n'est pas ce qui m'intéresse ici. Tout au plus pourrait-on supposer que ces traits sont propres à la description intégrée dans un texte narratif, et donc à la narrativité.

Place et fonction : vers un modèle intégratif.

La question 'à quoi sert...' est parfois embarrassante et toujours légitime. Si le résultat d'une analyse minutieuse se limite à la constatation que Flaubert entre dans le type 3 (et 5), la pertinence de l'entreprise devient douteuse. On a vu déjà qu'il était indispensable de faire appel au contexte pour classer le fragment; en outre, l'effet d'une description ne se limite

pas au fragment même qui la constitue. Le sens
du texte entier est 'stocké', prédit, résumé,
modifié, produit aux endroits où la structure
relativement souple du texte narratif le permet.
Que la description se prête par excellence à ces
fonctions a souvent été démontré par la critique.
Dans ce dernier paragraphe, j'indiquerai brième-
ment quelques aspects qui peuvent influencer le
fonctionnement d'une description. Cette tentative n'est possible que si l'on adopte un point
de vue globalement fonctionnaliste: l'hypothèse
de départ sera que tout détail a une fonction
par rapport à l'ensemble, que rien n'est superflu, que rien n'est innocent, que rien n'est
insignifiant. Même si ce point de départ est
devenu banal, surtout depuis l'avènement de la
sémiotique (voir par exemple Lotman 1973), de
nombreux structuralistes de la lignée de Propp
le négligent dans la pratique. Parlant de la
primauté de l'action, ils ne pouvaient assigner
à la description qu'une place marginale, d'*indice*
dans le meilleur des cas. Même Genette, qui
souligne la nécessité de la description, cherche
à la caractériser comme une *frontière* (interne
il est vrai) du récit. Hamon parle de l'*expansion* descriptive du récit, comme si un récit
pouvait à la rigueur exister sans elle. Ricardou,
le lecteur peut-être le plus naïf du roman
réaliste qui ne cesse de prendre Zola à la lettre
de ses manifestes et de prendre la conception
mimétique trop littéralement pour mieux la combattre, évolue entre des remarques sur la *gratuité* ou la *redondance* de la description et
l'étonnement devant la force narrative de ce
qu'il appelle l'*inénarrable*. Par ce mot il veut
indiquer que la description réussit à raconter
là où la narration échoue. Ce paradoxe est

aussi à prendre au sérieux, et constitue l'apport le plus précieux du critique à la narratologie. La description raconte-t-elle? Et raconte-t-elle l'inénarrable?

L'examen de la fonction de la description demande une série de démarches dont je ne puis présenter ici que quelques éléments. Elle s'est révélée efficace pour R3, mais évidemment ce n'est pas une preuve. Aussi voudrais-je la présenter avec la prudence qui s'impose. Si l'on prétend que la description peut être plus qu'un indice (dans le sens de Barthes), on doit pouvoir répondre affirmativement à la question suivante: l'analyse de la description permet-elle de formuler une interprétation du roman qui se distingue des interprétations globales et courantes?

L'analyse se fera en trois étapes. D'abord on décrira le fragment descriptif en lui-même. Ensuite, on examinera son rapport avec le contexte immédiat. Puis, on considèrera le fragment dans le texte entier. Dans les trois phases, on analysera les relations paradigmatiques et syntaxiques, ainsi que leurs relations. Les points suivants se trouvaient pertinents pour R3:
- Mouvement *versus* immobilité. Nous avons déjà vu que le prétendu 'arrêt' de l'objet décrit n'est pas un trait général, bien au contraire. Beaucoup de descriptions sont 'en mouvement'. Ce mouvement peut se situer dans l'objet ou dans les deux. La construction de la description s'en ressent, même dans des cas très simples comme le suivant:

(11)   'Et alors, sur la grande route qui étendait sans en finir son long ruban de poussière par les chemins creux où les arbres se courbaient en berceaux, dans les sentiers dont les blés lui montaient jusqu'aux genoux, avec le

soleil sur ses épaules et l'air du matin à ses
narines. (Le coeur plein des félicités de la
nuit, l'esprit tranquille, la chair contente,
il s'en allait ruminant son bonheur, comme
ceux qui mâchent encore, après dîner, le goût
des truffes qu'ils digèrent.'

Madame Bovary 35

qui ne se distingue pas fondamentalement de ce
fragment de Maupassant, plus 'pure' description
mais composé par le même principe:

(12)   'A mesure qu'on avançait, le cercle des monts
semblait se refermer derrière le bâtiment qui
nageait avec lenteur dans un lac d'azur si
transparent qu'on en voyait parfois le fond.
Et la ville apparut soudain, toute blanche,
au fond du golfe, au bord des flots, au pied
des montagnes. Quelques petits bateaux
italiens étaient à l'ancre dans le port.
Quatre ou cinq barques s'en vinrent rôder
autour du *Roi Louis* pour chercher des passagers.

Guy de Maupassant,
Une Vie, 69

Il va de soi qu'une phrase comme 'la ville apparut
soudain' n'est possible que si le sujet-focalisa-
teur est en mouvement, et la phrase en est même
narrativisée. Mais des détails plus subtils de
ce texte ne sont également acceptables que si un
tel mouvement est supposé. Ainsi, l'objet décrit
dans la deuxième, respectivement dans la troisième phrase, ne peut être aperçu que si une
distance considérable a été parcourue 'entre' les
deux phrases: la cohérence du texte en dépend.
Une description dont l'objet est en mouvement

semble paradoxale; n'aurait-on pas affaire,
alors, à une narration 'pure'? Le cas de la
description des gravures (MB65-66) montre qu'il
n'en est rien. Les gravures constituent un
objet: le livre. La description de la représentation picturale est un fragment intuitivement
ressenti comme descriptif. Le mouvement de
l'objet est double par enchâssement: Emma
feuillette le livre, et le regard 'page par
page' rend l'objet dynamique. Mais en outre, la
représentation picturale, bien que statique de
par sa nature, est animée par le caractère narratif des objets dépeints: il s'y passe des
choses.

- Focalisation et interprétation

La focalisation, c'est-à-dire, la relation entre
le point de perception et l'objet perçu, n'est
pas seulement pertinente pour le mouvement.
Percevoir n'est pas seulement enregistrer physiquement. Dès que nous percevons une chose, nous
l'interprétons. Et ce qui est décrit, ce n'est
pas seulement l'objet de la vision mais aussi
la vision, l'interprétation de cet objet par un
sujet qui le perçoit, que celui-ci soit diégéti-
quement représenté ou non. En d'autres termes,
toute description est la représentation linguistique de la vision d'un objet. Dans le premier
exemple, la ville 'apparaît' si soudainement
(chose étonnante pour un objet immobile) parce
que Jeanne, digne d'une Emma Bovary, s'imagine
qu'elle y trouvera le bonheur romantique, soudain.
Le romantisme de son idéal détermine l'image de
la ville, image couchée par écrit dans une
phrase dont l'expression *aussi* est significative.
   La réalité (fictive ou 'réelle' à l'intérieur
de la diégèse) est modifiée, déformée, mutilée

ou idéalisée par le regard qui la perçoit. On
connaît l'exemple, cité par Genette, du jeune
Marcel s'étonnant du soin minutieux avec lequel
sa grand-mère se prépare pour la photo de
famille; l'écrivain plus âgé sait très bien, au
moment de l'écriture, que c'était parce qu'elle
se savait mourante. Mais il choisit de ne pas
trahir ce secret parce qu'il veut représenter,
non la réalité 'objective', mais la réalité
perçue, vécue par le jeune garçon.

Pour l'analyse de la description il est donc
pertinent de voir de qui émane la vision de
l'objet, qui en est le focalisateur. Dans le
fragment de Maupassant, ce n'est pas le narrateur extradiégétique et sceptique, mais la jeune
mariée idéaliste, qui fait un voyage de noces
tel qu'Emma ne pouvait que le rêver (I,7).

Dans R3, la ville de Rouen est focalisée par
Emma. Elle ne la voit pas pour la première fois.
Elle s'y rend pour voir Léon, son amant. Le
caractère contradictoire de la description, où
euphorie et dysphorie alternent, doit donc être
attribué à l'héroïne. Emma essaie d'échapper à
l'étroitesse de son existence. Son désir est
partiellement comblé par les aspects de la ville
qui soulignent l'ouverture, l'espace, le mouvement. Mais elle ne réussit pas à se tromper
tout à fait. La réalité (diégétique, fictive
dans ce cas), contient aussi des éléments néga-
tifs. A ce réalisme immanent répondent les
aspects de clôture et d'enfermement. La combinaison des deux séries accentue la contradiction,
dans les images comme 'les navires à l'ancre se
tassaient' et les métaphores comme 'de grands
poissons noirs arrêtés'. On peut interpréter
ces combinaisons *en même temps* du point de vue
réaliste et du point de vue symbolique. Emma
désire le mouvement, les grands voyages (voir

par exemple son rêve de la cité splendide au
moment de son aventure avec Rodolphe). Les
navires, les poissons sont des voyageurs (marins
en plus; l'importance thématique de l'eau dans
ce roman est évidente). Il est significatif que
ce soient ces éléments-là du panorama qui se
trouvent décrits, que leur stagnation soit
accentuée.

- *Thème et motifs*

Les deux aspects discutés jusqu'ici, mouvement
et immobilité d'une part et focalisation et
interprétation d'autre part, peuvent être déterminés à l'aide de traits formels. Ils sont
intéressants dans la mesure où ils peuvent être
mis en rapport avec la thématique du roman.
J'entends par thématique l'unité sémantique. Le
thème en est le centre, le plus souvent abstrait.
Le thème est concrétisé au moyen des motifs.
Ceux-ci sont mis en parole dans le texte. Le
thème peut être dérivé des motifs. Il relie et
motive les motifs entre eux.
Dans R3 nous avons déjà constaté une contradiction entre illusion et réalité, entre ce qu'
Emma *désire* voir et ce qu'elle voit. Cette
contradiction, avec ses deux composantes, illusion et réalité, constitue le thème. Les motifs
sont tous les éléments qui reçoivent leur cohérence de ce thème. La métaphore des poissons
arrêtés en est un exemple. Sans lien avec le
thème elle est un peu arbitraire. La première
phrase du fragment contient deux fois les deux
faces du thème. L'expression 'descendant tout
en amphithéâtre', le spatial grandiose (*et
théâtral*; mais l'interprétation de cet aspect ne
peut se faire qu'en rapport avec d'autres scènes)
s'oppose à 'noyé dans le brouillard', qui l'annule;

la même remarque vaut pour 'elle s'élargissait'
et 'confusément'. Parfois les deux aspects se
succèdent, comme dans cette phrase. Parfois
ils se trouvent inextricablement mêlés, dans un
seul mot ou groupe de mots, comme 'ciel pâle',
'mouvement monotone', 'navires à l'ancre',
'poissons noirs', 'arbres sans feuilles', etc...
La dernière phrase fait, comme la première, se
succéder les deux aspects, comme pour les
accentuer. Les 'flots aériens', mobiles s'il y
en a, 'se brisaient en silence'.

   L'analyse thématique, si elle veut éviter le
danger de sclérose, se doit de rendre compte
aussi de la *construction* de la thématique. La
place de la métaphore est pertinente dans ce
cadre. Ainsi nous avons vu que dans la phrase
'les îles, de forme oblongue, semblaient sur
l'eau de grands poissons noirs arrêtés', le
comparé dénote la réalité, et le comparant peut
être attribué au focalisateur diégétique Emma.
La copule 'semblaient', qui insiste sur *l'impression* que font les îles, soulève automatiquement
la question 'pour qui?' Quand nous assumons, ce
qui est certes légitime vu ce qui précède, qu'
Emma est le focalisateur, il devient clair que
la contradiction aperçue dans l'image de Rouen
n'est pas une opposition entre la vision du
focalisateur extradiégétique, représentant
l'idéalisme. Les deux aspects, l'euphorique et
le dysphorique, doivent être attribués à Emma
(N.B. je modifie dans ce sens la position que je
soutenais dans Bal (1977: 96). Car les deux
sont représentés dans le c[a] 'poissons (euphorie)
noirs arrêtés (dysphorie)' qui doit être lié à
Emma par l'intermédiaire de la copule 'semblaient'.)

   Ainsi se dessine peu à peu la différence entre
l'interprétation globale et courante du roman et
le sens de cette description. La critique

soutient le plus souvent qu'Emma 'romantise',
idéalise la vie, et qu'elle ne voit pas que
la réalité est plus banale. Nous voyons ici
qu'elle ne manque pas de le *voir,* mais qu'elle
essaie de refouler cette idée. La description,
qu'on peut lui attribuer non pas au niveau
textuel mais seulement au niveau de la focalisation, dit ce refoulement. Ainsi la description entre dans la cinquième catégorie, tout
en restant, du point de vue formel, dans la
deuxième et la troisème catégories. A première
vue, la ville est décrite sur le mode du guide
de voyage, où les éléments du type 3 sont
introduits par les métaphores. La contradiction fonctionne comme une métaphore du type
implicite, de sorte que l'ensemble du fragment
métaphorise l'attitude du personnage devant la
réalité. Il importe de souligner que cette
interprétation du fragment descriptif ne peut
être basée que sur une analyse minutieuse qui
commence par les traits formels. Sinon, elle
devient tout à fait arbitraire et sans fondement.

- *Style et rythme*

J'entends par style l'ensemble des résultats
des choix faits parmi les moyens linguistiques
disponibles. Je me rends compte que cette
définition empruntée à Todorov (1972: 383) est
assez vague, mais je n'en connais pas de meilleure. Le rythme en est l'aspect *linéaire,* vu
comme un mouvement plus ou moins régulier. Je
me sers ici avec réserve de ces notions imprécises pour montrer que pour l'analyse intégra-
tive d'une description tous les traits du texte
peuvent être utilisés.
   Nous avons déjà vu dans R3 une alternance
entre mouvement et immobilité. Pour qui doute

encore de ce phénomène il est frappant de constater que la première moitié du texte est construite sur un rythme ternaire où cette alternance se retrouve. Les formes verbales
contribuent à cet effet. Le rythme est ambivalent. L'alternance est en fait un mélange.
Comparez les verbes dans les trois premières
phrases:
- 'elle *s'élargissait* au delà des ponts'
- 'La pleine campagne *remontait ensuite* d'un
mouvement monotone'
-'Le paysage tout entier *avait l'air immobile*
comme une peinture'
Les verbes des deux premières phrases expriment
l'immobilité par des verbes d'action à la forme
active. Dans la troisième phrase l'immobilité
est rendue absolue. La même chose se voit dans
les trois phrases suivantes:
- 'Les navires à l'ancre *se tassaient* dans un
coin'
- 'Le fleuve *arrondissait* sa courbe"
- 'Les îles (...) *semblaient* (...) de grands
poissons noirs *arrêtés*'.
Les éléments du paysage semblaient ainsi choisis
eux--mêmes pour leur aptitude à marquer la stagnation: nouvelle métaphore implicite de l'attitude du personnage. Ceci est suggéré par les
formes actives. Dans la troisème phrase de
chaque groupe de phrases ce développement est
résumé en une comparaison. Dans la deuxième
moitié, la description devient plus vivante et
détaillée (raison pour laquelle j'avais supposé
(1977: 95) la descente *pendant* la description,
mais je considère maintenant cette indication
insuffisante). Le mouvement disparaît, résolu
dans la fumée, la vapeur et le brouillard.
Comme je l'ai déjà dit, le fragment se termine
sur la notation d'immobilité absolue, assignée

à l'élément le plus mobile qui soit, les nuages.
L'homologie entre rythme et contenu constitue
un emploi particulier des traits rythmiques.
Ainsi le rythme peut devenir *signe* du contenu,
un signe qui signifie au moyen d'une analogie
partielle (Van Zoest 1980). Un tel signe
s'appelle une *icône*. Eco (1977: 191-216) craig-
nant une interprétation trop naïve de cette
notion, essaie de s'en défaire sans y parvenir.
L'effet d'une icône dépend de plusieurs facteurs
parmi lesquels la question de la redondance est
pertinente. Mais elle attire l'attention et
accentue, si elle ne le crée pas, le contenu.
Dans R3 le rythme souligne l'évolution du
mouvement (illusoire) vers l'immobilité absolue,
la stagnation. L'iconicité ne contribue pas au
sens lui-même qui était déjà assez exprimé par
la thématique - mais elle aide à imposer ce sens
au lecteur. Dans d'autres cas, l'icône peut
même ajouter un aspect nouveau au sens, voire
créer un sens nouveau.

- *Interprétation*

Que pouvons-nous faire des données ainsi réunies
sur la description de Rouen? Il est possible
de lire le fragment comme un texte narratif,
en ce sens qu'il s'y passe quelque chose. A
côté du focalisateur mobile, de la thématique
contradictoire, il y a un rythme dynamique et
ambivalent, ambivalent d'abord dans le détail,
ensuite globalement. L'immobilité est, paradoxalement, dite par le mouvement. Après l'ambivalence des deux premières phrases l'arrêt dans
la troisième est chaque fois indiqué par une
métaphore, soulignée par la présence du modal-
isateur ('avait l'air de', 'semblaient', 'comme').
L'accent mis, chaque fois au moyen de procédés

différents, sur la contradiction fondamentale,
indique que celle-ci ne doit pas passer inaper-
çue.

La description est un *mode d'emploi*. Le fragment doit être lu comme une métaphore globale.
Celle-ci a comme c^a la réalité de Rouen, comme
$c^é$ la vision idéalisante d'Emma. Tous deux font
partie de l'image qu'elle voit. L'arrêt final
annonce ainsi la vanité des tentatives d'Emma
pour introduire le changement dans sa vie. Il
prédit la mort.

Le mode d'emploi, ainsi mis en relief, reste
pourtant caché. Les indications sont voilées
dans les métaphores, les motifs indirects, les
phénomènes rythmiques. Il reste aussi ambivalent, parce que le lecteur ne doit pas découvrir
trop vite, ni avec trop de certitude, la force
prédictive de la description. Car le *suspense*
et cette forme de *surcodage* (Eco 1977 129-138)
se contrarient.

- *Le contexte immédiat*

Dans le chapitre dont cette description fait
partie, mon interprétation est motivée et
justifiée. L'aspect le plus important qui se
manifeste est la fréquence (Genette 1972). Emma
se rend à Rouen *tous les jeudis*.

L'habitude est déjà installée dans sa liaison
avec Léon. L'emploi exclusif de l'imparfait
souligne le caractère exemplaire de la scène.
Flaubert est ici prédécesseur de Proust. Une
personne qui fait ce voyage chaque semaine peut-
elle encore être 'surprise' par le panorama?
Le mensonge est dit dans la phrase 'afin de se
faire des surprises, elle fermait les yeux'.
Emma triche. La phrase qui précède immédiatement la description résume encore ce conflit.

Nous retrouvons la contradiction, qui est mise
en relief non seulement dans le fragment descriptif mais encore dans le contexte, dans les trois
niveaux du message narratif. Dans le *texte,*
elle est exprimée dans les mots et les formes.
Dans le *récit* nous voyons le focalisateur
tricher. Dans l'*histoire* l'événement, l'arrivée
dans une ville de rêve, s'intègre dans la
routine.

La relation avec le contexte immédiat donnera
souvent des indications sur l'interprétation de
la description. Mais si l'on se limite à lire
la description à partir du contexte, on ne
dépassera pas le niveau de sens illustratif et
donc redondant. C'est pourquoi il est recom-
mandable de commencer par l'analyse détaillée
de la description elle-même.

Mais son interprétation doit toujours être
confrontée au contexte. Cette confrontation
peut être vue comme une vérification. Le contexte soutiendra alors l'interprétation, sous
forme de confirmation, motivation, explicitation ou approfondissement.

- *Intégration dans la macro-structure*

On replace ensuite le fragment dans le texte
entier, non pas pour vérifier l'interprétation
qui est déjà assez confirmée, mais pour en
démontrer la pertinence. C'est-à-dire que le
sens de la description reçoit sa place dans le
sens global du roman (voir aussi Ibsch 1980).
Celui-ci peut en être modifié, élaboré ou
révélé avant terme. Dans le cas de R3, ces
trois possibilités sont toutes actualisées.

Ces fonctions possibles de la description
narrative distinguent ce type de la description

encyclopédique ou référentio-rhétorique, où la
fonction est plus limitée. Je ne peux indiquer
ici que brièvement les démarches méthodiques.

La description a une place dans le développement de la diégèse. Elle est considérée à la
lumière de la situation de choses à ce moment
de l'histoire. Au niveau paradigmatique elle
peut être comparée avec d'autres descriptions
de la même classe. Dans le cas de R3, cette
classe se compose des descriptions de lieu.
La détermination d'une telle classe dépend du
résultat attendu. Faire un choix s'impose, si
l'on veut éviter un travail lourd et inutile.
Puisque nous pouvons déjà supposer un rapport
entre les traits des lieux retenus et l'état
psychologique du personnage focalisateur, nous
pouvons limiter davantage la classe de descriptions à étudier. Seuls les lieux où Emma se
rend avec des perspectives optimistes pourraient
alors être pris en considération. Ainsi la
description de Rouen entre dans la même classe
que celle d'Yonville, le château de la Vaubyessard, la cité de rêve où elle veut aller avec
Rodolphe. La première description d'Yonville
se distingue sur un seul point des autres. Le
focalisateur n'est pas Emma. C'est un promeneur
anonyme mais diégétique. Il importe de tenir
compte de cette position.

Beaucoup d'éléments lexicaux sont communs à
ces fragments. Tous les lieux sont vus d'en
haut; ce sont des panoramas. Toutes les
descriptions sont générales et globales. Elles
partagent un élément thématique commun très
important: la brume. Celle-ci est liée au thème
du bonheur insaisissable et de la confusion.
Le changement du motif est pertinent; la méthode
thématique se doit de rendre compte de toute
dynamique. Le motif en question peut se

présenter dans un sens euphorique et dysphorique.
Il se développe du brouillard, de la brume, ou de
la vapeur qui voilent la clarté. Ce qui change
dans cette série, c'est l'humeur, la disposition
psychologique à laquelle le motif est relié;
ce qui est constant, c'est le thème de la
fugacité de la confusion. On voit la même chose
dans le motif aquatique, qui évolue allant de
ruisseau à fleuve et à mer, de petit courant de
campagne à océan spacieux, toujours relié à
l'impossibilité du voyage désiré. Une démarche
thématique est sclérosée si elle ne tient compte
que des traits communs aux motifs. Une thématique
dynamique aide à voir dans la bonne perspective
les différences, en signalant les ressemblances.
Ici encore, nous voyons un paradoxe. Suivant
la conception banalement réaliste, les descriptions seraient différentes selon le point de
vue réaliste, ressemblantes selon le point de
vue de la diégèse. Car dans la réalité les
lieux diffèrent. C'est le contraire qui se
produit. Les différences peuvent être rat-
tachées au désir d'Emma de voir les lieux dans
leur différence. Les ressemblances signifient
le réalisme immanent. Là où Emma ne cesse de
retomber dans la même erreur, en croyant son
insatisfaction causée par le monde extérieur
et non pas par sa propre attente, la 'réalité',
le monde d'Emma, reste le même. Ce réalisme
fait partie de la fiction. Il signifie la
prédictibilité de l'échec, l'ennui inhérent
aux lieux, la vanité de la tricherie.
    La structure diégétique contient une série
de tentatives qui résultent en autant d'échecs
C'est un fait de fréquence, une répétition qui
a un effet cumulatif. Chaque échec est plus
grave, plus définitif que l'échec précédent.

Le personnage est lourd de tous les échecs.
Selon Barthes, la structure diégétique est
prédictive. Dans le cas présent, le chaînon qui
relie un épisode au suivant et en prédit le
dénouement est le manque de lucidité du personnage. Ce manque doit être dit au lecteur. Ce
ne peut être le fait du personnage, ni du narrateur 'impassible'. La fatalité ne peut être
dite qu'après la mort d'Emma. C'est ainsi que
la description, avec sa référentialité faussement innocente, est mise en oeuvre. Le sens,
l'échec nécessaire et inéluctable de toute
tentative fondée sur la contradiction, est
accumulé et, sous forme oblitérée, révélé.

NOTES

Cet article est le résultat de deux séminaires
sur la description, tenus à Utrecht en 1978, et
à Aussois en 1979. Je remercie les participants
à ces deux séminaires, en particulier Christian
Jacob, Pierre Zoberman, Claude Lacotte, Jean
Bouffartigues et Janine Florent, pour m'avoir
harassée de leurs remarques critiques.

BAL, Mieke, 1977. *Narratologie. Essais sur la
signification narrative dans quatre romans
modernes,* Paris, Klincksieck.
1978. 'Mise en abyme et iconicité'. *Littérature*
29.

BARTHES, Roland, 1968. 'L'effet de réel',
Communications 11.
1977. 'Introduction à l'analyse du récit',
R. Barthes, e.a., *Poétique du récit,* Paris, Ed.
du Seuil.

BREMOND, Claude, (1966). 'La logique des possibles
narratifs', *Communications* 8.

BUUREN, Maarten van, 1979. 'Descriptions métaphoriques. La présentation des personnages chez
Proust'. Communication prononcée au 9e congrès
de l'ICLA, Innsbruck, 20-26 août 1979. Mieke
Bal (réd.), *Mensen van papier. Over personages
in de literatuur,* Assen, Van Gorcum.
1980. 'L'essence des choses. Etude de la

description dans l'oeuvre de Claude Simon',
Poétique (sous presse).

CULLER, Jonathan, 1975. *Structuralist Poetics.*
Structuralism, Linguistics and the Study of
Literature, London, Routledge & Kegan Paul.

DÄLLENBACH, Lucien, 1977. *Le récit spéculaire.*
Essai sur la mise en abyme, Paris, Ed. du Seuil.

DOLEZEL, Lubomir, 1980. 'Truth and Authenticity
in Narrative', *Poetics Today* (sous presse).

ECO, Umberto, 1977 (1976). *A Theory of Semiotics,*
London, The MacMillan Press.

GENETTE, Gérard, 1969.   'Frontières du récit' et
'Vraisemblance et motivation', *Figures II,* Paris,
Ed. du Seuil.
1972. *Figures III,* Paris, Ed. du Seuil.

HAMON, Philippe, 1972. 'Qu'est-ce qu'une description?', *Poétique* 12.
1980. *Introduction à l'analyse du descriptif,*
Paris, Hachette (sous presse).

HENDRICKS, William O., 1973.   'Methodology of
Narrative Structural Analysis', *Semiotica* 7.

IBSCH, Elrud, 1980. 'Historical Changes in the
Function of Spatial Description in Narrative',
Poetics Today 3.

JACOB, Christian, 1980. 'Récit de voyage et
description'. *Actes d'Aussois* (E.N.S. - Sorbonne)

KITTAY, Jeffrey, 1980 (réd.). *Towards a Theory of Description,* numéro spécial de *Yale French Studies* (en particulier l'article de Kittay). New Haven.

KLAUS, Peter, 1980. 'Description in Narrative', *Poetics Today* (sous presse).

LABOV, William et LINDE, 1975. 'Special Networks as a Site for the Study of Language and Thought', *Language* 51, 4.

LODGE, David, 1977. 'Types of Description', *The Modes of Modern Writing,* London, Edward Arnold.

LOTMAN, Iurij, 1973 (1970). *La structure du texte artistique,* Paris, Gallimard

PEIRCE, Charles S., 1978. *Ecrits sur le signe.* Paris, Ed. du Seuil.

RAIBLE, Wolfgang, 1979. 'Literatur und Natur. Beobachtungen sur literarischen Landschaft', *Poetica* 11, 1-2.

RICARDOU, Jean, 1978. *Nouveaux problèmes du roman,* Paris, Ed. du Seuil.

TODOROV, Tzvetan, 1972. 'Style', Oswald Ducrot et Tzvetan Todorov, *Dictionnaire encyclopédique des sciences du langage,* Paris, Ed. du Seuil.

VEN, Pieter Dirk van der, 1978. *From Narrative Text to Narrative Structure. A Method examined and applied,* Utrecht, Instituut voor Algemene literatuurwetenschap.

ZOEST, Aart van, 1977. 'Le signe iconique dans les textes', *Zagadnienia Rodzajow Literackich* 20.

Les fragments de *Madame Bovary* ont été tirés de l'édition Garnier, de C. Gothot-Mersch, 1971.

8   ANNE GREEN (Londres),

La thématique de l'apprentissage chez Flaubert

Le thème de l'apprentissage survient à maintes reprises dans l'oeuvre de Flaubert. Apprentissage par l'éducation scolaire, comme l'indiquent les premiers mots de *Madame Bovary* ('Nous étions à l'étude'); apprentissage par lectures et expériences tel que le programme encyclopédique entrepris par Bouvard et Pécuchet; ou apprentissage sentimental, signalé dans le titre des deux *Education*. La persistance de ce thème à travers les romans de Flaubert soulève certaines questions: ces allusions répétées à l'apprentissage forment-elles un réseau de sens cohérent? de quelle façon les personnages de Flaubert sont-ils formés par leur éducation? comment ce thème se rapporte-t-il à la pensée générale de Flaubert? Au cours de cet exposé je voudrais proposer des réponses à ces questions, pour suggérer, à la fin, que la façon dont Flaubert traite de l'apprentissage, de l'éducation, du savoir, forme une structure ironique qui met en question certaines conventions du genre romanesque.

Flaubert présente l'éducation scolaire presque toujours comme un moyen d'arriver à ses fins. Jamais on n'a l'impression qu'elle produise un enrichissement, un stimulus intellectuel, une croissance mentale. Au contraire, les personnages de Flaubert considèrent l'éducation formelle

comme la condition préalable du succès social et
matériel. Les attitudes opposées des parents de
Charles Bovary peuvent nous servir d'exemple: le
père n'a pas d'ambitions matérielles pour Charles
- il veut tout simplement que son fils soit fort
et viril, avec une bonne constitution. L'éducation
scolaire ne joue donc aucun rôle dans l'avenir de
Charles tel que l'envisage son père:

> 'M. Bovary, peu soucieux des lettres, disait que
> ce *n'était pas la peine!* Auraient-ils jamais de
> quoi l'entretenir dans les écoles du gouvernement,
> lui acheter une charge ou un fonds de commerce?
> D'ailleurs, *avec du toupet, un homme réussit
> toujours dans le monde.*'(I,576)

Sa mère, par contre, nourrit de grandes ambitions
pour Charles: 'Elle rêvait de hautes positions,
elle le voyait déjà grand, beau, spirituel, établi
dans les ponts et chaussées ou dans la magistrature.'
(ibid.). C'est donc elle qui lui apprend à lire
et qui exige qu'il suive des cours, d'abord chez le
curé, ensuite au collège de Rouen, et finalement à
l'école de médecine. Lorsqu'il obtient son diplôme
d'officier de santé à force d'avoir appris d'avance
toutes les questions par coeur, la réussite se
présente comme un succès mondain: 'Quel beau jour
pour sa mère! On donna un grand dîner.' (I,578)
   La mère de Fréderic Moreau partage cette attitude
envers l'éducation. Nous apprenons dès la première
page de l'*Education sentimentale* que Frédéric est
'nouvellement reçu bachelier' et va *'faire son droit'*,
et sa mère rêve des positions de plus en plus
élevées auxquelles son fils doit parvenir grâce à
son petit succès au lycée: 'il deviendrait conseiller
d'Etat, ambassadeur, ministre. Ses triomphes au
collège de Sens légitimaient cet orgueil; il avait
remporté le prix d'honneur.' (II,12). Un peu plus
loin, dans un passage qui rappelle les conseils
offerts par Vautrin à Rastignac, Deslauriers explique

à Frédéric ce qu'il faut faire pour réussir sa vie
à Paris - sa dernière recommandation (à la
différence de Vautrin), c'est 'Passe tes examens!'
(II,14). Lorsque Martinon, lui, est reçu à ses
examens, il est convenu qu' 'une belle carrière
s'ouvrait devant lui.' (II,30). On pourrait citer
de très nombreux exemples où les personnages de
Flaubert font grand cas de l'éducation scolaire,
mais comme moyen de succès social et non pas
comme poursuite intellèctuelle. Madame de Noares
se charge même d'apprendre à lire et à écrire à
Victor et Victorine, les petits délinquants de
Bouvard et Pécuchet, 'afin de les préparer au
catéchisme.' (II,282). L'ironie d'une telle
entreprise saute aux yeux: les enfants restent
fermés à tout effort pour les instruire. Et, du
reste, apprendre le catéchisme est évidemment sans
rapport avec leurs besoins, car grâce à leur ruse
innée et à leur mépris des valeurs morales, ils
triomphent sans cesse de leurs aînés plus instruits,
et remportent de petites victoires sournoises (d'où
la signification de leur prénom). Par extension
de la même ironie, les personnages qui se soumettent
docilement à l'enseignement général ne parviennent
jamais à se distinguer dans le monde.

Donc l'éducation scolaire n'amène pas de succès
mondain dans les romans de Flaubert. De plus, les
enseignants sont présentés sous un jour fort
défavorable- ce sont des êtres incultes, grossiers
insensibles, laids. Le curé qui donne des leçons
à Charles Bovary a tendance à s'endormir pendant
son cours et ronfle, la bouche ouverte; deux des
personnages les moins sympathiques de l'*Education
sentimentale* sont enseignants: Sénécal est
'répétiteur de mathématiques' (II,17) et la Vatnaz,
autrefois institutrice, donne des leçons privées
et veut publier un ouvrage sur l'éducation,
'recueil de littérature et de morale' - ce qui ne
manque pas d'ironie, étant donné son sens moral

peu développé. (II,22,52). Le seul renseigement,
ou presque, que Flaubert fournit sur Miss John,
institutrice de Cécile Dambreuse, c'est qu'elle
est 'fortement marquée de petite vérole' -
renseignement gratuit, si ce n'était pour souligner
les connotations désagréables qu'il attribue aux
enseignants. (II,76). L'instituteur dans *Bouvard
et Pécuchet* mène une vie misérable et sordide; il
est borné et têtu; fait révélateur, il s'appelle
Petit. Le frauduleux père Lemoine est introduit
comme 'un ancien maître d'école tombé dans la
crapule'. (II,266). Et l'homme que Madame Aubain
emploie comme instituteur pour Paul et Virginie
est 'un pauvre diable'; le seul détail que nous
savons de lui, c'est qu'il 'repassait son canif
sur sa botte.' (II,168).

Loin d'être capables de s'attirer le respect
ou de stimuler les facultés intellectuelles de
leurs élèves, les enseignants chez Flaubert
s'avèrent étroits, stupides, obtus. Flaubert nous
les présente non pas comme des éducateurs dans le
meilleur sens du mot, mais comme des symboles de
l'autorité, en train de socialiser leurs élèves,
de les rendre conformes, de supprimer leur
individualisme. Le pauvre petit Charles Bovary
doit copier vingt fois le verbe *ridiculus sum* dès
son arrivée à la nouvelle école pour le punir
d'être différent des autres et d'ignorer les
habitudes de la classe. Deslauriers est obligé
de voler la clef de la bibliothèque du collège
pour poursuivre ses lectures - les livres sont
gardés sous clef, loin des élèves. Et lorsque
Frédéric arrive pour son premier cours à la
Faculté de droit, il se trouve en présence de
trois cents jeunes gens qui copient fidèlement
les paroles du professeur - pas une lueur
d'individualisme, rien que la voix monotone et le
grincement docile de trois cents plumes.

L'éducation que subissent les personnages de
Flaubert ne demande qu'une bonne mémoire. Charles
est reçu à ses examens parce qu'il sait reproduire
des réponses toutes faites aux questions - tout
petit, son instituteur avait noté avec plaisir que
son élève avait 'beaucoup de mémoire' (I,577); et
l'importance accordée à la mémoire trouve son
apothéose dans la mnémotechnie de Dumouchel, ouvrage
absurde qui porte l'épigraphe ironique et ambiguë:
'Instruire en amusant.' Comme dernier exemple de
l'absurdité de cette éducation machinale et
socialisante, citons Félicité, un des rares
personnages principaux à rester sans éducation,
mais qui essaie d'instruire son perroquet en lui
apprenant des expressions toutes faites tirées des
banalités de la conversation. Elle les lui répète
jusqu'à ce que le perroquet, la copiant, lui aussi
sache dire 'Charmant garçon!' et 'Serviteur, monsieur!'
(II,174).

L'éducation par l'enseignement formel se présente,
donc, comme un système de contrôle qui diminue
l'esprit et socialise en faisant circuler des
platitudes et des idées reçues. Les esprits
questionneurs ne sont pas encouragés. 'Pour être
savant', selon le *Dictionnaire des idées reçues,*
'il ne faut que de la mémoire et du travail' et
l'entrée du 'PROFESSEUR' nous apprend qu'ils sont
'toujours savant(s)'. (A ce propos il faut savoir
que trente-huit parmi les entrées du *Dictionnaire*
sont puisées dans une oeuvre qui rivalise
d'absurdité avec la mnémotechnie de Dumouchel:
c'est *Des Erreurs et des préjugés répandus dans la
société,* de Jacques Barthélemy Salgues, proviseur
du collège de Sens à l'époque où le père de Flaubert
y allait en classe. Le docteur Flaubert faisait
beaucoup de cas de ce livre, paraît-il.)[1]

Ce genre d'éducation est abrutissant et contre
nature tout autant que les 'tuteurs' dont *Bouvard
et Pécuchet* se servent pour attacher leurs jeunes
arbres et les soumettre à la conformité, ou que

les tentatives de Charles et Homais pour refaire
le pied déformé mais leste d'Hippolyte. Pourtant
la nature s'impose toujours à nouveau. A tout
moment, la vie transperce le vernis de l'éducation
pour montrer sa fausseté et son désaccord avec
les forces de la nature. L'exemple le plus
frappant est sans doute l'échec de l'éducation de
Victor et Victorine; mais on pense aussi à la
description de Léon qui, alors qu'il est en train
d'étudier, seul dans sa chambre, laisse tomber
son code par terre quand le souvenir d'Emma lui
revient; ou encore au décalage entre le sérieux
du guide qui donne son cours sur l'histoire et
l'architecture de la cathédrale de Rouen, et les
désirs plus pressants d'Emma et Léon. Autrement
dit, les instincts naturels s'avèrent plus forts
que cet apprentissage artificiel. Comme Flaubert
l'a dit dans une lettre à Maupassant écrite vers
la fin de sa vie: 'Je veux montrer que l'éducation
quelle qu'elle soit, ne signifie pas grand'chose,
et que la nature fait tout ou presque tout.'[2]
 Mais les personnages de Flaubert suivent également un apprentissage tout différent - éducation
non-scolaire, où l'on apprend d'après son
expérience du monde et des hommes. L'*Education
sentimentale* commence non seulement par un bilan
de l'éducation scolaire de Frédéric, mais aussi
par sa rencontre avec Arnoux, qui assume le rôle
de Mentor: 'Le monsieur en bottes rouges donna
des conseils au jeune homme; il exposait des
théories, narrait des anecdotes, se citait lui-
même en exemple... (II,9). Les expériences qu'il
décrit à Frédéric sur le bateau sont pareilles
à celles que Frédéric va connaître plus tard -
elles résument en quelque sorte son développement
futur:
 'Il était républicain; il avait voyagé, il
 connaissait l'intérieur des théâtres, des
 restaurants, des journaux, et tous les artistes
 célèbres, qu'il appelait familièrement par
 leurs prénoms... (II,9)

Frédéric l'imite jusqu'au point d'aimer les mêmes femmes. Et la façon dont il agit envers Rosanette et Madame Dambreuse, leur faisant les mêmes promesses, leur envoyant des bouquets identiques, leur écrivant en même temps, prend pour modèle le comportement d'Arnoux envers Rosanette et sa femme. Frédéric absorbe les leçons d'Arnoux beaucoup mieux que les leçons de la Faculté de droit. L'imitation fait suite à l'admiration. Il en est de même pour Deslauriers. Au début, il traîne derrière Frédéric dans son éducation sentimentale, et ne comprend rien aux sentiments de Frédéric pour Mme Arnoux, qu'il considère comme 'une dernière faiblesse d'adolescence.' Mais tout comme Frédéric apprend en imitant Arnoux, Deslauriers apprend en imitant Frédéric, et même il le dépasse: il passe la nuit chez Rosanette, il fait des propositions à Mme Arnoux, il épouse Louise Roque au moment où Frédéric pense à l'épouser lui-même. Mais Flaubert nous montre qu'en suivant les conseils et l'exemple d'Arnoux, Frédéric, et après lui Deslauriers, ont mal choisi leur Mentor. Ils ont pris comme modèle un personnage qui, de par son commerce de reproductions dévalorisées d'oeuvres d'art, s'associe par excellence à l'imitation. Frédéric et Deslauriers s'en détournent à la fin, reconnaissant qu'ils étaient au mieux avant d'avoir commencé leur 'éducation sentimentale'.

Madame Bovary nous offre un exemple non moins ironique de l'apprentissage par imitation. Emma surprend Charles par son sens des affaires. Il s'émerveille à l'entendre dire que:

> 'Il allait falloir prendre des informations, vérifier les hypothèques, voir s'il y avait lieu à une licitation ou à une liquidation.
>
> Elle citait des termes techniques, au hasard, prononçait les grands mots d'ordre, d'avenir, de prévoyance...'(I,660)

Et le passage se termine par l'observation désabusée:
'Elle avait profité des leçons de Lheureux.' De
même que l'influence d'Arnoux parvient à
Deslauriers par l'intermédiaire de Frédéric, les
'leçons' insidieuses de Lheureux passent d'Emma à
Charles. Après la mort d'Emma, Charles 'adopta
ses prédilections, ses idées ... il souscrivit
comme elle des billets à ordre. Elle le corrompait
par delà le tombeau. (I,690). L'apprentissage par
imitation est néfaste.

L'apprentissage de Louise Roque entre les mains
de Frédéric nous offre une variation sur ce thème.
Louise est inculte et naturelle au début du roman.
Elle nous est présentée comme une 'jeune bête
sauvage', seule dans son jardin, avec des boucles
d'oreilles en baies de sorbier. (II,41) Mais
Frédéric essaie de l'instruire en lui lisant du
Chateaubriand et du Shakespeare. Amoureuse de
lui, elle veut gagner son coeur en s'instruisant
comme lui: elle le prie de lui proposer des titres
à lire; elle l'admire 'comme un savant'; il est
'son maître'. De nouveau, nous avons affaire ici
à l'éducation motivée par une arrière pensée; de
nouveau, elle n'aboutit pas à la fin désirée. Par
une de ces ironies qui font les délices de Flaubert,
Frédéric néglige son élève jusqu'à ce qu'il soit
trop tard; et lorsqu'il s'en souvient à la fin,
au moment où Deslauriers l'épouse, c'est précisément son manque d'éducation, sa simplicité inculte,
qui l'émeuvent: 'Elle était naïve, une paysanne,
presque une sauvage, mais si bonne!'(I,159). On
retrouve évidemment, le thème de l'apprentissage
non-scolaire d'une façon plus soutenue dans
Bouvard et Pécuchet. Malgré leur enthousiasme et
leur soif de connaissances, Bouvard et Pécuchet
n'apprennent rien de profitable, et les idées à
moitié assimilées qu'ils tirent de leurs lectures
les aveuglent sur les réalités autrement plus
importantes de la vie quotidienne. Leur propriété

se détériore au fur et à mesure que leurs connaissances s'accumulent. (Et pourtant ils s'étaient
engagés dans leur entreprise encyclopédique afin
de mieux exploiter la ferme.) Leurs connaissances
livresques et les désastres qui s'ensuivent font
contraste avec l'exemple des villageois peu
instruits mais astucieux, et qui comprennent très
bien comment va le monde. La décision des deux
clercs à la fin du roman de passer de l'étude à
la copie peut s'interpréter comme un commentaire
final sur cette association stérile qu'est celle
de l'apprentissage avec l'imitation, et qui ne
peut aboutir qu'à l'échec.

Cette attitude à l'égard de l'apprentissage
ressort davantage lorsqu'on la considère dans le
contexte des conventions du *Bildungsroman,* du
roman d'apprentissage traditionnel, où le récit
suit le progrès du jeune héros qui entre dans le
monde, passe par toute une gamme d'expériences,
et en tire des leçons pour arriver enfin à la
maturité. La plupart des romans de Flaubert
s'annoncent comme des romans d'apprentissage
conventionnels. Dès le début nous rencontrons
tous les éléments initiaux du Bildungsroman, et
cette convention littéraire dicte en quelque sorte
nos réactions. Ainsi, dès le début des deux
Education sentimentale on voit un jeune homme
sortir dans le monde pour la première fois, naïf
et plein d'espérances. *Madame Bovary* commence par
l'enfance de Charles, les ambitions de sa mère,
et son départ de la maison paternelle pour embrasser
une carrière. *La Légende de Saint Julien
l'hospitalier* (où Flaubert met en jeu d'autres
conventions aussi) suit le même cours - nous
voyons Julien, enfant, s'instruire et se développer
à travers les leçons que lui prodigue son entourage,
jusqu'au moment où il peut quitter la maison et
faire son chemin dans le monde.

Les conventions du roman d'apprentissage veulent
que le héros passe par une variété d'expériences
et se heurte contre les réalités de la vie pour
trouver enfin sa place dans le monde. Nous comptons
voir une harmonie s'établir à la fin entre l'individu
et la société. Mais les romans de Flaubert
s'écartent nettement de la norme. Bien sûr, ses
héros subissent toutes sortes d'expériences, ils
éprouvent l'amour et l'amitié, ils luttent contre
le monde. Mais jamais ils ne poursuivent jusqu'au
bout le chemin du héros traditionnel. Au contraire,
ils refusent de s'intégrer dans la société. A la
fin de la première *Education* nous apprenons que
Jules 'ne désire pas plus mourir que vivre'; il
est isolé, 'réduit à son unique personnalité, sans
conseils, sans épanchements, sans public ni confident'. Rejetant la société où il a été en
apprentissage, il part pour l'Orient, seul, emportant deux paires de souliers et un Homère. (I,369-73)

Frédéric, lui aussi, se retire du monde et
renonce à ses ambitions à la fin de la deuxième
Education. 'Des années passèrent; et il supportait
le désœuvrement de son intelligence et l'inertie
de son cœur.' (II,160) Réunis, Deslauriers et
lui se racontent leurs souvenirs d'enfance et
nous remontons au temps où ils allaient en classe,
tout au début de leur éducation scolaire et
sentimentale. La nostalgie de la dernière ligne
du roman, 'C'est là ce que nous avons eu de
meilleur', exprime leur déception face à tout ce
que leur éducation leur a appris depuis; elle
affirme qu'il vaut mieux rester détaché, dégagé;
elle indique la méfiance du conformisme.

De même, à la fin de *Madame Bovary*, Charles
abandonne sa position de médecin, pour laquelle
il avait travaillé si dur. C'est à ce moment qu'il
rompt définitivement avec sa mère, instigatrice
de ses études et de ses ambitions. Charles se
replie sur lui-même - 'Il ne sortait plus, ne

recevait personne, refusait même d'aller voir ses
malades.' (I,691-92) Sa renonciation aux bienfaits
de l'éducation contraste avec la situation de
Homais qui est maintenant 'le plus heureux des
pères, le plus fortuné des hommes,' lauréat de la
croix d'honneur. Homais exprime l'ambition de
prestige et de succès dans le monde, l'acceptation
et la propagation des idées reçues, le désir
d'assujettir les autres à ses propres opinions
rigides - autrement dit, c'est l'incarnation des
fausses valeurs inculquées aux personnages de
Flaubert par leur éducation.

Quelles conclusions peut-on donc tirer de cet
aperçu de la thématique de l'apprentissage chez
Flaubert? Premièrement, c'est un plaidoyer pour
l'individualisme. Flaubert nous présente l'éducation scolaire comme une influence qui pousse au
conformisme, comme un système pour promulguer les
idées reçues. Ceux qui perpétuent le système -
les enseignants - sont des créatures misérables et
autoritaires qui n'ont qu'un seul but: étouffer
l'individualisme. La portée politique d'une telle
prise de position est bien évidente. Elle s'accorde
tout à fait avec les opinions politiques qui
ressortent de la *Correspondance*. C'est la même
haine de toute contrainte, de tout dogme politique
qui s'efforce d'imposer son moule à la société.
C'est la même peur des conséquences de tout régime
qui cherche à niveler la société en supprimant
l'individualisme et les minorités: une telle
politique, selon Flaubert, mène inévitablement au
triomphe de la médiocrité. Et c'est pour cela qu'il
s'oppose à l'instruction universelle. 'Quant au
bon peuple', écrit-il en 1871, 'l'instruction
"gratuite et obligatoire" l'achèvera.'; elle 'n'y
fera rien qu'augmenter le nombre des imbéciles ...
Tout le rêve de la démocratie est d'élever le
prolétaire au niveau de bêtise du bourgeois. Le
rêve est en partie accompli. Il lit les mêmes

journaux et a les mêmes passions.' [3]

Par moments, Flaubert rend explicites les sous-entendus politiques de l'éducation - surtout lorsqu'il décrit les joutes oratoires du Club de l'Intelligence où l'on revendique la suppression de plusieurs établissements d'enseignement:

'- Plus d'académies! plus d'Institut!
- Plus de mission!
- Plus de baccalauréat!
- A bas les grades universitaires!' (II,120)

L'échange se termine par une intervention de la part de Sénécal qui propose que les grades universitaires soient conférés 'par le suffrage universel, par le Peuple, seul vrai juge!' Affirmation explicite de la façon dont le processus d'éducation se change en instrument politique. Ailleurs, Flaubert effleure la question du rôle de l'Eglise dans l'enseignement - on pense par exemple à la lutte entre le misérable instituteur et le prêtre puissant dans *Bouvard et Pécuchet,* ou même à Schahabarim, torturé de doutes, mais dissimulant ses incertitudes devant Salammbô, à qui il présente ses conjectures comme des faits. Nous savons que Flaubert sympathisait avec son ami Louis Bouilhet qui, en se présentant aux élections de 1848, basait sa plate-forme sur la sécularisation de l'enseignement public et la dissociation du clergé de toute activité politique.

Le système d'éducation se présente, donc, comme un instrument politique potentiellement dangereux. Si les personnages de Flaubert se tournent vers l'éducation c'est qu'ils la considèrent comme moyen de réaliser leurs ambitions, et de transformer leur vie. Pourtant, l'éducation qu'ils reçoivent est hostile à tout changement; elle ne fait que renforcer le *statu quo.*

Mais tout en démontrant cet aspect autoritaire et réprimant de l'éducation, Flaubert se rend

bien compte des limites de son pouvoir. Aussi
nuisible que soit son influence, elle ne peut rien
contre les caractères fondamentaux de la nature
humaine. Bouvard et Pécuchet s'en aperçoivent
quand leurs tentatives en vue de réformer Victor
et Victorine par des méthodes rousseauistes
échouent - ils sont obligés de conclure qu' 'il y
a des natures dénuées de sens moral, et l'éducation
n'y peut rien. - Ah! oui, c'est beau l'éducation!'
(II,300). C'est là un des paradoxes tant appréciés
par Flaubert: tout en déplorant la bêtise et
l'esprit borné de l'homme, il retrouve des mérites
dans sa résistance naturelle à l'éducation, si
cela veut dire que l'homme reste imperméable à
l'endoctrinement. Il s'extasie sur un jeune homme
de sa connaissance parce que, 'malgré son père qui
le poussait aux *bonnes études,* il n'est point
devenu crétin.'[4] Et il écrit à Caroline en 1852:
'Je crois à la *race* plus qu'à l'éducation.'[5]

A maintes reprises, nous l'avons vu, il prouve
l'échec de l'éducation. Les explications et les
éclaircissements qu'elle offre sont insuffisants;
le monde reste incompréhensible. Ceci, pour
Flaubert, est l'inverse créateur de l'idée reçue,
c'est la délicieuse prise de conscience du fait
que la complexité de l'existence ne se laisse pas
réduire à une explication simple et toute faite.
Cette idée se rencontre souvent dans son oeuvre -
dans *La Tentation,* par exemple, où le Diable se
moque de ce qu'Antoine recherche la certitude, et
le tourmente en lui indiquant que toute connaissance
se renvoie à elle-même et est, par conséquent,
objectivement inconnaissable. Ou dans *Bouvard et
Pécuchet,* où les clercs sont toujours frustrés
dans leurs tentatives de *connaître.* Ils sont
déconcertés lorsque des exposés de faits qu'ils
avaient pris pour objectifs se révèlent comme des
interprétations subjectives qui se contredisent
l'une l'autre et s'avèrent fondamentalement

douteuses. Leur décision d'abandonner la poursuite
des connaissances et de 'copier comme autrefois'
constitue un geste de frustration et de désespoir
face à l'impossibilité de jamais rien comprendre
avec certitude. Ils finissent dans un état de
paralysie mentale, comme celui produit en eux par
l'étude de l'histoire. Ils y avaient renoncé parce
que

> 'Pour la juger impartialement, il faudrait avoir
> lu toutes les histoires, tous les mémoires, tous
> les journaux et toutes les pièces manuscrites,
> car de la moindre omission une erreur peut
> dépendre qui en amènera d'autres à l'infini.
> (II,239)

Nous ne saurons jamais *tout;* nos connaissances ne
peuvent être que partielles, donc incertaines et
fluides. Rappelons la lettre que Flaubert adressait
à Louis Bouilhet en 1850: 'Oui, la bêtise consiste
à vouloir conclure. Nous sommes un fil et nous
voulons savoir la trame ...'[6]
  Pour Flaubert, l'état de *ne pas savoir* est un
état d'anticipation, d'exaltation. C'est l'état
où Frédéric se trouve au début de l'*Education
sentimentale,* s'attendant avec impatience à
découvrir la vie, et rêvant aux expériences et aux
succès qu'il doit avoir. C'est l'état que
Deslauriers et lui évoquent avec nostalgie à la
fin. Et c'est également l'état où nous retrouvons
Bouvard et Pécuchet vers le début du roman, lorsqu'
ils entrent au hasard dans le Collège de France et
assistent à une séance de l'Académie: ils n'y
comprennent pas grand'chose, mais le fait de ne
pas comprendre excite leur curiosité et leur esprit:

> 'Ils s'informaient des découvertes, lisaient les
> prospectus, et, par cette curiosité, leur
> intelligence se développa. Au fond d'un horizon
> plus lointain chaque jour, ils apercevaient des

choses à la fois confuses et merveilleuses.
(II,204)

Des pays dont ils ne savent rien leur semblent
d'autant plus beaux et exotiques; des livres dont
ils ne comprennent même pas le titre leur semblent
pleins de mystères et de promesses. Le
développement de leur intelligence n'est peut-
être qu'une illusion, mais il vaut mieux que ce
qui va suivre. Car cette curiosité intellectuelle
sera étouffée par leur apprentissage encyclopédique:
plus ils progressent, moins ils font face à
l'inconnaissable. Leur 'besoin de vérité devenait
une soif ardente', et Pécuchet s'écrie 'Oh! le
doute! le doute! j'aimerais mieux le néant!' (II,273)
Mais nous autres lecteurs, nous sommes obligés
d'affronter des doutes pareils lorsque nous lisons
les romans de Flaubert. Il nous met en présence
des lacunes du texte et nous invite à les com-
pléter avec notre imagination, ou à les accepter
comme telles. Souvent, il nous refuse une position
privilégiée et nous laisse aussi perplexes que les
personnages. Ce n'est pas pour rien qu'une des
phrases les plus courantes de ses romans est 'il
(ou elle) n'y comprenait rien' - affirmation de
l'impossibilité de comprendre ou d'apprendre et
antithèse de cette certitude illusoire propagée
par ses éducateurs.
Si nous abordons l'*Education sentimentale* ou
Madame Bovary en espérant retrouver un roman
d'apprentissage traditionnel, nous serons
nécessairement aussi déroutés que si nous lisons
Salammbô dans l'attente de trouver une oeuvre
qui corresponde aux conventions du roman historique.
Flaubert, en tant qu'auteur, refuse d'adopter le
rôle autoritaire de ses enseignants. Aux
certitudes, aux idées reçues, aux clichés qu'il
nous dépeint à travers ses enseignants, Flaubert
oppose, dans la trame même de ses romans, une
intrigue et un texte lacunaires, sources d'incertitudes créatrices.

1. Voir Anne Green, 'Flaubert, Salgues et le
    Dictionnaire des idées reçues', à paraître
    dans un numéro spécial de la *Revue d'Histoire
    littéraire de la France* consacré à Flaubert,
    en 1981.

2. *Corr.* VIII, 353 (1880).

3. *Corr.* VI, 282; 286-87 (1871).

4. *Corr.* III. 101 (1853).

5. *Corr.* II, 441 (1852).

Flaubert et les incertitudes du texte

Diégèse/langue/réalité

Les oeuvres de Flaubert sont pleines de trous.
Des scènes majeures se déroulent suppose-t-on
sans qu'il soit permis au lecteur d'y assister:
que se passe-t-il réellement - par le menu - à
l'intérieur du fiacre - comment Léon et Charles
réagissent-ils en se rencontrant au bar de
l'opéra de Rouen (le texte *plein* raconte l'aller
et le retour de Charles sans y faire allusion
avant que celui-ci ne soit de nouveau auprès de
sa femme) - Deslauriers couche-t-il vraiment
avec Rosanette (cfr. Pléiade II 442 et 454: rien
ne permet de trancher si ce n'est le ms. - mais
là c'est déformer la vérité du texte) - quelle
est la teneur des conversations auxquelles
Frédéric assiste (v. Pléiade II 67-8) sans y
rien comprendre - Bouvard et Pécuchet semblent
passer d'une chose à une autre sans transition
ni motivation est-ce bien le cas - pourquoi ne
visite-t-on pas la chambre de Félicité au début
d'*Un Coeur simple* - dans quelles circonstances
Spendius vend-il son dromadaire (Pléiade I 767:
'Spendius, avec l'argent de son dromadaire,
s'était acheté un esclave.') etc.??
    D'un autre côté, les oeuvres de Flaubert
accusent des boursouflures, des développements

qui ne semblent correspondre en rien aux besoins
ponctuels de la diégèse: si la messe nuptiale
d'Emma n'est pas du tout décrite, l'arrivée des
invités, elle, est racontée interminablement -
de même que son enterrement (dont on pourrait
cependant dire qu'il la concerne beaucoup moins
que sa noce) - les conversations chez les
Dambreuse sont inépuisables, tout comme les
activités d'Arnoux dans son bureau, la description de l'Alhambra et celle du bal chez Rosanette
- le lecteur de *Bouvard et Pécuchet* est écrasé
non seulement par la masse de détails qui lui
sont communiqués mais aussi par leur débit
torrentiel - festin et batailles dans *Salammbô*,
défilés de dieux et de péchés dans *la Tentation*
connaissent une démesure semblable.

L'écriture flaubertienne subit ainsi, constamment, deux torsions contraires (au regard de la
littérature traditionnelle il s'agit, évidemment,
de distortions) - torsions qui remettent
systématiquement en question le mimétisme du
texte. L'aptitude de celui-ci à rendre compte
du réel devient de la sorte un thème romanesque.
En quelque sorte, il s'agit de l'excessive facilité
de certains sujets et du caractère verbalement
inaccessible d'autres domaines du réel, auxquels
Flaubert semble faire allusion dans un passage
de la Correspondance (Conard vol. III p. 52).
La mise en langage, on le voit, est un phénomène
variable - si tant est que boursouflures et
lacunes laissent subsister intacte la notion
d'inspiration 'réaliste'.

La portée assez particulière de ce phénomène
ne s'arrête pas là. Qu'on examine par exemple
cette boursouflure classique qu'est, dès le
début de *Madame Bovary*, la description de la
casquette de Charles. Loin d'être, comme
l'affirme assez étonnament Brombert, 'an
extension of meaning to objects (which) is
clearly one of Flaubert's conscious methods'.

(*The Novels of Flaubert,* Princeton, 1966,
p.43), il s'agit au contraire (comme la description de la noce d'ailleurs) de détails qui ne
mènent nulle part. Les idées reçues dont ils
s'enrobent inlassablement ('coiffure d'ordre
composite' en effet: tout un cafouillis renvoyant
à des modes conventionnel(le)s) rendent tout à
fait ineptes les 'profondeurs d'expression comme
le visage d'un imbécile' que les spectateurs (ce
'nous' qui se croit tout permis) et bon nombre de
critiques avides de symboles se permettent de lui
attribuer. Cet entassement de signes mal agencés
interdit toute pénétration - ceux qui arborent
ces signes (Charles en l'occurrence) restent
insaisissables, porteurs de clichés dont la lisse
surface préfigure l'écriture systématiquement sans
profondeur de tant de textes d'avant garde du
vingtième siècle.
    Cela étant dit, il faut se garder de lire
Flaubert comme si l'on avait affaire à un contemporain de Roussel. Tel n'est pas le cas.
L'oeuvre de Flaubert nous propose une substance
nettement plus adulte. Culler (s'inspirant sans
doute de Nathalie Sarraute, de Geneviève Bollème
et de Leo Bersani) se montre donc, comme c'est
souvent le cas, trop schématique quand il parle
de phrases qui s'appliquent opiniâtrement à
donner une vision désarticulée des choses. Dans
la description si détaillée de Yonville 'the
point of arrival - selon lui - has nothing to do
with the point of departure ... grammatical
devices ... link together a set of disparate and
trivial facts ...' Culler nous invite à contempler le spectacle' of this elegant prose
straining to hold itself together ... to no
obvious thematic purpose ...' (*Flaubert:
the uses of uncertainty,* London, Elek, 1974 p.76)
On peut craindre que de telles analyses ne
doivent plus aux modes de la critique actuelle

qu'à une bonne connaissance des textes et de
l'histoire littéraire. Flaubert est trop de son
temps pour ne pas nous apprendre beaucoup de
choses sur l'univers de Madame Bovary. *Le texte
révèle seulement son inaptitude à tout raconter
uniment avec certitude et objectivité, en gardant
en toute occasion la juste mesure des choses.*
Bien souvent en effet, le texte, devant la
réalité, ne sait pas sur quel pied danser. Mais
on aurait tort de parler d'une quelconque liberté
insignifiante du texte, car on constate que le
problème des rapports de l'écriture au réel
s'ajoute chez Flaubert aux autres dimensions du
texte. Le début de *Salammbô,* tout en nous
fournissant un grand nombre de renseignements
sur Carthage (même s'il s'agit d'une Carthage
inventée), déconcerte en même temps: après la
première phrase du roman, Flaubert passe à une
description que celle-ci n'encadre pas. Le
lecteur est d'autre part confronté par des
renseignements excessifs, puisqu'ils nous
renseignent mal, et par un trou, une lacune qui
gomme tout ce qu'un roman 'balzacien' se serait
mis en devoir dès le début de nous communiquer.
On s'y perd dans une certaine mesure - on en
vient à interroger le texte, à s'inquiéter de
son comportement, de même que dans *Bouvard et
Pécuchet* (v. Pléiade II pp.716-7-8 et *passim*) le
lecteur cherche parfois sans succès pour savoir
à qui ou à quoi s'appliquent certains pronoms
personnels.

   Cet amalgame malaisé d'éléments contradictoires
est en même temps une combinaison éloquente
puisqu'elle nous sensibilise en face de deux
processus d'égale importance (chez Flaubert
s'entend): le fonctionnement du texte *et celui
du réel* (c'est ce dernier phénomène qu'a trop
souvent tendance à oublier la critique 'moderne').
On assiste ainsi à certains types de récurrence,
e.g.: 'Enfin, un monsieur qui avait la croix

d'honneur les délivra ...' (Pléiade II 786) -
'Ils entraient dans la futaie de Franchard ...
tout à coup un garçon de café parut ... (Pléiade
II 354). Il n'y a pas ici en effet que l'écart
qui sépare l'événement de son style 'approprié'
- il y a en même temps la lacune qui sépare
l'événement de son (con)texte de réalité non-
littéraire: d'où sortent-ils, ces hommes; à quel
processus humain et linguistique devons-nous
attribuer leur présence? La réalité dans le
texte et du texte est idéniable. C'est seulement
qu'elle ne va pas de soi. L'exubérance, le
bouillonnement de détails qui étoffent les
batailles et les renseignements culturels de
Salammbô disloquent profondément notre appréhension de la réalité qu'on suppose être à l'origine
du texte (NOTE: ... et que l'on a tout à fait
raison de supposer être à l'origine de *n'importe
quel texte* - toute lecture cherche instinctivement
à établir un rapport entre l'écriture avec le
réel, et *vice versa*. Il est impossible de lire
comme si ce que l'on a devant soi ne voulait rien
dire. A mon sens, l'intérêt majeur du 'nouveau'
roman français réside dans la tentative *avortée*
d'évacuer le réel, et dans le nouveau type
d'exploration sémantique que cela déclenche chez
le lecteur).
   L'exemple de *Salammbô* est précieux. Les
critiques qui le négligent manquent de pertinence,
et cela en dépit (à cause?) de la netteté
schématique de leurs indispensables formules.
En effet, dans *Salammbô,* on assiste au travail
inlassable, exhaustif du texte pour créer coûte
que coûte une réalité qui n'existe plus. Dire
que cette réalité n'a jamais existé ne revient
pas à dire que *Salammbô* est un texte qui nie le
réel. Les situations figées, les comportements
stéréotypés s'inspirent de notre réalité - ils
appartiennent à la réalité des XIXe et XXe siècles.

C'est celle-ci qui fait 'vivre' le texte. Et en
même temps, le texte véhicule une réalité plus
universelle, éternelle. C'est ainsi que, quand
nous lisons que Salammbô reste 'étendue sur le
grand lit fait de courroies de boeuf, sans remuer,
en répétant un mot, toujours le même ... (Pléiade
I 904). Bien que nous ne sachions pas de quel
mot il s'agit, nous ne sommes pas en présence
d'une situation irréelle, incohérente. Il ne
s'agit pas de n'importe quel mot. La fourchette
est même assez restreinte: Tanit?, Mathô?, le
Voile?, Moloch?, Hamilcar?, mots et notions
'd'intrigue' qui de plus se recoupent de plusieurs
manières. L'absence de précision textuelle
renforce le caractère subjectif de la focalisation,
tout en laissant le réel intact. C'est donc un
comportement romanesque qui est en cause mais
qui n'entame en rien la conduite humaine que le
texte met à jour.

 Voilà pourquoi les travaux préparatoires auxquels Flaubert se livre, ce climat d'érudition
et de familiarité où il s'installe nécessairement
avant de se mettre au travail, et qui ne semble
investi dans la version définitive que de façon
tout à fait inégale (selon les passages et selon
les oeuvres) - voilà pourquoi ce climat n'est
nullement en porte-à-faux avec le texte que
Flaubert publie en définitive. 'La couleur
normande du livre sera si vraie qu'elle ...
scandalisera' (Correspondance III 161) proclame-
t-il à Louise Colet. Il est ridicule - on est
ridicule - de ne pas tenir compte de telles
prises de position (qui se dessinent en filigrane
dans toutes les recherches qu'entreprend Flaubert).
Le réel, c'est clair, s'accommode fort bien des
obsessions et des oublis que traduisent au
niveau de l'écriture les lacunes et les boursouflures. (NOTE: ... et cela même si on est en
droit de se demander d'où, de qui proviennent ces

obsessions, ces oublis. L'analyse qu'on a faite
jusqu'ici, ainsi que celle qui va suivre soulèvent
constamment le problème de la focalisation). Le
texte est incertain non par ce qu'il dit mais par
la manière dont on est censé l'interpréter:
L'énoncé s'articule sur une énonciation mouvante
et versatile.

Leo Bersani a donc bien raison d'affirmer que
'with Flaubert the reflecting nature of language
becomes both imperative and immensely problematical'
(*Balzac to Beckett,* N.Y., O.U.P., 1970,
p.143). L'ambiguïté dont il est question correspond
en effet à la nature profonde de l'écriture
flaubertienne. C'est plutôt ce qu'écrit Bersani
par la suite qui me semble discutable:' ... what
Flaubert's works are most significantly about (is)
the arbitrary *insignificant* nature of language.'
(p.144 - c'est moi qui souligne). Ce découpage
me paraît en lui-même fort arbitraire. Comment
en effet éliminer de la visée critique tout le
reste de la multiple portée du texte - faire
comme si cela n'existait pas. Si Bersani, par
ailleurs, (p.166) observe que les textes
flaubertiens stigmatisent les dangers de
l'imagination, on peut croire que cette même
imagination, surtout depuis que Flaubert a été
promu nouveau romancier, constitue aussi un piège
pour le critique. Dire que cette imagination est
à l'origine chez les personnages d''images produced
without ... causality and which are indifferently
(sic) true or false, possible or impossible' (ibid),
c'est nier le caractère substantiel des faits:
mode, événements, motivation. On l'a déjà dit,
ces éléments foisonnent dans les oeuvres de
Flaubert. On ne se demande pas si Emma couche
avec Rodolphe ou si elle a des dettes - on sait
avec beaucoup de précision à quelle époque se
déroulent les événements d'*Un Coeur simple* - le
détail des robes de Madame Dambreuse ou des

opérations financières de Frédéric nous est connu.
La critique 'moderne' a bien tort de vouloir
évacuer tous ces éléments au profit d'une très
douteuse lucidité *textuelle,* et de formules tape-
à-l'oeil.

Le problème qui se pose à tout critique objectif,
à l'affût d'une approche qui soit conforme au
contenu du texte, est le suivant: il s'agit de
dégager le fonctionnement positif des flottements,
lacunes et boursouflures dans leurs rapports avec
cette base de certitude 'documentaire' que véhicule
obstinément l'écriture flaubertienne. (NOTE: C'est
là au fond, soit dit en passant, le problème que
soulève toute lecture du roman moderne, le réel
n'étant jamais (il s'en faut de beaucoup) éliminé.
Le problème consiste alors à déterminer et à
explorer la manière dont s'articulent les tendances
contradictoires consistant à la fois à injecter et
à nier le réel dans le texte (et du texte)). Il
s'agit en somme d'expliquer (et de justifier) la
viabilité d'une lecture populaire des textes de
Flaubert - car si l'on conçoit bien que les
nouveaux romanciers s'adressent consciemment à
une audience très spécialisée, pour ne pas dire
universitaire (le reste de la population les
connaît à peine), Flaubert ne visait quand même
pas le même genre de public!

Tout devient alors bel et bien affaire de
focalisation. La vérité problématique de points
de vue fragmentés, multiples, mouvants vient en
somme troubler les certitudes irréfutables du
texte. De qui le texte traduit-il en définitive
les oublis et les obsessions? Cette foule qui
met le Louvre à sac (événement dont même Ricardou
reconnaîtrait la véracité) devient 'on' à des
moments qui figurent parmi les plus significatifs
de son action: quand elle jette le trône par la
fenêtre, par exemple. Le rapport à une personne
nommée, décrite est provisoirement gommé.

Le fait que ce soit momentané ne rend ce phénomène que plus déconcertant. Il actualise avec
beaucoup de précision cette incompatibilité de la
langue et des idées (mot à résonance très
particulière chez Flaubert) qui le préoccupe dès
la composition de *Madame Bovary* (v. Corr. III 157).
Ces tiraillements imposent et justifient l'accentua-
tion des écarts entre l'écriture et un réel supposé:
'Je suis dévoré maintenant par un besoin de
métamorphoses. Je voudrais écrire tout ce que je
vois, non tel qu'il est mais transfiguré. La
narration exacte du fait réel le plus magnifique me
serait impossible. Il me faudrait broder encore.'
(Corr. III 320). Bien sûr, la versatilité
flaubertienne fait qu'à la place de cette voix de
triomphe puisse intervenir celle du plus angoissant
échec:

> '... comme si la plénitude de l'âme ne débordait
> pas quelquefois par les métaphores les plus vides,
> puisque personne, jamais, ne peut donner l'exacte
> mesure de ses besoins, ni de ses conceptions, ni
> de ses douleurs, et que la parole humaine est
> comme un chaudron fêlé où nous battons des
> mélodies à faire danser les ours, quand on vou-
> drait attendrir les étoiles.' (Pléiade I 500).

(NOTE: Ceci est trop proche des idées de Flaubert
lui-même pour qu'il ne s'agisse pas ici de sa voix -
ce qui fragmente encore les focalisations du texte,
à l'intérieur duquel, bien sûr, l'opinion de
l'auteur n'est pas repérable. C'est la Correspondance qui 'vend la mèche': '... tous les mots
me semblent à côté de la pensée et toutes les
phrases dissonantes.' (III 95)). Lacunes et
boursouflures constitueraient au niveau de la
narration une sorte de dérapage parmi d'autres.
La voix narrative, qui ne sait sur quelle tonalité
danser, s'essaie à diverses pauses/poses. Le

texte n'est donc plus une mise en langage, mais
bien une confrontation où langage et réel supposé
ont chacun leur mot à dire. Les affirmations
de Bersani, comme celles de Culler (NOTE: 'In
Flaubert, the representational function of
language is not troubled', op.cit. p.134 - ce qui
est très curieusement en désaccord avec ce que
Culler dit par ailleurs) et de Boker ('Die
Zeit in Flaubert's *Un Coeur simple*,' *Neophilologische
Mitteilungen*, 1968, pp.145 et seq.) selon qui la
crise du langage ne se joue pas chez Flaubert, mots
et choses étant encore homogènes, ne semblent donc
guère correspondre à cette autre réalité du texte
qu'est l'analyse critique. En effet, Flaubert
instaure non pas l'autonomie du texte littéraire,
mais bien plutôt *la problématique de cette autonomie*.
Ses romans, à partir de *Madame Bovary*, mettent en
place des procédés de récurrence qui relèvent de
l'harmonisation 'artistique' non plus du réel mais
du texte; le retour des lacunes et des boursouflures
tout en nous amenant à nous interroger sur les
aptitudes mimétiques de l'écriture, structurent
celle-ci de façon toute spécifique. Le réel non-
littéraire n'en est plus le seul élément structurant
majeur. Le 'style' tend alors (sans y parvenir tout
à fait, bien sûr) à être à lui tout seul une
'manière absolue de voir les choses' (Corr. II 346).
On assiste à une inévitable restriction du réel,
'l'Art (étant) borné si l'idée ne l'est pas.'
(Correspondance III 52) Il ne s'agit donc pas
d'élaborer une schématisation simpliste. J'ai
assez démontré ailleurs l'impossibilité d'une
symbolique objective chez Flaubert (Madame
Bovary's Blind Man', *Romanic Review*, February,
1970 pp.35-42). Si le point de vue que j'ai
développé alors me paraît aujourd'hui trop rigide,
(NOTE: surtout en ce qui concerne *Madame Bovary*:
les noms qu'y emploie Flaubert, et le fameux cri
qu'Emma entend au moment où elle se donne à
Rodolphe, dépassant de loin la simple désignation

d'individus ou de faits) il me paraît établi que
la symbolique objective déjà très fragmentaire
se limite à *Madame Bovary*. D'ailleurs, même dans
ce texte, la 'lecture' objectivement symbolique
de la casquette de Charles telle que l'entre-
prennent Brombert (op. cit. p.43) ou Turnell
(*The Novel in France*, Londres Hamish,
Hamilton, 1950, pp.264 et seq.) pour ne mentionner
que ceux-là me paraît se situer en dehors de
l'articulation générale du texte, alors qu'il
faudrait désigner en réalité l'insignifiance de
cette explosion de détails qui coiffe le jeune
Charles Bovary. Il s'agit d'ailleurs d'une
démarche critique sur le ridicule duquel devrait
nous éclairer l'épisode de la mnémotechnie dans
Bouvard et Pécuchet (Pléiade II p.818) De toute
évidence, une poétique qui emploie les matériaux
du réel pour explorer une cohésion de texte
(Correspondance II p.463) n'a que faire d'une
quelconque réalité 'objective' - tout y étant
dominé par une vision de narrateur, d'auteur, ou
de personnage.

La certitude du texte se joue donc autour d'un
biais de compréhension - constitue la recherche
d'une définition de la compréhension textuelle, de
la compréhension spécifique de 'ce texte-là'.
Pour éclairer ce problème, on note que de façon
symptomatique Flaubert se plaint de 'ne pas
comprendre' la fin d'un couplet de Louise Colet,
en affirmant que 'l'idée (= l'intégration
thématique?) n'est pas nette' (Corr. II p.470);
en corrigeant les ouvrages d'autrui, il souligne
aussi, par implication, l'importance des mots
(Corr. II 340-2, 348 et *passim*); il écrit: 'Ce
que je fais risque d'être du Paul de Kock si je
n'y mets une forme profondément littéraire. Mais
comment faire du dialogue trivial qui soit bien
écrit? ... Au point où j'en suis, la phrase la
plus triviale a pour le reste une portée infinie.'

(Corr. III 20). Ces prises de position sont à
la fois multiples et cohérentes. Elles permettent
d'une part de démontrer que Flaubert ne cherche
pas à élaborer une théorie générale du roman –
(encore une différence par rapport aux activités
des nouveaux romanciers.) Elles soulignent d'autre
part (s'il en était besoin) que le texte
flaubertien ne tolère nullement les interprétations ludiques à la Ricardou. (NOTE: voir 'la
belligérence du texte' in *Colloque de Cerisy, la
production du sens chez Flaubert*, 10/18, 1975 –
les idées que Ricardou émet vers la fin de son
article au sujet notamment de la fonction des noms
dans *Madame Bovary*, sont bien connues des
flaubertistes puisque dès 1950 Alfred G. Engstrom
examine le même phénomène de façon bien plus
scientifique et exhaustive. Voir 'Flaubert's
correspondence and the ironic and symbolic
structure of *Madame Bovary*', *Studies in Philology*,
1949 pp.470-95). Elles démontrent surtout que
cet affrontement de la réalité qu'est l'écriture
flaubertienne, est *simultanément* et sans que le
rapport au réel soit entamé, une confrontation
intertextuelle. Tout texte remet en cause,
redéfinit, le genre dont il ne peut manquer de
s'inspirer. La précision des textes de Flaubert,
notre certitude devant son oeuvre, ne dépend pas
exclusivement de ce genre d'explorations (comme
ce peut être le cas de certains romans de
Robbe-Grillet). Il n'en est pas moins fondamental
de constater qu'elles jouent un rôle indispensable
dans notre compréhension de tout ce qu'écrivit
Flaubert à partir de *Madame Bovary*. La diégèse
se double alors d'un élément qui, beaucoup plus
que chez les romanciers traditionnels, ne peut
exister qu'au niveau du texte (faisant ainsi des
romans de Flaubert des objets nécessitant une
analyse proprement moderne). Peut-on même, dans
ces conditions, parler véritablement de diégèse?

Il y a évidemment un système de texte autre.

Lacunes et boursouflures permettent justement d'éclairer ce phénomène: si, évidemment, l'absence de précisions spatio-temporelles constitue quand même une notation diégétique, les procédés qui nous préoccupent nous privent de repères satisfaisants, fixables. On ne peut dire s'il s'agit d'indications diégétiques ou extra-diégétiques. Notons-le bien: cela n'entrave en rien la lecture. *L'accent* se déplace: la conscience d'être 'plongé dans une lecture' s'intensifie. En même temps, 'l'avant-texte' (même si l'on triche en examinant les manuscrits) s'esquive - l'articulation diégétique est escamotée. (NOTE: v. P. M. Wetherill; 'Les dimensions du texte: brouillon manuscrit et version définitive' *Zeitschrift für französische Sprache und Literatur.* No. 2; 1979 pp.159-171 On se rend compte de la nature du problème en comparant le caractère rigoureusement linéaire (plans/recherches/rédaction) de la création zolienne et la nature foncièrement expansionniste, vacillante, faite d'allers et de retours, de reprises, de modifications de scénarios et de décisions brutales, de la génétique flauber-tienne.)

Comme toujours, si l'on veut éviter la poétique du roman pour rester près de la réalité des textes, une mise en garde s'impose: la caractéristique essentielle de tous ces phénomènes est leur intermittence. Brombert a en effet bien raison d'affirmer que 'the insistence on contingency, on the 'thusness' of experience becomes a significant, *though unsystematic* feature of the work of Flaubert.' (*The Novels of Flaubert* - p.180 , souligné par moi). Ceci, en définitive, ne fait qu'inten-sifier le jeu incertain du discours et de l'histoire que Flaubert évoque dans un passage (qui ne peut être qu'ironique) de *Bouvard et Pécuchet:*

'... on pourrait prendre un sujet, épuiser les
sources, en faire bien l'analyse, puis le
condenser dans une narration, qui serait comme
un racourci des choses, reflétant la vérité
tout entière. Une telle oeuvre semblait
exécutable à Pécuchet.' (Pléiade II 820)

Même ici, cependant il y a une lacune, sinon
plusieurs. Car Pécuchet et Bouvard fusionnent
le texte et ses sources (c'est le contraire qui
se produit chez Flaubert lui-même) et, bien sûr,
la fonction de la lecture n'est pas évoquée. Ce
qui fait que la soudure uniforme qui caractérise
les formules des deux bonshommes ne correspond
pas du tout à la description (tronquée) que
Philippe Bonnefis fait de la narration flaubertienne: 'Phrase téléscopique où se disjoint
l'énoncé segment par segment ... écriture dis-
tendue qui progresse en rebonds de proposition
en proposition, de proposition en relative...'
(Flaubert: un déplacement du discours
critique, *Littérature,* mai 1971, p.67). Une
telle généralisation n'est que partiellement
applicable à la réalité de l'écriture flaubertienne (qui autrement aurait la monotonie de
certains écrits de Nathalie Sarraute ou de
Philippe Sollers). La remarque de Bonnefis
s'applique en tout cas aux personnages dont la
géométrie variable fait qu'ils sont tantôt vidés
de leur substance, tantôt anormalement nuancés:
le Charles Bovary de la fin (comme celui des
premières pages) connaît un tout autre traitement (qui confine à l'effacement) pendant la
période de son mariage avec Emma; l'état d'esprit
de Madame Bovary tout de suite après les comices
ne nous est pas communiqué; le caractère de
Madame Arnoux est exceptionnellement étoffé au
moment de la maladie de son fils.
    Evidemment, c'est la critique, bien plus que
la lecture 'normale' (à laquelle ces textes se

destinent pourtant en premier lieu) qui décortique
de tels phénomènes. Et même, les incertitudes que
j'évoque ici *ne sont pas conformes* à la lecture
normale – celle-ci, comme n'importe quel processus
de compréhension, tend effectivement à standar-
diser l'expérience – l'écart est gommé. Chez
Flaubert ce gommage est toujours faisable. De
même, l'intervalle qui sépare des récurrences
significatives est souvent d'importance: dans le
cas de L'*Education sentimentale,* il s'agit parfois
de plusieurs centaines de pages; les noter
ressortit davantage au relevé qu'à la lecture.
Mais on peut avancer en même temps que l'une des
incertitudes du texte (dont on voit maintenant le
côté positif) provient de la tension très
particulière existant entre ces deux possibilités
d'interrogation textuelle. En effet, la lecture
critique, quand il s'agit de Balzac, de George
Eliot, ou de Malraux, complète la pénétration
cursive, linéaire du texte. Par contre, l'écriture expérimentale du XXe siècle n'admet en somme
qu'une lecture critique, puisque la fonction de
ce type d'écriture est précisément d'instaurer
une expérience de littérarité, l'exploration même
de la notion de roman.

Flaubert n'appartient ni à l'une ni à l'autre
de ces deux catégories. L'erreur d'une certaine
critique (qui de surcroît ne cherche pas à tenir
compte du côté humain des romans de Flaubert) a
été d'ignorer chez lui la présence *simultanée*
et conflictuelle de la littérarité thématique et
d'une thématique humaniste. La casquette, qui
existe réellement au niveau de l'intrigue, se
présente en même temps comme un problème de mise
en langage, de signification verbale. Les
brusques changements de sujet, d'activité qui
caractérisent L'*Education sentimentale,* explorent
simultanément le caractère narratif du roman
et du romanesque. La galopade encyclopédique

de Bouvard et de Pécuchet concerne tout à la fois
les difficultés du savoir et celles de l'articulation scripturale.

On n'a donc pas tort de parler de conflit, de
tiraillement: l'attention du lecteur étant
sollicitée tantôt par des démarches événementielles,
tantôt par celles de l'écriture. Par contre, on
ne doit pas parler d'incohérence, et cela pour
une raison qui explique le caractère homogène et
la nature transitionnelle de l'oeuvre flaubertienne:
la thématique qui constitue l'armature de celle-
ci (de *Madame Bovary* à *Bouvard et Pécuchet*) est
d'une portée à la fois humaine et littéraire -
quand Flaubert parle des hommes il désigne aussi
les oeuvres: idées reçues, isolement/non-
communication, désorientation, perte de soi,
négation du réel - voilà effectivement des états
qui tout à la fois évoquent la problématique de
la création littéraire (telle même que Flaubert
la conçoit dans sa correspondance) et qui
définissent les rapports et le comportement des
personnages. L'exploration du personnage est
donc en même temps bien souvent l'exploration
d'un procès verbal, narratologique. Si
différents niveaux d'analyse s'offrent au lecteur,
il est certain que la combinaison des deux permet
d'éclairer, entre autres, le processus qui constitue le point de départ de cette analyse (NOTE:
et dont les exemples donnés n'ont rien d'exhaustif):
lacunes et boursouflures marquent les points de
tension maximum entre la littérarité thématique
et la thématique humaine. Rien d'étonnant donc si
le vide qui selon Claudine Gothot-Mersch remplace
chez Homais la conscience (Le point de
vue dans *Madame Bovary,*' *Cahiers de l'Association
Internationale des Etudes françaises,* 1971, p.257)
se comble de *clichés* dont la densité, la com-
pression constitue le seul caractère distinctif.
Rien d'étonnant non plus si le compte-rendu des

raisonnements des personnages est souvent fragmentaire, désarticulé et plein de contradictions
- on pense par exemple à Deslauriers (voir Pléiade
II 275-6). Tous ces renseignements, étoffés,
auraient donné un équilibre que la version
définitive des romans cités gauchit en profondeur.
C'est comme le cas de Madame Marescot dans
Bouvard et Pécuchet: on nous apprend que c'est
'une Parisienne qui s'ennuyait à la campagne'
(Pléiade II 856) - n'a-t-on pas là une donnée qui
en d'autres circonstances aurait pu fournir la
substance de tout un roman - d'un deuxième
Madame Bovary, par exemple? (NOTE: La vocation
sociale des romans de Flaubert en est minée.
L'Education n'est pas le roman de '48. C'est
bien plutôt une exploration de la problématique
d'une écriture qui se veut à la fois historique
et romanesque. Par ailleurs, le narrateur nous
renseigne à peine sur 'les voyages que Léon
faisait pour voir Emma' et au cours desquels il
avait 'souvent ... dîné chez le pharmacien ...'
(Pléiade I p.579)).
    Dans tous ces cas, on le voit, se pose aux
personnages et au narrateur des problèmes qui
relèvent indifféremment de la création romanesque
et du comportement humain. A chaque fois, la
lecture à laquelle nous sommes conviés fait jouer
la double thématique de l'homme et de l'oeuvre:
le texte se tait ou trébuche, se fige dans des
postures stéréotypées, se gonfle et déborde.
Les mots en ce cas ne s'écartent pas de l'homme
- ils s'en constituent l'image très fidèle.
    Notons cependant, comme on le voit aux exemples
que je viens de citer, que leur résonnance a
d'autres fonctions encore. La lacune qui gomme
en grande partie les déplacements de Léon est
l'écho *décalé* des mensonges d'Emma. Les
raisonnements incohérents de Deslauriers ren-
forcent après coup, et par anticipation, les

incertitudes d'une causalité qui s'abstient de
nous expliquer l'évolution morale d'Arnoux ou de
Louise Roque, comme d'éclairer l'effacement de
Madame Moreau et les rapports financiers de
Frédéric et de Madame Dambreuse。

   La dynamique de ce dernier processus se combine
évidemment avec celles que j'ai indiquées plus
haut. Le jeu du texte, loin de s'embrouiller
s'en enrichit de façon positive (il s'agit bien
sûr d'une expérience de lecture, et non de
l'épanouissement des personnages!) Tout comme
le parallélisme thématique de l'écrit et de
l'humain, ceci n'a pas pour résultat de faire
des textes flaubertiens une sorte de moquerie du
lecteur et de la lecture (comme Culler voudrait
nous le faire croire). Au contraire, grâce à
cette duplicité précise, le lecteur, assuré
d'assister à une expérience humaine, en vient à
explorer un réseau de structures nettement
délimité. Si le texte accuse des hésitations,
il en résulte des comportements verbaux et
psychologiques qu'on apprend très vite à cerner.
Les incertitudes n'ont rien d'incohérent: cette
confrontation du XIXe siècle et du XXe siècle
en puissance, loin de faire douter de la fonction
et de l'efficacité romanesques, instaure un va-
et-vient qui dégage la solidité du texte et la
réalité des hommes.

Table des Matières